BAEDEKER SMART

SIZILIEN

Perfekte Tage im Bann des Ätnas

Verlag Karl Baedeker – www.baedeker.com

Inhalt

Kapiteleinteilung: siehe vordere Umschlaginnenseite

TOP 10

1 MONREALE ► 52

Überwältigend ist die Pracht der überaus kostbaren, goldgrundigen Mosaiken im Dom von Monreale – eine mittelalterliche Bilderbibel aus bunten Glas- und Goldplättchen!

2 ETNA ► 80

Das schneebedeckte Wahrzeichen der Feuerinsel ist zugleich der höchste Vulkan Europas (Abb. links). Er lockt zu Wanderungen oder kräftesparender Erkundung per Seilbahn und Jeep.

3 AGRIGENTO ► 128

Griechische Heiligtümer aus honiggelb leuchtendem Tuff thronen hoch über dem blau glitzernden Wasser der Straße von Sizilien.

4 NOTO ► 104

Kunst nach der Katastrophe: Nach dem verheerenden Erdbeben von 1693 finanzierte der Adel eine Planstadt mit Kirchen und Palästen, die zu den prächtigsten Beispielen barocker Urbanistik zählt.

5 TAORMINA ► 85

Das Ionische Meer und der Gipfel des Ätna bilden die Kulisse für die Ruine des antiken Teatro Greco von Taormina – ein atemberaubender Anblick in Siziliens mondänstem Badeort.

6 SIRACUSA ► 107

Ein archäologisches Museum von Weltrang, ein herrlicher Dom, frühchristliche Katakomben und eine geheimnisvolle Riesengrotte machen Syrakus zu einem Topziel einer Sizilienreise.

7 VILLA ROMANA DEL CASALE ► 134

Der Besitzer des spätrömischen Landguts ließ die Böden seiner Villa mit Mosaiken pflastern, die u. a. die berühmten Bikinimädchen von Piazza Armerina zeigen.

8 SELINUNTE & MARINELLA ► 154

Eine außergewöhnliche Kombination: Unweit der großartigen Tempel von Selinunt liegt das Fischerdorf Marinella, einer der charmantesten Urlaubsorte der Südküste.

9 CATTEDRALE DI PALERMO ► 58

In kolossalen Sarkophagen aus Porphyr ruhen die Könige Siziliens, darunter der Hohenstaufenkaiser Friedrich II., das »Staunen der Welt«.

10 CEFALÙ ► 88

Der normannische Dom vor der Kulisse des schroffen Burgberges überragt mit minarettartigen Türmen den malerischen Badeort.

DAS SIZILIEN

Erleben, was die Insel ausmacht, ihr einzigartiges Flair spüren. So, wie die Sizilianer selbst.

EIS ZUM FRÜHSTÜCK

Wer Sizilianer schockieren will, muss lediglich Joghurt, Müsli oder gar Mortadella und Käse zum Cappuccino-Frühstück verzehren. Für Einheimische gilt: Ein schwarzer Espresso und ein Cornetto (Croissant) – oft in der Bar nebenan – genügen vollkommen. Außer im Hochsommer. Dann setzen die Insulaner ihre Designer-Sonnenbrillen auf und löffeln schon frühmorgens Granita (Wassereis) mit Mandel-, Maulbeeren- oder Limonengeschmack, in das sie eine Brioche (Milchbrötchen) tunken.

SO VIEL ZEIT MUSS SEIN!

Wer als Beamter oder Angestellter nicht demonstrativ während der Arbeitszeit einen Espresso auf der Piazza trinken und ein Schwätzchen halten kann, verliert das Gesicht. Machen Sie es also den Sizilianern auf Ihrer Reise nach und hetzen Sie nicht von Sehenswürdigkeit zu Sehenswürdigkeit, sondern lassen Sie sich von der sizilianischen Siesta inspirieren. Denn wie so oft gilt: Weniger ist mehr!

EINE SPRACHE OHNE WORTE

Die Sizilianer sind Meister der Körpersprache. Um die Fremdherrscher auszutricksen, haben sie einst ein ganzes Sammelsurium an geheimen Zeichen entwickelt. Bohrt ein Gesprächspartner den Zeigefinger in den Mundwinkel, so hat es ihm geschmeckt, nickt er kurz, so bedeutet das ein schroffes Nein. Versuchen Sie ruhig, sich ein bisschen was abzuschauen. Aber fragen Sie im Zweifelsfall besser nach, um Ihr Gegenüber nicht mit falsch verwendeten Gesten zu provozieren.

ZU GAST BEI MAMMA

Merke: Nur in Touristenorten oder sehr teuren Restaurants gibt's Speisekarten mit Preisangaben – überall sonst verrät der *cameriere*, was die *Mamma* heute kocht, oder er präsentiert den Gästen stolz den Fischfang des Tages zum Auswählen. Solche authentischen sizilianischen Mittagessen können schon mal vier Stunden dauern und schließen mit einem Glas Averna und einer fairen Rechnung.

GEFÜHL

Sizilianisches Frühstück: eine Brioche und eine erfrischende Granita

Das Sizilien Gefühl

FROMMES SIZILIEN

Scheppernde und schleppende klagende Musik, tränenreiche Statuen der Schmerzensreichen Muttergottes, Kinder, die als Nonnen und Mönche verkleidet tapfer bei Nachtprozessionen teilnehmen: Auf der Insel ist der Glaube ein öffentliches Ereignis. Ostern wird mit südeuropäischem Prunk gefeiert und Heilige wie Rosalia, Agathe oder Alfio werden angefleht, bei Fußballspielen, Krankheiten oder Razzien zu helfen.

AUF DER VESPA DURCHS »CENTRO STORICO«

Dieser Spaß hat ganz pragmatische Vorteile, spart man sich doch die mühselige Parkplatzsuche mit dem Auto. Vor allem aber spürt man den Rhythmus des »traffico siciliano« . Und zwar, ohne um Leib und Leben fürchten zu müssen. Denn die Sizilianer sind flinke wie rücksichtsvolle Autofahrer, die zwar selten rote Ampeln, dafür aber Fußgänger und langsamere Verkehrsteilnehmer respektieren. Übrigens: Das Fahrrad ist eher für Überlandtouren angesagt. Radwege sind in Palermo, Catania oder Messina erst im Entstehen.

ÜPPIGE VEGETATION

Zitronenhaine, Oleanderbüsche, gelb blühende Wolfsmilch oder Feigenkakteen – die Insel der Fruchtbarkeitsgöttin Demeter ist mit einer unglaublich vielfältigen und üppigen Vegetation gesegnet. Streifen Sie über Märkte, um die aromatischen Früchte und Gemüsesorten des führenden Bio-Anbaugebiets Italiens zu kosten und tauchen Sie bei Wanderungen (www.walksicily.de) durch mannshohe Macchia oder mediterrane Blütenteppiche in die faszinierende Natur der Insel ein.

NEIN ZUR MAFIA!

In Palermo teilt die Tourismusinfo mittlerweile Stadtpläne mit Geschäften aus, die das Schutzgeld (*pizzo*) an die Mafia verweigern. Dazu gehören Pizzerias und Boutiquen, Parfümerien und eine Modekette, die die altmodische Schiebermütze der Landarbeiter und der »Opa-Generation« der Mafiosi zum globalen Lifestyle-Accessoire erklärt hat: Bei Coppola storta (Via Bara all'Olivella 74, http://lacoppolastorta.it) gibt's die Kappen auch in schrillen Farben für Trendpioniere jeglicher Couleur.

Schicke »Oldtimer«: Schiebermützen bei Coppola storta

Das Magazin

Insel des FEUERS

Drei bis vier Jahrtausende lang war Sizilien das Herz der bekannten Welt. Als in der großen Masse dessen, was später Christentum und dann Europa wurde, die »Barbaren« hausten, war die Insel ein Kreuzweg für Seefahrer und Abenteurer aus den Mittelmeergebieten und den Satellitenstaaten. Und das hing nicht nur mit ihrer Lage zusammen: Der sizilianische Berg des Feuergotts – der Ätna – diente ihnen als Leuchtturm.

Sizilien ist nicht nur die größte Insel des Mittelmeers, sondern – dank des schwelenden Ätna, der lavareichen Boden liefert – auch eine der fruchtbarsten. Der Ätna hält als größter und aktivster Vulkan Europas den Weltrekord für Eruptionen und wird scherzhaft auch als größte Pyrotechnik-Show der Welt bezeichnet. Da ist es nur wenig verwunderlich, dass die Sizilianer schon seit vielen Generationen Ehrfurcht und Respekt vor dem feuerspeienden Monstrum haben.

Nachweislich geologisch aktiv ist der Berg seit rund 6000 Jahren, das erste historisch überlieferte Rumoren geht auf die Zeit um 1500 v. Chr. zurück, als die Ureinwohner Siziliens, die Sikuler, den Feuergott Adranos unter dem Vulkan verehrten. In späterer Zeit wurde Adranos mit dem griechischen Gott Hephaistos identifiziert, von dem es hieß, er habe den Berg zu seiner Schmiede gemacht. Seitdem führte Hephaistos' Spiel mit dem Feuer zu einer endlosen Reihe von kleineren und größeren Eruptionen.

Die gewaltigste fand am 11. März 1669 statt, als Lavaflüsse ganze Dörfer am Fuß des Berges zerstörten und einen Teil der Stadt Catania verschlangen. Über 20 000 Menschen kamen ums Leben. 1971 begrub Lava das Ätna-Observatorium aus dem 19. Jh., zerstörte die erste Seilbahn auf den Berg und wurde zu einer ernsthaften Bedrohung für mehrere kleine Dörfer an der Ostflanke. Weitere große Eruptionen 2001 und 2002/2003 zeigten, dass der Ätna auch im 3. Jt. n. Chr. immer noch äußerst aktiv ist.

Die Landschaft des allgegenwärtigen Berges ist unbeständig und ändert sich mit jedem Spucken, Aufstoßen und Schluckauf aus seinen vielen Mündern. Der neueste Krater, Bocca Nuova (neuer Mund) genannt, entstand im November 2006, als Lavakaskaden den Berg einhüllten. Am 25. August 2010 kam es dann um 15.10 Uhr zu einer großen Ascheexplosion am Westrand des Bocca Nuova. Die Explosion dauerte etwa 30 Minuten an und ließ eine 800 m hohe Aschewolke entstehen.

Wegen der Unbeständigkeit des Ätna ist es kaum möglich, zum Ursprung dieses Feuerwerks zu gelangen. Die meisten Besucher begnügen sich damit, ihn aus der Ferne zu beobachten. Das gleiche gilt für diejenigen, die einen Ausflug zu der anderen großen Pyrotechnik-Show auf der Äolischen Insel Stromboli machen – kaum mehr als eine Vulkanspitze, die aus dem Wasser ragt. Ihre Kaskaden aus Lava und Gesteinsbrocken lassen sich am besten bei Nacht von einem sicheren Boot aus beobachten.

DER ÄTNA AUF EINEN BLICK

- Der Ätna ist 3329 m hoch.
- An seinen unteren Hängen wachsen zahlreiche endemische Arten wie der Ätnaginster, das Ätnaveilchen und das Ätnabesenkraut.
- Die fruchtbare Vulkanasche macht den Berg ideal zur Anpflanzung von Olivenhainen, Nussplantagen und köstlichen Weinen.

DIE ÄTNA-ZEITBOMBE

1500 v. Chr. Erste aufgezeichnete Eruption

1669 n. Chr. Catania wird durch die bisher schwerste Eruption des Ätna zerstört. Im März öffnet sich am ersten Tag eine neue, 9 km lange Spalte am Berg, aus der Lava bergab strömt und die Stadt Nicolosi sowie zwei nahe gelegene Dörfer zerstört. Im April erreicht der Lavastrom Catania, es kommen über 20 000 Menschen ums Leben. Keine 25 Jahre nach der Eruption trifft Catania ein verheerendes Erdbeben und ein Tsunami.

1928 Die zerstörerischste Eruption des 20. Jhs. macht die gesamte Stadt Mascali dem Erdboden gleich.

1971 Lava begräbt das Ätna-Observatorium aus dem 19. Jh. und zerstört die erste Seilbahn auf den Berg.

2001–2003 Die spektakulären Eruptionen sind aus dem Weltall sichtbar, Asche landet in Tunesien.

2011–2015 Die Ausbrüche bleiben für die umliegenden Dörfer ungefährlich.

DER SCHMELZTIEGEL

Bei Ihrer Reise durch Sizilien werden Ihnen die teilweise bizarren ethnischen, kulturellen und historischen Paradoxa auffallen. Ein Blick in die Geschichte der Insel, einen der frühesten Schmelztiegel der Welt, hilft bei deren Erklärung.

Bei einer Erkundung der Insel entdecken Sie schnell Zeugnisse für eine Vermischung der Kulturen, etwa die Koexistenz architektonischer Überreste antiker griechischer Tempel, byzantinischer Mosaike und Kathedralen, die eher für Nordfrankreich typisch sind – und die Abwesenheit von Renaissancegebäuden. Sie spiegelt sich wider in der Küche der Insel, in der Sesambrot und Artischocken, orientalisches Marzipan und allerlei Zuckerzeug zu Hause sind. Und sie löst das Mysterium, warum Sizilianer mitunter blaue Augen und rote Haaren haben und so gar nicht wie Südländer aussehen.

Die Zeit der Klassik

Sizilien stieg im 8. Jh. v. Chr. mit der Kolonisierung durch die Griechen auf ihrer Suche nach neuem Land und Handelsrouten aus dem Nebel der Geschichte auf. Es entstand eine blühende Kultur mit Kolonien in Catania,

Oben links: der antike griechische Tempel bei Segesta Oben rechts: die Kathedrale von Monreale Gegenüber: Mosaikboden in der Villa Romana del Casale, Piazza Armerina

Syrakus, Agrigent und Selinunt. Prächtige Tempel und Städte wurden gebaut, die mit denen der Phönizier im Westen der Insel wetteiferten. Im 3. Jh. v. Chr. gelangte die Insel dann aber ins Blickfeld einer aufsteigenden Macht. Die Römer, die Sizilien fortan als Kornkammer ihres Reiches betrachteten, gründeten 241 v. Chr. hier ihre erste Provinz überhaupt. Im Lauf der nächsten 600 Jahre drängten sie die griechischen und phönizischen Kulturen zurück, »romanisierten« die Insel und mussten ihrerseits erst im 5. Jh. n. Chr. einfallenden Goten und Vandalen weichen.

Die goldenen Jahre

Deren Herrschaft war nur von kurzer Dauer. Es folgten die Byzantiner aus Konstantinopel, die für 300 Jahre blieben – bis zur Ankunft der Araber im späten 8. Jahrhundert. Sie erweckten die Insel wieder zum Leben und machten sie so zu einem verlockenden Ziel für die Normannen, die im 11. Jh. als Söldner lokaler Herrscher nach Süditalien gelangt waren. Seit 1061 griffen sie nach Sizilien über, wo schließlich Roger I. zum König gekrönt wurde. Die Normannen beherrschten Sizilien nur für wenig mehr als ein Jahrhundert, hinterließen aber unauslöschliche Spuren in Verwaltung, Justiz, religiöser Toleranz und Kunst.

Von Vernachlässigung zu Einheit

Noch kürzer war das staufische Intermezzo, das Sizilien unter Friedrich II. in der ersten Hälfte des 13. Jhs. nochmals stabile Verhältnisse bescherte. In der Folgezeit wurde Sizilien zum Spielball von Mittelmeermächten, die

WO HABEN SIE DIESE HAARE HER?

Auf Sizilien werden Sie nicht nur dem Stereotyp des kleinen, dunklen Südländers begegnen. Die Jahrhunderte der Fremdherrschaft haben ihre Spuren hinterlassen. Sizilianer mit aschblondem Haar oder stacheligen Rotschöpfen, blauen und grünen Augen sind Nachfahren von Galeerensklaven und helläugigen Berbern, Normannen und byzantinischen Söldnern … und vielleicht auch britischen Touristinnen, die ihr Rückflugticket verfallen ließen.

Das Magazin

S Giovanni Eremiti, Palermo

die Insel abwechselnd besetzten und herunterwirtschafteten. Ab Ende des 14. Jhs. blieb Sizilien 400 Jahre lang in spanischer Hand. Eine Provinz, vernachlässigt, geplündert und von den Fortschritten der Renaissance abgeschnitten. Erst im 19. Jh. schienen die Zeiten für die teilweise verarmte Insel etwas besser zu werden, 1860 wurde Sizilien Teil des neu vereinten Italiens: Die Piemontesen hatten mit Unterstützung der Franzosen nach und nach Teile Norditaliens u. a. den Habsburgern entrissen. Um den »Risorgimento« (»Wiedererstehung«) weiter anzufachen, schürte Giuseppe Garibaldi, Held des Aufstands von 1848, Unruhen in Süditalien. Begleitet von einer bunt gemischten Truppe aus ca. 1000 Mann, revolutionär gekleidet in roten Hemden, landete er im Mai in Marsala. Er besiegte die regierenden Bourbonen und marschierte triumphierend Richtung Palermo. Tausende Sizilianer schlossen sich ihm an, während er sich seinen Weg über die Insel erkämpfte, im Juli Messina eroberte, dann die Meerenge überquerte und schließlich die Bourbonen für immer besiegte.

Der Enthusiasmus hatte allerdings keinen Bestand, da die andauernden Probleme bei Landreform und Investitionen ignoriert wurden. Und so war die Zeit reif für das Aufkommen der Mafia (► 26). Zudem verließen Hunderttausende Sizilianer die Insel, besonders Richtung Amerika. Nichtsdestotrotz ist Sizilien, dessen Schicksal seit dem Risorgimento an das Italiens geknüpft ist, heute ein integrativer Teil des italienischen Staates, wenn auch immer noch wirtschaftlich rückständiger als der Norden der Nation.

DAS ARABISCHE ERBE

Die Araber hatten schon ab ca. 700 ein Auge auf Sizilien geworfen, aber eine erfolgreiche Invasion erfolgte erst 827; bis 965 eroberten sie die ganze Insel. In arabischer Zeit stieg Palermo zur glänzenden und kosmopolitischen Hauptstadt Siziliens auf. Der Ort, an dem die Araber ihr dauerhaftestes Erbe hinterließen, ist allerdings die Landwirtschaft: Sie besiedelten das Land neu, erweiterten das Bewässerungssystem, führten neue Kulturpflanzen wie Baumwolle, Zuckerrohr, Dattelpalmen und Zitrusbäume ein. Sie brachten neue Ideen in Wissenschaft und Philosophie mit und dank ihrer religiösen Toleranz wurde Sizilien zu einem Zentrum der Wissenschaft. Bis heute erinnern Ortsnamen an diese Zeit – alle mit dem Präfix »calta« (Burg) sind ein Überbleibsel ihrer Herrschaft.

Der Haupteingang der Kathedrale von Palermo mit ihrem unverwechselbaren grünen Kuppeldach

EIN HELD SEINER ZEIT – KÖNIG ROGER II.

Der größte sizilianisch-normannische Herrscher, Roger II. (1095–1154), verwandelte Sizilien von einem arabischen Außenposten in ein christliches Königreich. 1105, noch unmündig, wurde er nach dem Tod seines Bruders Graf von Sizilien, das er ab 1113 regierte. Seit 1130 König von Sizilien, herrschte er schließlich über die Insel selbst und das gesamte süditalienische Festland. Er führte eine starke Zentralregierung ein, etablierte Sizilien als führende Seemacht des Mittelmeers und machte die Hauptstadt Palermo zu einer der prächtigsten und kultiviertesten Städte Europas. Es war ein goldenes Zeitalter mit einer blühenden Koexistenz aus Arabern, Byzantinern und Normannen; deren Erbe sind die wunderbaren Kirchen und Paläste, einige der herrlichsten Bauwerke der Insel.

Die Kunst des **BAROCK**

Überschwängliche und kunstvolle Barockarchitektur ist in ganz Europa vertreten, aber nirgendwo kann man sie besser unverfälscht erleben als auf Sizilien, wo ganze Stadtzentren eine prachtvolle Parade aus Design, Ausgelassenheit und Zurschaustellung bilden.

Entstanden in Rom Ende des 16. Jhs., erreichte der Barockstil Sizilien in seiner vollen Blüte rund 100 Jahre später, wo er in etwas Einzigartiges verwandelt wurde: eine Vermengung aus Stadtplanung, Architektur und Ornamenten, gespickt mit einem speziellen sizilianischen Zauber.

Der sizilianische Barock hatte seinen Ursprung in einer verheerenden Katastrophe. 1693 wurde der Südosten der Insel von einem Erdbeben erschüttert, das Catania, Noto, Ragusa und Modica mehr oder weniger dem Erdboden gleichmachte. Mit dem Geld der Aristokratie bauten Barockarchitekten daraufhin komplett neue Städte, in denen die Betonung auf dem Ganzen lag und das gesamte Stadtbild ein wesentlicher Teil der Vision war: Perspektiven, breite Straßen und visuelle Effekte sind die Wahrzeichen barocker Städte, verzierte Fassaden von Kirchen, Palazzi und Villen spiegeln Reichtum und Status ihrer Eigentümer wider. Überschwängliches Dekor ist ein weiteres Merkmal. Das Exterieur prunkt mit sinnlich gewundenen Treppen, graziösen Balkonen, kunstvollen Ornamenten, Obst- und Blumengirlanden und wild gestikulierenden Heiligen, während das Interieur mit einer Fülle an Stuckverzierungen und prachtvollen mehrfarbigen Marmorintarsien aufwartet. All das ist auch heute noch präsent, teilweise bröckelnd, aber nach wie vor die Kulisse des Alltags.

Aufwendig gestalteter Balkon am Palazzo Villadorata, Noto

Die schönsten Barockstädte

Noto (➤ 104), das Musterbeispiel einer Barockstadt, wurde ab 1693 komplett neu erbaut.
Die Oberstadt von Ragusa (➤ 111) hat einen perfekten barocken Straßenplan. Die Unterstadt Ragusa Ibla kombiniert mittelalterlichen Grundriss mit überschwänglicher Architektur.
Das sechseckige Grammichele (➤ 117) ist eine geplante, nach 1693 erbaute Stadt.
Die breiten Straßen von Catania (➤ 115) lenken den Blick auf den Ätna; die bühnenartigen Piazzas und beeindruckenden Fassaden sind Charakteristika des Barock.
In Palermo (➤ 47) sind die Fassaden und das Interieur einzelner Plätze und Kirchen Paradebeispiele für den Barock.

Barockarchitekten und ihre Werke

Giacomo Amato (1643–1732) war Mönch, der eine Zeit in Rom verbrachte. Geblendet vom römischen Barock kam er nach Palermo, wo er Kirchen entwarf. Seine schönsten Werke sind Sant'Ignazio all'Olivella und San Domenico (➤ 176).
Rosario Gagliardi (1698–1762) war für einen großen Teil des Wiederaufbaus von Noto (➤ 104) verantwortlich; raffinierte Fassaden mit einer Kombination aus Grandezza, Extravaganz und Rhythmus sind seine Wahrzeichen.
Tommaso Napoli (1659–1725) war Mönch, entwarf aber einige der weltlichsten Aristokratenhäuser Siziliens: die Villen Palagonia und Valguarnera bei Bagheria außerhalb von Palermo.
Andrea Palma (1664–1730) aus Trapani plante die rhythmische Fassade der Kathedrale von Syrakus (➤ 107).
Giacomo Serpotta (1656–1732) war spezialisiert auf extravagante Stuckverzierungen und Formputz. Sein Meisterwerk ist das Oratorium von Santa Zita in Palermo.
Vincenzo Sinatra (ca. 1720–ca. 1765) heiratete die Nichte Gagliardis und war am Neuaufbau von Noto beteiligt.
Giovanni Battista Vaccarini (1702–68) war nach dem Beben 1693 für die Gestaltung und den Wiederaufbau Catanias zuständig.

Von oben nach unten: San Giorgio, Ragusa; San Giorgio, Modica; San Nicolò, Noto

ESSEN UND TRINKEN

Saisonal, lokal und frisch – schon für das Essen alleine lohnt sich eine Reise nach Sizilien. Intensive Aromen, lebendige Farben und Ausgewogenheit sind die Grundlagen, während die Geschichte der Insel einzigartige Kombinationen hervorgebracht hat. Griechen, Römer, Araber, Normannen und Spanier haben bei Zutaten wie Rezepten ihre Note hinterlassen. So konnte eine Küche entstehen, die die Essenz dessen hervorbringt, was Essen sein sollte.

Orientalische Note

Es ist das arabische Erbe, das sizilianisches Essen so anders macht. Zur Geltung kommt es in den Zusammenstellungen der Gerichte, der Liebe zu Auberginen, Zitrusfrüchten, Couscous und Mandeln, den subtilen Gewürzen wie Safran, der Schärfe der *peperoncini* (Chilischoten), den aufwendigen *pasticcini* (Backwaren) und den Süßspeisen. Kosten Sie die *pasta con le sarde*, Nudeln mit einer Soße aus Sardinen, Anchovis, wildem Fenchel, Pinienkernen, Rosinen und Safran, oder eines der Fisch- und Couscousgerichte im Westen der Insel. Oder entscheiden Sie sich für eine

Von oben nach unten: Marzipanfrüchte; *arancino*, ein frittierter Reis- und Fleischkloß; bunte Mandel-Dolci in der Pasticceria di Maria Grammatico, Erice

caponata, ein süßsaures Gemüsegericht mit Auberginen und Tomaten, oder *sarde a beccafico*, Sardinen mit Pinienkernen und Korinthen. Sizilien hat sogar sein eigenes Fast Food, z. B. die arabisch inspirierten frittierten und gefüllten Reisbällchen namens *arancini*.

Pasta und Fisch

Nudeln gibt es in Sizilien bereits seit den Arabern und Sie werden sie wahrscheinlich täglich essen – mit Fisch und Meeresfrüchten, Gemüse, Kräutern, Nüssen oder Semmelbröseln. Probieren Sie *spaghetti alle vongole*, Pasta mit winzigen Venusmuscheln und einem Hauch Chili. Oder *pasta alla Norma* mit Auberginen, Tomaten, Basilikum und gesalzenem frischem Ricottakäse, ein Gericht, das von Bellinis Opernheldin inspiriert worden sein soll. Oder *timballo*, eine aufwendige herzhafte Pastete. Und genießen Sie die Gerichte wie die Einheimischen – mit Brot, das in Sizilien wahrscheinlich so gut ist wie sonst nirgendwo in Italien.

Fisch und Meeresfrüchte beherrschen die Speisekarten – Muscheln, *fritto misto* (gemischter frittierter Fisch), *orata* (Brasse), *sogliola* (Seezunge) und die kleine, aber köstliche Sardine erhalten Sie praktisch überall. Hinzu kommen *tonno* (Thunfisch) und der köstliche *pesce spada* (Schwertfisch), der meist gegrillt und mit Zitrone und Olivenöl serviert wird.

Ein Löffelchen voll Zucker

Die sizilianische Kochkunst zeigt sich in *dolce* (Süßspeisen und Desserts), die in *pasticcerie* (Konditoreien) angeboten werden. Am bekanntesten sind die *cannoli*, frittierte Teigröllchen, gefüllt mit süßem Ricotta, kandierten Früchten und Schokolade, und die *cassata*, ein weiteres arabisches Erbe mit Ricotta, Biskuitkuchen, kandierten Früchten und Mandelpaste – beides sündhaft süß. Auch Mandeln sind allgegenwärtig: etwa in den *frutta alla Martorana*, unglaublich echt aussehenden Marzipanfrüchten und -gemüsesorten, die ursprünglich von den Nonnen des gleichnamigen Klosters in Palermo hergestellt wurden. Erfrischender sind die wunderbaren *gelati* (Eiscremes) aus frischen Zutaten, die in nahezu jeder denkbaren Geschmacksrichtung angeboten werden.

LOHNENDE TROPFEN

Die lokalen, meist im Krug servierten Weine, sind oft sehr schmackhaft; wenn Sie aber etwas Besonderes möchten, bieten sich diese Tropfen an:

Grillo weiße Marsala-Rebe, auch trocken ausgebaut

Corvo trockene fruchtige Weiß- und massive Rotweine

Alcamo ein feiner trockener Weißwein, der gut zu Fisch passt

Etna Rot- und Weißweine aus Trauben von den Vulkanhängen

Cerasuolo Rotwein aus Vittoria

Marsala Süßweine aus Marsala

Moscato Dessertwein aus Pantelleria

Vino alla mandorla Mandelwein aus Taormina

Averna ein aromatischer *digestivo* aus Caltanissetta

FESTIVALS &
Unterhaltung

Sizilien besitzt einen vollen Festkalender mit spektakulären und farbenfrohen Festivals und Events, die zum Glück – anders als in anderen Mittelmeerregionen – nicht alle um die Osterzeit stattfinden. Einige gelten als die schönsten Italiens.

Zwei Wochen voller Partys, Musik, Paraden und Feuerwerke gehören zum Fest der Santa Rosalia, Palermos – und Siziliens – größter traditionellen *festa*, das im sizilianischen Dialekt als U Fistinu bekannt ist. Es findet in den ersten zwei Februarwochen zu Ehren der Schutzheiligen der Stadt statt, der Einsiedlerin Rosalia, deren Wunder Palermo 1624/1625 von der Pest befreite. Der Höhepunkt der Feierlichkeiten am Abend ist die Inszenierung des Wunders durch zahlreiche Schauspieler, Sänger und Musiker. Sie endet mit einer Prozession und Fackelwanderung zum Heiligtum der Rosalia auf dem Monte Pellegrino.

Reiter beim Palio dei Normanni

Ritter und Mandelblüte

In der zweiten Augustwoche feiert die Stadt Piazza Armerina südöstlich von Enna das große Mittelalterfest, das Palio dei Normanni in Erinnerung an die Ankunft Roger I. (1031–1101), des ersten normannischen Herrschers der Insel. Es finden Musikparaden und großartige Reitvorführungen statt, die schließlich im Palio gipfeln, einem spektakulären wie erbitterten »Ritterturnier«.

Die Einwohner Ennas haben die Tradition der Bruderschaften aufrechterhalten, ein Erbe der aragonesisch-spanischen Herrschaft vom 14. bis zum 17. Jahrhundert. Heute hat Enna 15 Bruderschaften: offiziell anerkannte Laiengruppen, die die christliche Arbeit fördern, unterschiedliche traditionelle Kostüme tragen und jeweils einer anderen Gemeinde angehören. Die wichtigste Veranstaltung ist das einwöchige Festival Processione della Settimana Santa von Palmsonntag bis Ostersonntag, dessen Höhepunkt eine spektakuläre Feier der Auferstehung Christi ist.

In Agrigento und dem Tal der Tempel ist die Mandelblüte das Zeichen für den Frühlingsbeginn und das große Fest Sagra del Mandorlo in Fiore (erste Februarwoche). Neben einem internationalen Folklorefestival mit

Aufführungen finden Paraden, Gesangs- und Musikdarbietungen, Puppentheateraufführungen und Festbankette statt.

Etwas später, am dritten Sonntag im Mai, wird in Noto mit dem einwöchigen Infiorata (Blumenfestival) die Ankunft des Frühlings gefeiert; Straßen und Motivwagen werden mit Blütenblättern geschmückt und es finden Tanzvorführungen und Paraden statt.

Der König des Couscous

In dem alten Fischerdorf San Vito lo Capo findet jährlich im September (in der Regel in der dritten Woche) das Couscous Festival statt. Küchenchefs aus Israel, Marokko, Ägypten, Frankreich, Algerien, Tunesien und Italien wetteifern dabei um den Titel des *capo*, des besten Couscous-Kochs im Mittelmeerraum. Zu dem Festival gehören zudem sechs Abende mit Musik, darunter kostenlose Aufführungen sizilianischer und afrikanischer Künstler auf der Piazza Santuario im Herzen der Altstadt.

Via Corrado Nicolaci in Noto während des Blumenfestivals

WEITERE FESTE

- *Misteri di Trapani* ist eine der bekanntesten Osterprozessionen Siziliens mit riesigen Motivwagen, die am Karfreitag und -samstag durch die Straßen von Trapani fahren und Szenen aus der Passion Christi zeigen.
- Das Fest der Santa Agata in Catania (3.–5. Februar) zeichnet sich durch eine spektakuläre Prozession riesiger hölzerner Wagen, Darstellungen und Feuerwerke aus, die dem silbernen Reliquiar des Märtyrers und Schutzheiligen der Stadt durch die Straßen folgen; verfolgt wird das Schauspiel von rund 1 Mio. Zuschauer.
- Der Karneval (*carnevale*) vor Beginn der Fastenzeit in Sciacca ist insbesondere für seine aufwendig gearbeiteten allegorischen Wagen, Musik und Feuerwerke bekannt und gilt als einer der besten Siziliens.
- Karneval (»Abschied vom Fleisch«) wird auch prächtig gefeiert in Acireale, Trapani, Taormina, Sciacca und Caltanissetta; in der Woche vor Aschermittwoch finden Paraden mit Motivwagen und Straßenpartys statt.
- Aballu de li Diavoli (Tanz der Teufel) am Ostersonntag in Prizzi ist eine Schau von »Teufeln« in grotesken Masken, die durch die Stadt toben.
- Zu Mariä Himmelfahrt gibt es Prozessionen mit gigantischen Marionettenvorführungen und Motivwagen, u. a. in Messina, Trapani, Petralia Sottana und Randazzo. Los geht es am Freitag vor dem zweiten Augustwochenende.
- In Syrakus wird Mitte Dezember die Silberstatue der Schutzheiligen Santa Lucia durch die Stadt getragen, begleitet von Feuerwerken und Musik.

DER SIZILIANISCHE
Weg des Todes

Vielleicht ist es das fast noch greifbare Gefühl der Vergangenheit. Vielleicht ist es die inbrünstige religiöse Überzeugung oder ein Vermächtnis der klassischen Geschichte. Eines aber ist sicher: Der Tod und die damit verbundenen Riten und Bräuche sind in Sizilien – insbesondere in den kleineren Städten und Dörfern – stärker verankert als überall sonst in Italien.

Von oben nach unten: Todesanzeigen auf der Straße; auf dem Weg zum Friedhof, Ragusa

Bei einem Spaziergang durch die Straßen jeder beliebigen Stadt Siziliens werden Sie wahrscheinlich schwarz umrandete Tafeln mit Todesanzeigen sehen, manchmal mit einem Foto, immer mit Namen und Daten. Sie geben den Tod eines Bewohners mit Details zur Beerdigung bekannt, die wenige Tage später stattfindet. Während dieser Zeit hält die Familie eine Totenwache ab. Ist jemand nicht zu Hause gestorben, wird er zurück in seine Wohnung gebracht und in einem offenen Sarg aufgebahrt.

Unser Weg

Die Vordertür des Hauses wird Tag und Nacht offen gelassen, sodass die Menschen dem Verstorbenen die letzte Ehre erweisen und mit der trauernden Familie zusammensitzen können, die nie alleine gelassen wird. Freunde, Familie und Bekannte sprechen über den Verstorbenen, ihre Gefühle, ihre Trauer. Einige Familien lassen ein Fenster offen, damit die Seele leicht entfliehen kann, und niemand käme auf die Idee, dies für ein Verbrechen auszunutzen. Der Tod als großer Gleichmacher ist dafür zu heilig. Enge Freunde der Familien bringen *il conzu*, typische Gerichte der Insel, und versorgen die Trauernden so mit Essen, gilt es doch als respektlos, in dieser Zeit zu kochen.

An Allerseelen (2. November) besuchen die Sizilianer ihre Familiengräber und zünden Kerzen an

Die Riten des Todes ...

Zur Totenmesse bei der Beerdigung sind die Kirchen voll und eines der unzähligen Blumengestecke wird außen neben der Kirchentür platziert, um die Passanten zu informieren. Dann wird der Sarg geschlossen und nach dem Gottesdienst macht sich die Prozession auf den Weg zum Friedhof. Die Menschen bekreuzigen sich, während der Trauerzug vorbeizieht, am Grab selbst wird der Leichnam unter weiteren Gebeten der Erde übergeben. Wie auch anderswo in Italien bleiben die Körper auf Sizilien nicht für immer unter der Erde, sondern werden nach einigen Monaten in Nischen in der Friedhofsmauer beigesetzt, die bei Nacht von einer flackernden Lampe beleuchtet werden … und die Hinterbliebenen bekommen eine jährliche Rechnung für die Stromkosten.

Nach dem Tod eines nahen Verwandten tragen die Angehörigen auf Sizilien bis zu einem Jahr lang schwarze Kleidung, eine Witwe manchmal den Rest ihres Lebens. Bis in die 1970er-Jahre war es gar üblich, dass Frauen in der Regel ab ihrem 30. Lebensjahr generell die Farbe der Trauer trugen, da die älteren Verwandten der Großfamilie nach und nach verstarben.

... und der Geburt

Die Geburt ist genau wie der Tod ein öffentliches Ereignis. Halten Sie die Augen offen nach großen Schleifenbändern an den Eingangstüren, Balkongeländern und Fenstern. In Pink oder Blau verkünden sie stolz die Niederkunft eines süßen kleinen Jungen (*un bel maschio*) oder Mädchens (*una bellissima femmina*).

Der Magier aus

PALERMO

Auf Sizilien ist Aberglaube weit verbreitet, die Inselfolklore steckt voller Geschichten von Magie, Zauberei und Geisterbeschwörung. Talismane, Amulette, Zaubertränke, Flüche, Zauber und magische Gebete gehören seit Jahrtausenden zum Alltag und uralte Überzeugungen haben sich neben den christlichen Lehren erhalten. Im Laufe der Jahrhunderte hat eine Reihe schillernder Figuren sowohl die Sizilianer als auch die weite Welt verzaubert – allen voran der selbst ernannte Graf Alessandro Cagliostro, der Magier von Palermo.

Ruhm und Reichtum

Geboren als Giuseppe Balsamo 1743 in Palermo war Cagliostro Scharlatan, Betrüger, Hochstapler und Alchemist. Als cleverer kleiner Bengel mit einem Talent für Chemie studierte er bei den guten Mönchen von Caltagirone die Grundlagen der Medizin, bevor er sich zu einer Betrugs- und Diebestour durch Palermo aufmachte. Schließlich floh er vor den Gesetzeshütern aus der Stadt Richtung Griechenland, Ägypten und Malta und landete dann in Rom, wo er die hinreißende junge Schönheit Lorenza Feliciani kennenlernte. Sie hatten die gleichen Ziele, heirateten und machten dann Karriere als Magier, legten mit ihren Alchemiekünsten und ihrer Mystik die erlebnishungrige Aristokratie in ganz Europa herein. Sie verkauften ihr Elixier der ewigen Jugend, gründeten Freimaurerlogen nach ägyptischem Ritus, verkauften Pillen und Zaubertränke, fälschten Glücksspielzahlen und streuten – kurz gesagt – Sand in die Augen ihrer verzauberten Kunden von Sankt Petersburg bis London.

> »Wunderheilungen, Alchemie und Geisterbeschwörungen hielten ihn beschäftigt«

1771 hatte Giuseppe, der nie irgendwo lange genug blieb, um enttarnt zu werden, den Titel Graf Cagliostro angenommen. Er gab an, als Waise aufgewachsen und von adliger Abstammung zu sein und bei einem Alchemisten namens Salaahim eine Ausbildung in Magie und der Kabbala erhalten zu haben. London liebte ihn, noch mehr aber liebte ihn Paris. Und so kam es, dass er 1778 gar im Haushalt von Kardinal Rohan, einem engen Verwandten von Ludwig XIV., lebte. Wunderheilungen, Alchemie und Geisterbeschwörungen hielten ihn beschäftigt und brachten ihm einen Ruf ein, der später Goethes Faust und den Sarastro in Mozarts Zauberflöte inspirieren sollte. Es schien, als hätte er es geschafft.

Der demaskierte Scharlatan

Doch im Zeitalter der Aufklärung machte sich nach und nach selbst bei Cagliostros Fanclub gesunde Skepsis breit. Doch seine Verstrickung in die Halsbandaffäre am Vorabend der Französischen Revolution führte zu seiner Vertreibung aus Frankreich. Als auch noch die Londoner Skandalpresse seine bescheidene Herkunft aufdeckte, war er gezwungen, nach Italien zurückzukehren. Dort verriet Lorenza ihn an die Inquisition, um ihre eigene Haut zu retten; 1789 wurde er zum Tode verurteilt. Seine alten Fähigkeiten ließen ihn allerdings nicht im Stich und er schaffte es, den Papst zu überzeugen, sein Urteil in eine lebenslängliche Haftstrafe im Castel Sant'Angelo umzuwandeln. Nach einem gescheiterten Fluchtversuch wurde er schließlich in ein rattenverseuchtes Höllenloch in der finsteren Burg Rocca di San Leo im Apennin verbannt, wo er, inzwischen geisteskrank, 1795 verstarb.

Palermo hat ihn nie vergessen: 1869 nannte der Stadtrat eine dunkle, armselige Gasse tief im Slum der Albergheria Vicolo Conte Cagliostro. Es gibt sie immer noch: eine verfallende Straße, die den Namen einer angeschlagenen Legende bewahrt.

Graf Cagliostro bei einer Seance

Unsere Sache
DIE MAFIA

Bis heute plagt die schöne Insel Sizilien der Einfluss des organisierten Verbrechens. Obwohl Touristen die weitreichenden Effekte der Mafia kaum bemerken werden, ist *la cosa nostra* (unsere Sache) für die Sizilianer Teil ihres Lebens.

Vergessen Sie die Verherrlichungen aus Film und Literatur! Die Realität einer der langlebigsten kriminellen Organisationen der Welt besteht aus politischer Korruption, Bestechung, Diebstahl und Mord.

Sie brauchen einen Job? Dann müssen Sie die richtigen Leute kennen, um eine entsprechende *raccomandazione* (Empfehlung) zu erhalten. Sie haben ein Geschäft? Zahlen Sie Ihren *pizzo* (Schutzgeld) oder riskieren Sie die Konsequenzen. Sie wollen einen Vertrag abschließen? Alles hat seinen Preis und den bestimmt die Mafia.

> **»Alles hat seinen Preis und den bestimmt die Mafia«**

Sie kontrolliert die Wirtschaft und die Besetzung öffentlicher Ämter. Sie leitet Gelder für die Entwicklung Siziliens um, ernennt Politiker, wäscht Geld und tötet Richter, die ihre Mitglieder verurteilen.

Doch mutige Geschäftsleute, Studenten und linksliberale Politiker begannen in den 1990er-Jahren zu rebellieren und forderten ein Umdenken. Die Anti-Pizzo-Bewegung (www.addiopizzo.org) etwa verweigert Schutzgeldzahlungen, klärt in über 150 Schulen auf und unterstützt mafiafreie Trattorien und Läden.

Vergangenheit und Gegenwart

Der Begriff »Mafia« leitet sich wohl vom arabischen Wort *mu'afah* ab, das frei übersetzt Sicherheit und Schutz bedeutet. Einige Experten glauben, dass die Ursprünge der Organisation bis ins 12. Jh. zurückgehen. Andere bringen sie mit dem Aufkommen der *gabelloti* in Verbindung, Mieteintreiber oder Mediatoren zwischen feudalen Landbesitzern und dem Landvolk, die sich zu einer separaten Klasse mit eigenem Kodex entwickelten. Zusammen mit weiteren Vertretern – den *amici* (Freunden) und *uomini d'onore* (Ehrenmännern) – bildeten sie im 20. Jh. die heutige Mafia. Mussolini war ihr Feind und hätte sie ausgerottet, hätten die Alliierten nicht das Wissen der

Anti-Mafia-Proteste 2013 in Palermo

Papst Benedikt XVI. betet 2010 an der Gedenkstätte für Giovanni Falcone

Mafia zur Invasion Italiens 1943 benötigt. Nach Ende des Zweiten Weltkriegs verlagerte die Mafia ihre Aktivität in die Städte – Bau, Immobilien, Bankwesen und Drogen.

Die italienische Regierung reagierte mit der Einrichtung einer Anti-Mafia-Kommission, die einen seit 1963 bis heute andauernden brutalen Mafia-Terror provozierte. Im Fadenkreuz sind Journalisten, Anwälte, Richter, Priester und Politiker. Die Ermordung von Polizeichef Dalla Chiesa (1982), der Ermittlungen zur Korruption in hohen Politikerkreisen anstellte, führte zu den *maxiprocessi* (Mammutprozessen), in denen zahlreiche *pentiti* (Kronzeugen) aussagten. Das Blutvergießen setzte sich auch während der Prozesse fort und gipfelte 1992 in der Ermordung der Richter Giovanni Falcone und Paolo Borsellino. Die Empörung der Öffentlichkeit führte zur Verhaftung von Salvatore Riina, dem *capo dei capi* (Boss der Bosse); seitdem haben sich Verhaftungen und Ermordungen unverändert fortgesetzt. Im März 2010 verhaftete eine Anti-Mafia-Einheit Salvatore Messina Denaro – Bruder des großen Mafiabosses Matteo Messina Denaro (Diabolik genannt) – sowie 19 weitere des Betrugs und der Erpressung beschuldigte Männer.

2012 wurde mit Rosario Crocetta ein ausgewiesener Anti-Mafia-Politiker zum Regionalpräsidenten der Insel gewählt. Die Krake Mafia ist auf dem Rückzug, aber sie ist mächtig genug, ihre Fangarme weiter auszustrecken.

Und *la Verità* – die Wahrheit?

»Die Mafia bedeutet Unterdrückung, Arroganz, Gier, Selbstbereicherung, Macht und Hegemonie über und gegen alle anderen … Sie ist eine kriminelle Organisation, die von ungeschriebenen, aber eisernen und unerbittlichen Regeln bestimmt wird … Es gilt, den Mythos des mutigen und großzügigen ›Ehrenmannes‹ zu zerstören, denn ein Mafioso ist genau das Gegenteil.« Diese deutlichen Worte, geschrieben von Richter Cesare Terranova kurz vor seiner Ermordung 1979, schildern die harte Realität des Lebens unter der Mafia.

Die
VORGELAGERTEN Inseln

Im Norden, Westen und Süden Siziliens liegen kleine Archipele, die Sonnen-, Meer- und Naturhungrige anlocken. Heute ist der Tourismus wichtiger als die Fischerei – auch wenn die Gewässer rund um die Inseln zu den fischreichsten des Mittelmeeres gehören. Herrliche Natur, aktive Vulkane und archäologische Schätze machen die Inseln zu einem Reiseziel für sich.

Die Äolischen Inseln

Die sieben schönen Äolischen Inseln vor der Nordostküste Siziliens sind vulkanischen Ursprungs. Lipari ist die größte der Gruppe, ihr Hauptort, Lipari-Stadt, mit malerischem Hafen, schicken Hotels und guten Restaurants einer

der beliebtesten Urlaubsorte Siziliens. Die Besucher kommen wegen der herrlichen Strände, dem klaren Wasser und der spektakulären Landschaft mit Berghängen aus ausgebleichtem Bimsstein, Obsidianströmen und erloschenen Kratern. Live und in Farbe erleben Sie den immer noch aktiven Stromboli mit seinem nächtlichen Schauspiel aus roten Funken, Vulkandonner und geschmolzenen Trümmern. Besonders reizvoll ist es, den äußerst aktiven Vulkan zu besteigen, um sich das nächtliche Naturspektakel anzuschauen, oder die infernalische Szenerie bei einem Bootsausflug vom Meer aus zu betrachten. Ähnlich dramatisch ist Vulcano mit beißenden Fumarolen, schwefelhaltigem Rauch und stinkendem, aber heilendem Schlamm. Die anderen Inseln – Salina, Panarea, Filucudi und Alicudi – sind nur im

Sommer vom Tourismus geprägt. Hier verdienen die Einheimischen ihr Geld auch noch mit Fischerei, Weinerzeugung und Kapernexport.

Die Egadischen Inseln

Favignana, Levanzo und Marettimo bilden die Gruppe der Egadischen Inseln, nur einen Katzensprung von Trápani an der Westküste Siziliens entfernt. Hauptattraktionen der größten und am stärksten bevölkerten Insel Favignana (▶ 181) sind die Tuffsteinlandschaft, die Strände und das Meer – früher wurden hier beim jährlichen Frühjahrsfang 150 000 t Fisch gefangen. Bis vor wenigen Jahren war Favignana der letzte Ort, an dem die rituelle *mattanza* abgehalten wurde, bei der Thunfische durch trichterförmige Netze zum Schlachtplatz getrieben werden, wo sich das Meer vom Blut der harpunierten Tiere rot färbte. Die Bestände des *tonno rosso* sind wegen Überfischung im Mittelmeer dramatisch zurückgegangen. Auf Marettimo, einer eigenständigen, bergigen Insel, ist man gerne für sich und macht wenig Zugeständnisse an die Touristen, die wegen der Felsformationen und Meeresgrotten hierher kommen. Auch Levanzo hat einige Grotten zu bieten, darunter die Grotta del Genovese, in deren schattigem Inneren 10 000 Jahre alte Felsgravuren und -malereien zu sehen sind.

Links: Lipari und Vulcano Mitte: Gasse auf Marettimo Rechts: Tauchrevier vor Ustica

Ustica, Pantelleria und die Pelagischen Inseln

Etwa 56,5 km nördlich von Palermo liegt die schwarze Insel Ustica, ein Mekka für Taucher. Die Insel selbst eignet sich mit viel Grün gut zum Wandern. Ganz im Süden schafft Panterelleria die Balance zwischen Tourismus und traditioneller Landwirtschaft und Fischerei. Die Bauern hier leben noch in traditionellen *dammusi*, Häusern mit quadratischen Kuppeldächern gegen die Hitze. Noch weiter südlich und näher an Tunesien als an Sizilien liegen die Pelagischen Inseln: Lampedusa, Linosa und das unbewohnte Lampione. Diese entlegenen Außenposten stehen neuerdings durch den Ansturm asylsuchender afrikanischer Flüchtlinge im Fokus der Weltöffentlichkeit.

SZENEN SIZILIENS:
vom Papyrus zum Film

Lange bevor Mario Puzo das sizilianische Mafiaepos *Der Pate* schrieb, der auch als Grundlage für die gleichnamige Film-Trilogie von Francis Ford Coppola diente, waren Sizilien und die vorgelagerten Inseln über Jahrtausende hinweg Thema zahlreicher Werke auf Pergament, Papyrus und Papier.

Die Griechen waren fasziniert von der Insel und insbesondere von der Mystik des Ätna. Der Philosoph Empedokles soll sich im 5. Jh. v. Chr. gar in den Krater des Vulkans in den Tod gestürzt haben. Prominent vertreten ist Sizilien auch in Homers Werken *Ilias* und *Odyssee*.

In neuerer Zeit sind rund ein Dutzend fiktive Werke entstanden, die zu unterschiedlichen Zeiten in Sizilien spielen. Dazu zählen die *Sizilianische Novellen* von Giovanni Verga, eine Serie aufrüttelnder Kurzgeschichten, die im 19. Jh. angesiedelt sind.

Der Leopard (auch: *Der Gattopardo*) von Giuseppe Tomasi Di Lampedusa, 1957 posthum veröffentlicht, wurde ein bisher unerreichter italienischer Bestseller und 1963 mit Burt Lancaster und Claudia Cardinale in den Hauptrollen verfilmt. Er spielt Mitte des 19. Jhs. zu Beginn von Garibaldis Feldzug zur Vereinigung Italiens und hat die daraus resultierenden sozialen Unruhen zum Thema.

Von den zahlreichen Filmen und Fernsehdramen, die auf Sizilien spielen, dürfte die *Pate*-Trilogie die bekannteste sein. Dabei sind nur wenige

Von links nach rechts: Philippe Noiret und Salvatore Cascio in *Cinema Paradiso*; Massimo Troisi in *Der Postmann*; Ingrid Bergman in *Stromboli*

Szenen auf Sizilien angesiedelt, u. a. das Massaker von Palermo am Ende von *Der Pate – Teil III*. Daneben spielen *Cinema Paradiso* (1989), *Der Postmann* (1994, hauptsächlich gedreht auf Salina, einer der Äolischen Inseln), *Stromboli* (1949, mit Ingrid Bergman in der Hauptrolle) und *Der Zauber von Malèna* (2000) auf dem sizilianischen Archipel.

Zu den neueren Werken zählt die in Italien und Deutschland äußerst beliebte Fernsehserie *Il Commissario Montalbano* über den mürrischen Detektiv und Liebhaber der sizilianischen Küche Montalbano, eine Figur von Andrea Camilleri. Sie spielt u. a. an der Marina di Ragusa und wird vor allem in der Provinz Ragusa gedreht.

WEITERE WERKE MIT SIZILIEN-BEZUG

Gespräch in Sizilien von Elio Vittorini ist eine treffende politische Geschichte der 1930er-Jahre, die auch ein Bild der Eigenheiten und Bräuche der Inseln zeichnet, von denen einige – wie der Klang der Hirtenflöten, die die Geburt in den Bergen feiern – noch heute fortbestehen.

Don Giovanni in Sizilien von Vitaliano Brancati behandelt die sizilianische Reaktion auf das faschistische Regime mit einer Mischung aus passivem Widerstand und Gleichgültigkeit. 1967 wurde auf Grundlage des Romans ein kesser italienischer Film gedreht.

Fliegenspiel. Sizilianische Geschichten von Andrea Camilleri. Einer der meistgelesenen Autoren Italiens schreibt Geschichten über seine Heimat. Dabei wird offensichtlich: Auf Sizilien ist alles anders.

Novellen für ein Jahr von Luigi Pirandello. Die zeitlosen Kurzgeschichten aus der Feder des Sizilianers, der 1934 mit dem Literaturnobelpreis ausgezeichnet wurde, schildern die menschliche Ohnmacht gegenüber dem Schicksal.

WILDES Sizilien

Einst fast vollständig von Eichenwäldern bewachsen, ist Sizilien bis heute eine unglaublich fruchtbare Insel mit Oliven- und Zitrushainen, Mandelbäumen und Weinbergen, Palmen an der Küste und ausgedehnten Weizenfeldern im bergigen Landesinnern. Lassen Sie also Kultur und Strand für ein paar Tage hinter sich und machen Sie sich auf in das wilde Sizilien.

Auf der 24 807 km² großen Insel kommen über 200 endemische Pflanzenarten vor. Zwar haben Armut und die Forderungen der großen Landbesitzer viel Schaden angerichtet, aber Sizilien ist auch heute noch ein Garten voll wilder Pflanzen und magischer Landschaften.

Wandern

Erst allmählich entdeckt man auch in Süditalien den Reiz des Wanderns. Inzwischen gibt es auch im tiefsten Hinterland häufig markierte und mitunter gut ausgebaute Pfade und Wege für jeden Geschmack. Das Angebot reicht von anstrengenden Routen an den Hängen des Ätna und durch die Bergwelt von Nebrodi und der Madonie (➤ 186) bis hin zu Küstenwegen durch Dünen und Salzpfannen, dem Zuhause zahlreicher Vogelarten. Eine der beliebtesten Gegenden ist Zingaro (➤ 166), ein 7 km langer, unberührter Küstenabschnitt im äußersten Nordwesten, wo im kristallklaren Wasser kleiner Buchten gebadet werden kann. Besonders reizvoll sind Wanderungen im Frühling, wenn Wildblumen farbenprächtige Blütenteppiche bilden.

Einige Teile von Sizilien sollten Sie auf keinen Fall verpassen – schon allein wegen der Aussicht. Das Wahrzeichen Cefalùs ist die Rocca, ein atemberaubender, 278 m hoher Felsen, der bedrohlich über der malerischen Stadt im Nordosten der Insel, östlich von Palermo, hängt. Der Aufstieg ist anstrengend, aber für jeden machbar. Für eine spektakuläre Aussicht nehmen Sie die Treppe ab der Piazza Garibaldi und folgen den Schildern »Accesso alla Rocca«. Die gesamte Tour dauert ca. eine Stunde und führt an den Ruinen des Tempio di Diana (Tempel der Diana) aus dem 5. Jh. v. Chr. vorbei. Um zum Gipfel zu gelangen, müssen Sie sich weitere 30 Minuten den Berg hinaufquälen, bevor sie die antiken Befestigungen sehen und mit einer fantastischen Aussicht von Palermo im Westen bis Capo d'Orlando im Osten belohnt werden.

Naturgeschichte

Botaniker machen sich auf in das 1970 m hohe Gebirge Le Madonie, dessen Kalksteinflora zur vielfältigsten Italiens zählt. Im Frühjahr sind die Berge übersät von farbenprächtigen Blumen; selbst zahlreiche Orchideen und andere seltene Arten gedeihen hier. Diese finden Sie auch an den unteren Hängen des Ätna (➤ 80) und in den Nebrodi, wo die dichten Wälder eine völlig andere Flora beheimaten. Das Waldland ist auch die Heimat zahlreicher Tiere: Nicht selten begegnet man auf den einsamen Bergstraßen Siziliens Füchsen und Wildschweinen.

Für Vogelbeobachter hat Sizilien überall etwas zu bieten – von Greifvögeln im bergigen Hinterland bis zu riesigen See- und Watvögelkolonien an der Küste. Die Insel ist zudem eine wichtige Station für Zugvögel, halten Sie also die Augen auf nach Exoten wie Bienenfressern und dem bezaubernden Wiedehopf mit seinem schmetterlingsähnlichen Flug.

Das Magazin

Blick auf Cefalù und La Rocca

Das große Blau

Und dann ist da natürlich das Meer, das zum Baden, Schwimmen, Schnorcheln, Tauchen oder Segeln einlädt. An der Küste Siziliens und seiner Inseln liegen gleich acht wichtige Meeresschutzgebiete, reich an Fischen und Meerestieren. Buchten, Klippen, Höhlen und Grotten warten auf ihre Erkundung, in flachen Lagunen können Sie Vögel beobachten und im tieferen Wasser tauchen.

Reiten wie die Cowboys

Ponyausritte sind ein beliebter Freizeitspaß, der vielerorts auf der Insel angeboten wird. Die Reiter können den Hufabdrücken der einstigen sizilianischen Viehhirten folgen, die hier früher zu Pferd ihr Vieh auf die Winterweiden trieben. Infos erhalten Sie bei den Tourismusbüros der Madonie, der Nebrodi, des Etna und der Alcàntaraschlucht. In Agrigentos Centro Ippico Concordia gibt es zudem eine Reitschule, die Ausflüge, Unterricht und Veranstaltungen anbietet.

HIER FINDEN SIE DIE SELTENSTEN BLUMEN

- Le Madonie – reiche Kalksteinflora mit zahlreichen seltenen Orchideen-, Pfingstrosen-, Lilien- und Schachblumenarten sowie vielen weiter verbreiteten Pflanzen.
- Zingaro – Küsten- und Binnenkalksteinflora, *macchia mediterranea* sowie zahlreiche Orchideen.

DIE BESTEN ZIELE FÜR VOGELBEOBACHTER

- Saline di Trapani (Trapani) – Salzpfannen, die zahlreiche einheimische und überwinternde Küsten- und Wasservögel wie Flamingos anziehen (▶ 168).
- Lago di Lentini (Syrakus) – eines der wichtigsten Feuchtgebiete Italiens und Überwinterungsgebiet für seltene Möwen, Moorenten, Löffler und Störche.
- Vendicari (Syrakus) – äußerst vielseitige Lebensräume mit felsigen Küsten, Dünen, Marschland und Macchia, in denen seltene Möwen, Raubwürger, Goldregenpfeifer und Triele (▶ 116) beheimatet sind.
- Oasi del Simeto (Agrigento) – eine Flussmündung mit Sanddünen, die zahlreiche Zugvögel und überwinternde See- und Watvögel anlockt.
- Foce del Fiume Platani (Agrigento) – Zwischenstopp für unzählige Zugvögel auf ihrem Weg von bzw. nach Afrika, daher am schönsten im Herbst und Frühjahr.
- Zingaro (Trapani) – hervorragender Ort zur Beobachtung von Küstenvögeln (▶ 166).

Erster Überblick

Ankunft

Mit dem Flugzeug

Auf Sizilien gibt es vier große internationale Flughäfen: Palermo, Catania, Trapani und Comiso (➤ 195).

Aeroporto Falcone Borsellino (Palermo)

Flughafen-Informationen: Tel. 091 7 02 02 73; www.gesap.it.

- Palermo wird u. a. von Berlin, München, Stuttgart und Köln/Bonn aus direkt angeflogen.
- Der Aeroporto Falcone Borsellino liegt 31 km westlich von Palermo bei Punta Raisa und ist durch **Bus, Bahn** und **Taxi** angebunden. Die Bus- und Taxistände befinden sich vor dem Ankunftsterminal. Die Bahn- steige im Abflugterminal sind zu Fuß in fünf Minuten vom Ankunfts- terminal aus zu erreichen. Die Touristeninformation im Terminal (Tel. 091 59 16 98) hat Mo–Fr 8.30–19.30 und Sa 8.30–18 Uhr geöffnet.
- **Taxis** (Tel. 339 2 04 00 30 oder 091 51 33 11) sind das schnellste, aber auch teuerste Beförderungsmittel nach Palermo; rechnen Sie mit ca. 40 € für bis zu vier Personen, große Gepäckstücke werden extra berechnet. Taxis fahren zwischen 6 und 24 Uhr in 35–50 Minuten nach Palermo.
- **Züge** (Trinacria Express, Tel. 89 20 21; Fahrkartenschalter: Tel. 1 99 16 61 77; Flughafenbüro Tel. 091 7 04 40 07; www.trenitalia.it) fahren etwa stündlich zwischen 5.40–22 Uhr nach Palermo. Die Fahrt dauert eine Stunde und kostet 5,80 €.
- **Busse** (Autolinee Prestia e Comandè, Tel. 091 58 63 51; www.prestiae comande.it) fahren 6.30–24 Uhr alle 30 Minuten mit mehreren Zwi- schenstopps ins Stadtzentrum. Eine Fahrt zu Palermos Hauptbahnhof kostet 5,80 €. Autolinee Sal (Tel. 0922 40 13 60; www.autolineesal.it) fährt Mo–Sa viermal täglich nach Agrigento (ca. 13 €).
- Der Flughafen von Palermo ist über einen Zubringer an die *autostrada* E-90/A19 angebunden.

Aeroporto Fontanarossa (Catania)

Flughafen Catania: Tel. 095 34 05 05, Flughafen-Informationen: Tel. 095 7 23 91 11; www.aeroporto.catania.it.

- Es gibt Direktflüge nach Catania ab Berlin, Düsseldorf, Frankfurt, Hamburg, Hannover, Köln, München, Stuttgart und Zürich.
- **Fontanarossa** liegt 5 km südlich von Catania. **Busse** und **Taxis** warten vor dem Flughafenterminal. An der Touristeninformation des Flughafens (Tel. 095 4 01 40 81, Mo–Sa 9–13 Uhr) erhalten Sie Landkarten, Fahr- pläne und Adressen von Unterkünften.
- **Taxis** (Tel. 095 33 09 66/095 38 67 94) sind das schnellste und teuerste Beförderungsmittel in Catanias Zentrum; vier Personen zahlen etwa 25 €, Gepäck wird extra berechnet.
- **AMT** (Tel. 095 7 51 91 11) betreibt einen Stadtbus (Alibus), der von 5 bis 24 Uhr alle 25 Minuten zwischen Flughafen und Catanias Haupt- bahnhof verkehrt; der Fahrpreis liegt bei 4 €.
- **Andere Busunternehmen** fahren Städte in ganz Sizilien an:
  A.S.T. (Tel. 095 7 23 05 11; www.aziendasicilianatrasporti.it) nach Caltagirone, Piazza Armerina, Etna und Acireale
  Etna Trasporti (Tel. 091 34 20 55; www.etnatrasporti.it) nach Giardini Naxos und Taormina

Giuntabus (Tel. 090 67 37 82; www.giuntabus.com) nach Milazzo (zur Fähre zu den Liparischen Inseln; April–Sept.)
Interbus (Tel. 091 34 20 55; www.interbus.it) nach Syrakus, Taormina, Trapani, Noto und Palermo
SAIS Trasporti (Tel. 095 53 62 01; www.saistrasporti.it) nach Agrigento und Caltanissetta
SAIS Autolinee (Tel. 0935 50 09 02; www.siasautolinee.it) nach Enna, Messina und Palermo
■ Der Flughafen in Catania hat eine Anbindung an die A19 in Richtung Westen und die A18 in Richtung Norden.

Mit dem Zug

Mit dem Zug erreicht man vom Festland Catania (Stazione Centrale, Piazza Giovanni XXIII, Tel. 89 20 21) oder Palermo (Stazione Centrale, Piazza Giulio Césare, Tel. 89 20 21). Vor beiden Hauptbahnhöfen finden Sie Taxistände und Bushaltestellen. In Palermo fahren viele Busse in der Via Paolo Balsamo und Via Gregorio Rosario ab, beide in Bahnhofsnähe gelegen.

Mit dem Auto

■ Von der Nordgrenze Italiens bis Messina sind es ca. 1500 km, für die Anfahrt sollten deshalb mindestens zwei Tage einkalkuliert werden. Sie können die Fahrstrecke abkürzen, indem Sie ab Genua, Livorno oder Neapel die Fähre nehmen. Wer die Landroute wählt, kann die Straße von Messina entweder mit der Fähre ab Villa San Giovanni oder ab Reggio di Calabria mit Tragflügelboot bzw. Fähre überqueren. Folgen Sie der Beschilderung »TRAGHETTI«. Die Fähren legen ein- bis zweimal in der Stunde ab. Buchungen im Voraus sind nicht erforderlich. Fahrscheine erhalten Sie am Hafenkiosk.
■ Autofähren aus Norditalien legen in der Stazione Maríttima in Palermo an.

Mietwagen

Alle internationalen Autovermietungen sind in den Flughäfen von Catania, Palermo und in den Städten vertreten. Es kann günstiger sein, vor der Reise zu buchen. In Catania befinden sich die Schalter der Autovermietungen in einem Gebäude gegenüber den Terminals. Sie erreichen die Autovermietungen in Deutschland/Italien wie folgt:
Avis Tel. 01806 21 77 02; Palermo Flughafen Tel. 091 59 16 84; www.avis.de
Budget Tel. 01806 21 77 11; www.budget.de
Europcar Tel. 040 5 20 18 80 00; www.europcar.de
Hertz Tel. 01806 33 35 35; Catania Flughafen Tel. 095 34 15 95; www.hertz.de
Holiday Autos Tel. 01805 17 91 91; www.holidayautos.de
Maggiore aus Deutschland Tel. 0039 06 22 45 60 60; Catania, Flughafen: Tel. 095 34 05 94; www.maggiore.it
Sixt Tel. 01805 25 25 25; www.sixt.de

Touristeninformation

An den Flughäfen von Palermo und Catania finden Sie Touristeninformationen und in beiden Städten zusätzlich ein großes Stadtbüro. Alle neun Provinzen unterhalten Touristenbüros, die von den Kommunen verwaltet werden. Adressen finden Sie jeweils im Text.
Palermo: Via Principe di Belmonte 92, Tel. 091 58 51 72; www.provincia. palermo.it/turismo; Mo–Sa 8.30–14, 14.30–19 Uhr
Catania: Via Etnea 63/65, Tel. 095 4 01 40 70, http://turismo.provincia.ct.it; Mo–Fr 8–17.30 Uhr; Flughafen: Tel. 095 4 01 40 81; Mo–Fr 9–13 Uhr

Unterwegs auf Sizilien

Die öffentlichen Verkehrsmittel auf Sizilien sind günstig. Das Busnetz ist besser ausgebaut als das Bahnnetz, Züge können zuweilen langsam sein. Allerdings fahren Busse zwar an viele Orte, die Sie per Zug nicht erreichen, verkehren oft aber nicht an Sonntagen. Zudem können die Fahrpläne aufgrund von Markt- oder Schulzeiten eingeschränkt sein. Am flexibelsten sind Sie daher mit dem Auto. Die Straßen sind in der Regel in gutem Zustand. Die Sizilianer fahren oft flott, aber meist auch rücksichtsvoll – Nerven wie Drahtseile können durchaus hilfreich sein.

Auto fahren
Straßen und Verkehr

- Auf Sizilien finden Sie ein sehr gut ausgebautes Netz an *autostrade* (Autobahnen). Folgende Strecken gibt es: Messina–Catania (A18), Catania–Syrakus, Catania–Palermo (A19), Palermo–Trapani/Mazaro del Vallo (A29), Syrakus–Gela und Messina–Palermo (A20). Die Abschnitte von Messina nach Catania bzw. nach Palermo sind gebührenpflichtig.
- Die übrigen Straßen sind von sehr unterschiedlicher Qualität. Auf Gebirgsstraßen kommen Sie teilweise nur schleppend voran, die Beschilderung ist oft mangelhaft.
- Ortsfremde, die den süditalienischen Fahrstil nicht gewohnt sind, sollten das Zentrum von Palermo und Catania besser meiden.
- Die sizilianischen Ortschaften sind mit ihren engen Straßen und undurchschaubaren Einbahnstraßensystemen oft nicht für den Autoverkehr konzipiert. Am besten sucht man sich einen zentralen Parkplatz und erkundet die Innenstadt (*centro storico*) zu Fuß.
- Autofahrer müssen einen gültigen Führerschein, die grüne Versicherungskarte, Autopapiere und ihren Ausweis mit sich führen und auf Verlangen der Polizei vorzeigen. Ebenfalls dabei sein müssen ein Warndreieck, das bei Mietwagen mit zur Ausstattung gehört, und eine Warnweste (im Fahrerraum!).
- Sofern nicht durch Schilder ausdrücklich anders geregelt gilt an Einmündungen und auch im Kreisverkehr (!) »rechts vor links«.
- Beachten Sie die Geschwindigkeitsbegrenzungen (50 km/h in geschlossenen Ortschaften, 110 km/h auf Landstraßen, 130 km/h auf Autobahnen).
- Außerhalb geschlossener Ortschaften muss das Abblendlicht zu jeder Zeit eingeschaltet sein.
- Es gilt Sicherheitsgurtpflicht.
- Die Alkoholgrenze liegt bei 0,5 ‰.
- Bei einer Panne muss die Warnblinkanlage angeschaltet, die Warnweste angelegt und das Warndreieck in 50 m Entfernung hinter dem Fahrzeug aufgestellt werden. Vom ACI (Automobile Club d'Italia, Tel. 116) können Sie kostenpflichtig Hilfe und einen Abschleppdienst anfordern.

Verkehrssituation und Sicherheit

Autofahren auf Sizilien erfordert starke Nerven – der sizilianische Fahrstil ist berüchtigt.

- Fahren Sie besonders aufmerksam und konzentriert.
- Fahren Sie nicht zu zögerlich, sonst nimmt man Ihnen die Vorfahrt.
- Wundern Sie sich nicht über dichtes Auffahren und schließen Sie selbst die Lücke zum Vordermann.
- Es wird häufig über Aufblenden und Hupen kommuniziert.

- Steuern Sie in Städten Parkhäuser oder ausgewiesene Parkplätze an. Vermeiden Sie schlecht ausgezeichnete Straßen.
- Lassen Sie keine Wertsachen im Auto. Benutzen Sie einen bewachten Parkplatz, wenn Sie Ihr Fahrzeug über Nacht in Palermo oder Catania lassen.
- Fahren Sie die Antenne ein und klappen Sie die Außenspiegel ein, wenn Sie in der Stadt parken.

Busse

Mit dem Bus (*autobus* oder *pullman*) erreichen Sie jeden Ort auf Sizilien. Die oft klimatisierten Busse sind zuverlässig und bequem. Vor allem für Fahrten aufs Land und in kleinere Orte und Dörfer sind sie ein hervorragendes Reisemittel. Es gibt drei große Busunternehmen und mehrere kleinere regionale Busbetriebe. Denken Sie daran, dass der Betrieb sonntags sehr eingeschränkt ist oder gar komplett eingestellt wird und dass die Fahrpläne für abgelegene Strecken auf Schul- und Marktzeiten abgestimmt sind und Busse daher sehr früh verkehren.

- Bushaltestellen (*autostazione*) finden sich in größeren Orten überall verteilt, in kleineren Ortschaften halten Busse meist am Marktplatz oder vor dem Bahnhof.
- Fahrpläne finden Sie im Internet, in den Büros der Verkehrsbetriebe, an den Bushaltestellen oder im Bus.
- Fahrscheine können Sie im Bus oder im Voraus bei den Ausgabestellen der Busunternehmen kaufen.
- Stadtbusse sind preiswert und fahren häufig. Kaufen Sie die Fahrscheine vorher in den *tabacchi* oder am Kiosk und stempeln Sie sie im Bus ab.

Die größten Busunternehmen

A.S.T. Tel. 091 6 20 81 11; www.aziendasicilianatrasporti.it
Cuffaro T Tel. 091 6 16 15 10; www.cuffaro.info
Giuntabus Tel. 090 67 37 82; www.giuntabus.com
Interbus Tel. 091 34 20 55; www.interbus.it
SAIS Trasporti Tel. 091 6 17 11 41; www.saistrasporti.it

Eisenbahn

An die Ferrovie dello Stato (FS, Italienische Staatsbahn, auch Trenitalia genannt; www.trenitalia.com) sind alle größeren Städte auf Sizilien angebunden. Die private Ferrovia Circumetnea (www.circumetnea.it) betreibt eine 114 km lange Strecke rund um den Ätna. Auf der Fahrt haben Sie mit die beste Möglichkeit, den markanten Vulkan zu betrachten. Generell ist das Schienennetz im Osten der Insel besser ausgebaut als im Westen. Quer über die Insel führt nur eine Trasse von Catania über Enna nach Palermo. Einige Bahnhöfe (z. B. Enna und Taormina) sind ein gutes Stück von Ortszentren entfernt. An Sonn- und Feiertagen wird der Betrieb oft ganz eingestellt. Es gibt fünf Zugtypen: *Intercity, Diretto, Espresso, Interregionale* und *Regionale*.

- **Intercity** fahren kostet 30 % Aufschlag auf den normalen Fahrpreis, eine Reservierung ist zwingend erforderlich.
- **Diretto, Espresso** und **Interegionale** sind Fernschnellzüge, die nur an größeren Bahnhöfen halten.
- **Regionale** sind sehr langsame Züge und halten an jeder kleinen Station – am besten vermeiden!
- Für die Hauptstrecken können Sie vorab reservieren (*prenotazione*), was sich vor allem im Sommer empfiehlt; für einige Strecken ist es verbindlich.

Erster Überblick

- In den Bahnhöfen gibt es Informationstafeln, die Ankunft (*arrivi*) und Abfahrt (*partenze*) anzeigen, auf jedem Bahnsteig (*binario*) sind Fahrpläne ausgehängt. Wer viel Zug fährt, kann sich eine Ausgabe von »In Treno Sicilia« besorgen, das die FS zweimal jährlich herausgibt. Beachten Sie Hinweise auf saisonale Abweichungen an Sonn- und Feiertagen.
- Sie müssen ihren Fahrschein vor Fahrtantritt an einem der gelben Kästen im Bahnhof entwerten, bevor Sie einsteigen!
- Die Tickets sind preiswert: Kinder im Alter von vier bis zwölf Jahren fahren zum halben Preis, unter vier Jahren kostenlos.

Übernachten

Sizilien bietet eine hervorragende Auswahl an Übernachtungsmöglichkeiten. Die Preise liegen im Großen und Ganzen etwas unter dem Niveau Norditaliens. Sie haben die Wahl zwischen verschwenderischem Luxus der Grandhotels in Palermo, Catania und Badeorten wie Taormina sowie einfachen, familienbetriebenen Pensionen und Privatzimmern auf Bauernhöfen. Qualität und Preis aller Unterkünfte sind offiziell klassifiziert und gesetzlich festgelegt. In der Praxis gestaltet sich die Preisbildung variabel. In der Hochsaison zahlen Sie meist den Maximalbetrag, in der Nebensaison können Sie oft Rabatte aushandeln. In den Städten und Touristengebieten sind Unterkünfte in Hülle und Fülle vorhanden. Trotzdem sollten Sie für die Sommermonate und für Reisen ins Innere der Insel, wo es wenige Unterkünfte gibt, im Voraus buchen.

Übernachtungsmöglichkeiten

- **Hotels (*alberghi*)** sind in Kategorien mit ein bis fünf Sternen eingeteilt. Diese orientieren sich an der Ausstattung – Klimaanlage, Aufzug, Schwimmbad usw. – und nicht an der Einrichtung bzw. Gemütlichkeit. Die Fünf- und Vier-Sterne-Hotels bieten in der Regel einen gehobenen Komfort mit geschultem Service und sehr guter Ausstattung. Viele sind in historischen, geschmackvoll restaurierten Gebäuden beherbergt, in denen sich antiker Charme und moderner Luxus ergänzen. Drei-Sterne-Hotels bieten meist ein spezielles Ambiente, während Ein- bis Zwei-Sterne-Hotels recht preiswert, sauber und sicher sind. Es gibt kaum einen Unterschied zwischen einem einfachen Hotel und einer **pensione**. Wenn Sie in einem Hotel der Spitzenklasse übernachten wollen, lohnt es sich, eine Pauschalreise zu buchen; die Reiseanbieter bekommen häufig günstigere Tarife als Individualreisende.
- **Bed & Breakfast** und private Unterkünfte in einfachen, sauberen und gepflegten Privathäusern werden auf Sizilien immer öfter angeboten; oft gehören sie sogar zu schicken Unterkünften mit Pool und anderen Extras. Viele werden von Ausländern geführt, die auf die Bedürfnisse nicht-italienischer Gäste eingestellt sind. Die örtlichen Touristeninformationen haben weitere Informationen.
- ***Agriturismo***, d. h. Unterkünfte auf bewirtschaften Bauernhöfen und Gutshöfen, ist zunehmend Trend in Italien. Die meisten *agriturismi* liegen so abseits, dass Sie nur mit dem Auto erreichbar sind; die Besitzer sprechen oft nur Italienisch. Einige erwarten, dass die Gäste mindestens drei Übernachtungen buchen. Weitere Informationen erhalten Sie bei: Agriturist, Via A di Giovanni 14, 90144 Palermo, Tel. 091 34 60 46; www.agriturist.it oder www.agriturismo-sicilia.it.

- **Selbstversorger** sind gut mit *agriturismi* (➤ 40), Ferienwohnungen in Badeorten oder gehobenen Villen beraten, die normalerweise im Voraus gebucht werden. Private Angebote finden Sie z. B. unter www.fewo-direkt.de und auf der Website des Spezialisten für gehobene Villen www.thinksicily.com.
- **Camping** Auf Sizilien gibt es über 90 offiziell registrierte, gut ausgestattete Campingplätze in Küstenbereichen, jedoch sehr wenige im Inselinneren. Für Juli und August muss man unbedingt vorab buchen. In der Nebensaison sind viele geschlossen. Mehr Informationen erhalten Sie über die örtliche Touristeninformation, im Internet über www.camping.it oder im Campingführer des Touring Club Italiano (Corso Italia 10, Milano; Tel. 8 40 88 88 02; www.touringclub.it).
- *Rifugi* Am Ätna, in den Madonien und im nebrodischen Gebirge ist es möglich, in bewohnten Berghütten (*rifugi*) zu übernachten, meist einfachen, aber oft bewirtschafteten Unterkünften in hinreißender Umgebung. Sie erfahren Näheres bei den Touristeninformationen oder über den Club Alpino Italiano (www.cai.it), der die *rifugi* unterhält.

Zimmersuche

- Falls Sie nicht im Voraus gebucht haben, wenden Sie sich vor Ort an die Touristeninformation, bei der es ein Gesamtverzeichnis der Unterkünfte gibt, oder suchen Sie im Centro Storico im Stadtzentrum.
- Es ist günstiger, schon nachmittags nach einem Zimmer Ausschau zu halten; die Auswahl ist dann größer und Sie können die Umgebung während der ruhigen Zeit der Siesta erkunden.
- Man wird Sie an der Rezeption um Ihren Ausweis bitten; vergessen Sie ihn nicht bei der Abreise.
- Check-out ist normalerweise vormittags. Wenn Sie frühmorgens abreisen wollen, fragen Sie am Abend vorher nach der Rechnung, da die Rezeption bei Ihrer Abreise eventuell nicht besetzt ist.
- Für eine Rundreise bietet Catena del Sole, ein Netzwerk privat geführter Hotels auf ganz Sizilien (www.sicily-hotels.net), Vorausbuchungen für Ihre Weiterreise an. Wenn Sie in mehr als einem der angeschlossenen Hotels übernachten, erhalten Sie deutliche Rabatte.

Preise

- Sie finden die Tarife für die Hoch- und Nebensaison (*alta e bassa stagione*) auf der Innenseite Ihrer Zimmertür (oder bei der Garderobe). Einige Hotels haben das ganze Jahr über gleiche Preise.
- Einigen Sie sich mit den Betreibern der Unterkunft über den Preis, bevor Sie reservieren; der Preis gilt meist pro Zimmer. Das Personal zeigt oft zuerst die teuersten Zimmer, fragen Sie nach preiswerteren. In den meisten Hotels kann man ein zusätzliches Bett für einen Aufpreis von etwa 35 % bekommen.
- In einfacheren Hotels wird die Klimaanlage manchmal gesondert berechnet; Frühstück ist teilweise nicht im Zimmerpreis enthalten.
- Manche Pensionen, Privatunterkünfte und B & Bs akzeptieren nur Barzahlung; erkundigen Sie sich vorab.

Übernachtungspreise
für ein Doppelzimmer pro Nacht:
€ unter 130 €   €€ 130–230 €   €€€ über 230 €

Essen und Trinken

Die sizilianische Küche (▶ 18) mit ihren griechischen, arabischen und normannischen kulinarischen Wurzeln spiegelt die Inselgeschichte wider. Wie überall in Italien ist die Küche stark regional geprägt, die Betonung liegt auf frischen saisonalen Produkten und höchster Qualität. Das arabische Erbe erkennt man in vielen Gerichten wieder – viele Spezialitäten haben intensivere Aromen und sind würziger, schärfer oder süßer als im übrigen Italien. Die Grundnahrungsmittel sind Brot, Pasta, Fisch und Gemüse. Dazu gibt es eine Vielzahl an Süßigkeiten und Backwerk.

Wann und wie man isst

- **Frühstück** (*colazione*): In touristischen Hotels gibt es ein Frühstücksbuffet, an dem Sie sich selbst an einer großen Auswahl an Säften, Müsli, Joghurt, Brotsorten, Marmelade, Wurst und Käse bedienen können. Viel typischer für Sizilien ist es jedoch, am Tresen in der Bar einen Cappuccino und frisches Gebäck (*briosce* oder *cornetto*) als Frühstück zu sich zu nehmen. Eine echte sizilianische Spezialität sind die mit Ricotta gefüllten *cannoli* und *granita*-Sorbets. Einheimische frühstücken irgendwann vormittags zwischen etwa 7.30 und 11 Uhr. Später trinkt man statt Cappuccino einen *caffè* (Espresso).
- Mittagessen (*pranzo*) wird von 13 bis 15 Uhr serviert. Traditionell gibt es *antipasti* (Vorspeisen), *primo* (erster Gang, normalerweise Suppe oder Pasta, Reis oder Couscous) und *secondo* (Hauptspeise, Fleisch oder Fisch) mit *contorno* (Beilagen), bestehend aus Gemüse (*verdura*) oder Salat (*insalata*). Das Dessert (*dolce*) besteht aus Obst (*frutta*), Eiscreme (*gelato*) oder einer einfachen Tarte (*crostata*). Die Sizilianer lieben Konfekt aus den zahlreichen *pasticcerie* (Konditoreien).
- Zum **Abendessen** (*cena*) von 19.30/20 bis 22/23 Uhr bieten die Restaurants die gleiche Menüfolge wie mittags. Für viele Sizilianer ist das die Hauptmahlzeit, die man im Kreis von Freunden oder Familie genießt.
- Die Öffnungszeiten gerade von kleineren Lokale sind nicht in Stein gemeißelt und können sich oft kurzfristig ändern.

Wohin zum Essen?

Die Namen der Restaurants lassen nicht immer auf das Angebot schließen, Speisekarten – mit Preisen – hängen oft nur bei touristischeren Lokalen aus. Es gilt als ungehörig, nur einen Gang zu bestellen – auch wenn sich manche touristischen Hochburgen darauf eingestellt haben. Vermeiden Sie Touristenmenüs, die Qualität lässt oft zu wünschen übrig. Am besten isst man dort, wo auch die Einheimischen essen.

- ***Ristoranti*** bieten mittags und abends ein ganzes Menü an. Es gibt ziemlich teure und extrem schicke Restaurants, aber auch unkomplizierte Familienbetriebe. Viele Restaurants bieten ein Antipasti-Buffet an. Sie bedienen sich einfach selbst an der meist großen Auswahl.
- ***Trattorie*** sind familiengeführte Lokale. Die Unterschiede zwischen *trattorie* und *ristoranti* verschwimmen zunehmend, meistens aber bietet eine *trattoria* eine rustikale und zugleich anspruchsvolle und bezahlbare Küche an.
- ***Rosticceria***, ***tavola calda*** und ***gastronomia*** bezeichnen Ladentheken, an denen warme und kalte Gerichte frisch zubereitet werden. Oft kann man sich das Essen auch einpacken lassen und mitnehmen. Wenn Sie ein leichtes Mittagessen möchten, ist dies genau das Richtige.

- *Pizzerie* Die meisten Pizzerias sind nur abends geöffnet. In größeren Städten finden Sie auch mittags Fast-Food-Läden, die Pizzas stückweise (*a taglio*) zum Mitnehmen verkaufen.
- **Märkte** haben oft Stände, die warme Snacks oder Essen zum Mitnehmen anbieten, und sind exzellente Adressen für einen Imbiss. Sie können hier Spezialitäten probieren, die man so kaum auf den Speisekarten der Restaurants findet und die sich ideal für ein Picknick eignen.
- Beachten Sie, dass **Rauchen** in Bars und Restaurants **grundsätzlich verboten** ist. An Tischen im Freien darf aber geraucht werden.

Bars, Pasticcerie, Gelaterie und Fast Food

- **Bars** verkaufen von morgens bis spätabends Kaffee, heiße und kalte Getränke, Bier, Wein, Spirituosen und Snacks. Sie können an der Bar stehen oder sich am Tisch bedienen lassen; für Letzteres wird etwa ein Drittel Aufpreis berechnet. Sie sind gesetzlich verpflichtet, Ihre Quittung *scontrino* aufzubewahren, bis Sie die Bar verlassen haben. Einige sizilianische Bars bieten mittags von 12 bis 14 Uhr warme Gerichte an. Alle Bars müssen eine Toilette haben; es kann sein, dass Sie sich den Schlüssel am Tresen holen müssen.
- *Pasticcerie* sind Konditoreien, in denen Sie wunderbare sizilianische Spezialitäten (Gebäck, Süßigkeiten und Kuchen) kaufen können (▶ 19). Sie können sich Ihren Einkauf einpacken lassen oder etwas zum Essen vor Ort auswählen. Oft werden Kaffee und andere Getränke serviert.
- *Gelaterie* verkaufen eine große Auswahl feinster sizilianischer Eiscreme, halten Sie nach *produzione propria* (hauseigene Produktion) Ausschau. Angeboten werden Milchspeiseeis und *granita*, ein gerade im Sommer erfrischendes Wassereis mit Zitrone, Orange, Kaffee oder Früchten.
- **Fast Food** bekommen Sie in Bars oder *rosticcerie*. Probieren Sie Spezialitäten wie *arancini* (wörtlich: Orangen – frittierte Reisbällchen mit einer pikanten Füllung), *tramezzini* (saftige Sandwichs aus Toastbrot), *sfincione* (eine dicke Pizza mit Zwiebeln und Sardellen) oder *panelle* (Hühnchen-Kichererbsen-Bratlinge).

Zahlen und Trinkgeld

- In Italien wird die Rechnung (*il conto*) jeweils für einen ganzen Tisch ausgestellt. Getrenntes Zahlen ist unüblich.
- Der Service wird zwar teilweise auf die Rechnung hinzugeschlagen, es ist aber gängige Praxis, ca. 10 % des Betrags als Trinkgeld (*mancia)* auf dem Tisch liegen zu lassen.
- Sie erhalten eine Rechnung in Form eines *ricevuta fiscale*, die Sie beim Verlassen des Lokals mitnehmen müssen; handgeschriebene Rechnungen sind illegal.
- Es gibt große Preisunterschiede in Sizilien. Restaurants in touristischen Gebieten sind oft überteuert. Abgelegenere Lokale bieten teilweise hervorragende Küche mit regionalen Spezialitäten für wenig Geld.

Getränke

- Zum Essen trinkt man **Wein** und **Wasser** (still: *naturale* oder *liscia*; mit Kohlensäure: *gassata* oder *frizzante*). Wein kann flaschenweise oder offen in der Karaffe (*sfuso* oder *vino locale*) bestellt werden.
- Aus den regionalen Rebsorten Nero d'Avola, Grecanico und Pignatello werden ständig bessere, moderne Weine kreiert. Achten Sie auf Weine der Güter Corvo und Regaleali und auf die Lagen Alcamo, Cerasuolo, Etna und Mamertino (Rot- und Weißweine).

Erster Überblick

- Der Likörwein **Marsala** variiert von sehr süß bis trocken. Der **Moscato** und der **Passito** aus Noto und Syrakus sind Dessertweine, der **Averna** ein Digestif aus Caltanissetta.
- Probieren Sie im Sommer einen mit Minze, Zitrone oder Pfirsich aromatisierten Eistee (*tè freddo*), Eiskaffee (*caffè freddo*) und einen *latte di mandorla*, ein erfrischendes Kaltgetränk aus Wasser und Mandeln.
- Der **Kaffee** ist hervorragend: Das Angebot besteht aus *caffè* (Espresso), *cappuccino* (mit geschäumter Milch), *caffè latte* (Milchkaffee) oder *caffè macchiato* (Espresso mit einem Schuss Milch). Wenn Sie einen großen, dünnen Kaffee möchten, fragen Sie nach einem *americano*. Eine gute Tasse Tee (*tè*) wird man kaum vorfinden – die Idee, dafür kochendes Wasser zu verwenden, ist praktisch unbekannt. Bei kühlem Wetter ist eine dickflüssige, heiße Schokolade (*cioccolata*) die bessere Wahl.
- Außerhalb größerer Städte und Ferienorte bekommt man oft nur H-Milch.

Restaurantpreise
für ein Drei-Gänge-Menü mit Wein:
€ unter 20 €   €€ 20–35 €   €€€ über 35 €

Einkaufen

Es gibt zig Möglichkeiten, die italienische Leidenschaft für *alta moda* (Haute Couture), Lederwaren und Schuhe, regionale Lebensmittel und Getränke zu teilen. Es werden zwar auch Massensouvenirs zu gesalzenen Preisen angeboten, aber wenn Sie sich genauer umschauen, finden Sie wunderschönes traditionelles Kunsthandwerk. Die besten Einkaufsmöglichkeiten finden Sie in der Hauptstadt Palermo, wo es eine mit Städten des italienischen Festlands vergleichbare Auswahl an Geschäften gibt, ferner in der Modemetropole Catania, im vornehmen Taormina und in Cefalù an der Nordküste. Falls Sie Lebensmittel einkaufen möchten, werden Sie entdecken, dass jeder Ort auf Sizilien seine eigenen Spezialitäten hat.

Was es zu kaufen gibt

Die meisten sizilianischen Geschäfte sind klein und privat geführt. In Palermo, Catania und Taormina finden Sie Läden italienischer und internationaler Top-Designer vor, erwarten Sie aber keine internationalen Kaufhausketten. Einkaufszentren sind unbekannt, umso individueller ist das Warenangebot. Sobald Sie die größeren Städte verlassen haben, werden Sie außer regionalen Lebensmitteln wenig Verführerisches finden.

- **Töpfer- und Keramikwaren** gehen auf die Zeit der arabischen Eroberung im 9. Jh. zurück. In den drei Hauptzentren Sciacca, Caltagirone und Santo Stefano di Camastra gibt es ein riesiges Angebot zu meist fairen Preisen. Wenn Sie vorhaben, größere Mengen einzukaufen, sollten Sie die Töpfereien den Versand organisieren lassen.
- **Teppiche:** Erice ist das Zentrum für die farbenfrohen, rustikalen Teppiche namens *frazzata*.
- **Spitzen und Stickereien:** Die arabischen Seidenarbeiter führten Spitze und Stickarbeiten ein, die bis heute hergestellt werden. Halten Sie Ausschau nach exquisiten Dessous, Nacht- und Tischwäsche.

- **Holzmarionetten:** Preiswerte Repliken und schöne handgemachte Marionetten können Sie am besten im Puppentheater direkt erwerben.
- **Schmuck:** Broschen und Halsketten aus Korallen – heute aus der Bucht von Neapel importiert – waren einst die Spezialität Trapanis.
- **Sizilianische Lebensmittel:** *Frutta alla Martorana*, Früchte und Gemüse aus Marzipan, sind ebenso unwiderstehliche Mitbringsel wie handgemachte Pasta, gesalzene Kapern, *bottarga* (gepökelte Thunfischrogen), Pinienkerne oder eine Flasche Marsala. Ebenso empfehlenswert ist das hochwertige Olivenöl der Insel.
- **Kunstschmiedearbeiten:** Kopfteile für Betten oder andere kleinere schmiedeeiserne Gegenstände werden bis heute in Giardini-Naxos handgefertigt.

Lebensmittelmärkte

In jedem Ort gibt es einen Lebensmittelmarkt; die besten finden Sie in Palermo, Catania, Syrakus und vielen Küstenorten, wo der Fisch angelandet wird. Obst und Gemüse wird nach Gewicht (*un chilo* = 1 kg) oder Stück (*un pezzo*) berechnet. Selbst die kleinsten Dörfer haben einen Wochenmarkt, auf dem fahrende Händler alles, von Früchten und Gemüse bis hin zu Töpferwaren, Haushaltsartikeln und Kleidung anbieten. Auf den Märkten – meist von 7 bis 13 Uhr – lassen sich Küchenutensilien, Schuhe und preiswerte Klamotten kaufen. Sie dürfen bloß nicht erwarten, dass die Ware ewig hält. Die Standbetreiber lassen Sie die Sachen normalerweise im hinteren Teil des Lieferwagens anprobieren. Lassen Sie sich nicht von Billig-DVDs verführen, oft handelt es sich um Raubkopien. Auf Märkten in großen Städten werden wunderbare, frisch hergestellte Spezialitäten als Imbiss verkauft, die in den Restaurants nicht zu bekommen sind. Im Landesinneren werden besonders Obst und Gemüse aus der Region oft am Straßenrand verkauft.

Steuerfreie Einkäufe und Versand

Nicht-EU-Bürger bekommen die Mehrwertsteuer für Waren, die sie in gesondert ausgewiesenen Geschäften gekauft haben, erstattet. Viele Geschäfte bieten Pack- und Versandservice an, der aber teils recht teuer ist.

Öffnungszeiten

- Kleine Geschäfte sind ab ca. 9.30 oder 10 Uhr (Lebensmittelgeschäfte ab 8 Uhr) geöffnet, schließen zwischen 13 und 16/17 Uhr und sind danach bis 19.30 oder 20 Uhr geöffnet.
- Viele Geschäfte, die keine Lebensmittel verkaufen, sind montagvormittags geschlossen.
- Märkte sind meist von 7 bis 13 Uhr geöffnet; die großen Märkte in Palermo haben den ganzen Tag Betrieb.
- Apotheken unterhalten nach dem Rotationsprinzip einen Notdienst. Die Adressen und Öffnungszeiten finden Sie im Schaufenster.

Ausgehen

Auf Sizilien kann man jede Menge unternehmen, das Angebot reicht von Oper und klassischem Theater bis hin zu Straßenumzügen und kulinarischen Festen. Viele der traditionellen sizilianischen Feste blicken auf ein langes Bestehen zurück und ermöglichen einen Einblick in die Traditionen

Erster Überblick

und Kultur Siziliens. Die Teilnahme an einem der zahlreichen religiösen Feste ist sicher ein unvergessliches Erlebnis.

Feste und Veranstaltungen

Fast alle traditionellen Veranstaltungen haben religiöse Wurzeln und fallen mit den großen kirchlichen Festen – Karwoche, Ostern, Mariä Himmelfahrt und Weihnachten – oder mit Gedenktagen für lokale Heilige zusammen. Zu ihrem Programm gehören meist Umzüge, Prozessionen, Musik, Speis und Trank sowie oft auch Tanz und Feuerwerk. Während der Sommermonate finden Pilgerwanderungen, Fischfang- und Erntedankfeste statt, Mittelalterfeste mit Lanzenstechen und Tanzfestivals, deren Ursprünge bis ins Mittelalter zurückreichen, oder auch die traditionellen sizilianischen Marionettentheater-Aufführungen. *Sagre* (Kochfestivals) mit lokalen Spezialitäten sind typisch für die Insel. Viele Dörfer und kleine Städte feiern den Lohn ihrer Mühen mit Festivals und Paraden zu unterschiedlichen Zeiten des Jahres: Pistazien stehen dabei in Bronte im Mittelpunkt, Kapern in Salina und Erdbeeren in Maletto am Ätna. Die Sagra del Mandorlo ist berühmt für ihre Mandelsüßigkeiten (▶ 20), während in San Vito lo Capo ein Couscous-Festival (▶ 21) ausgerichtet wird. Aktuelle Informationen erhalten Sie bei den Tourismusbüros vor Ort.

Kultur

Das kulturelle Leben mit Theater, Oper, Tanz u. v. m. pulsiert in Palermo und Catania das ganze Jahr, doch die schönsten Veranstaltungen sind die Sommerfestivals wie Open-Air-Konzerte oder klassische Aufführungen in einem griechischen Theater. Die wichtigsten Feste fallen in die Zeit von Juni bis September, so z. B. das Zanne Festival in Catania, das Taormina Arte mit Musik, Tanz und Theater im Teatro Greco oder das Horcynus Festival in Messina, das Musik und Film des arabischen Mittelmeerraums mit sizilianischen Künstlern zusammenbringt. In Agrigento werden Stücke von Pirandello aufgeführt, beim Festival Orestadi in Gibellina (✚ 203 D3) antikes und modernes Theater. Die örtliche Touristeninformation hat Spielpläne und hilft Ihnen beim Kartenkauf.

Nachtleben

Das interessanteste Nachtleben Siziliens bieten die größeren Städte und Urlaubsorte. Es kann allerdings nicht mit anderen mediterranen Reisezielen mithalten. Die Clubs sind ausgesprochen provinziell, bekanntere internationale Bands treten selten südlich von Neapel auf, einheimische Gruppen spielen dagegen oft bei Sommerfestivals. Clubben Sie im Sommer in Taormina. Touristeninformationen sind sicher dabei behilflich, eine Bar mit Livemusik ausfindig zu machen oder einen Club in einem kleineren Nest aufzustöbern. Regionale Veranstaltungskalender finden Sie auch auf www.tuttocitta.it oder im »Giornale di Sicilia«.

Sport und Freizeitaktivitäten

Die Ferienorte und Hotels an der Küste bieten jede Menge Pools und Tennisplätze. Das kristallklare warme Meereswasser lädt überall zum Baden, Windsurfen, Kitesurfen, Segeln und Tauchen ein. Wanderer steuern die markierten Wanderwege des Ätna und in den Madonien im Inselinneren an. Am Fuß der Berge sind auch die wichtigsten Golfplätze Siziliens beheimatet. Lohnende Ausflugsziele sind zudem die Naturschutzgebiete an der Küste von Scopello und Capo San Vito. Im Winter können Sie am Ätna und in den Madonien auch Ski fahren.

Palermo und Umgebung

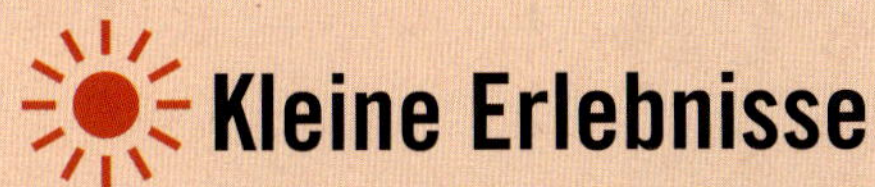

Kleine Erlebnisse

Großstadtfeeling mit Sushi

Beim Chillen auf der Terrazza des Kaufhauses **Rinascente** in Palermos Via Roma sind Barockfassaden zum Greifen nah (► 74).

Milzbrötchen auf der Vucciria

Jamie Oliver schwärmt davon: ein **Sesam-Panino** wird mit Kalbsmilz, Ricotta, Meersalz und Bio-Zitronensaft gefüllt (► 66).

Mediterranes Pilgerwandern

Steigen Sie auf barockem Karrenweg zur Rosalienkapelle und erleben Sie die **Vegetation des Pellegrino** (► 69).

Erste Orientierung

Die Lage Palermos zwischen zwei Landzungen am Fuße des Monte Pellegrino ist eine der schönsten der ganzen Mittelmeerküste. In der geschichtsträchtigen Stadt haben verschiedene Herrscher erlesene Baudenkmäler hinterlassen. Ihre explosive Kreativität hat eine Melange erstklassiger Architektur hervorgebracht; sie reicht von der Strenge normannischer Bauten bis zum Überschwang barocker Kirchen. Inseln des Wohlstands und Gebiete großer Armut wechseln sich ab: Palermo ist laut und hat ein Müllproblem, gleichzeitig jedoch ist es höchst lebendig und verführerisch.

Das alte Palermo liegt südlich der von den Normannen gegründeten Cattedrale (Kathedrale), die einige hundert Meter entfernt ist von den anderen großen Baudenkmälern Palermos: dem Palazzo dei Normanni (Normannenpalast), in dem sich die goldglänzende Cappella Palatina befindet, und den Kirchen La Martorana und San Cataldo. Hier finden Sie auch einige prächtige Barockbauten vor: Neben den Quattro Canti, dem Herzen der Stadt, eine Reihe von Kirchen und drei Museen (Galleria

Glockenturm der Kathedrale

Regionale della Sicilia, Museo Archeologico Regionale und Museo delle Marionette).

Abseits der Hauptstraßen warten im Labyrinth der Gassen zahlreiche Märkte wie La Vucciria darauf, entdeckt zu werden. Weiter nördlich in Richtung des Monte Pellegrino erreichen Sie die im 19. Jh. im Schachbrettmuster angelegten Stadtviertel und die Strände von Mondello. Westlich des Zentrums befinden sich die Katakomben der Cappuccini (Kapuzinerkloster). Dahinter beginnen die – meist verstopften – Ausfallstraßen in Richtung Monreale mit seiner normannischen Kathedrale, deren prachtvolle Mosaiken zu den größten Kunstschätzen Siziliens zählen.

TOP 10

⭐ **1** Monreale ➤ 52
⭐ **9** Cattedrale di Palermo ➤ 58

Nicht verpassen!

11 Chiesa della Martorana & San Cataldo ➤ 60
12 Palazzo dei Normanni & Cappella Palatina ➤ 62

Nach Lust und Laune!

13 Museo Internazionale delle Marionette ➤ 65
14 Galleria Regionale della Sicilia ➤ 65
15 Mercato della Vucciria, del Capo, di Ballarò ➤ 66
16 Museo Archeologico Regionale ➤ 66
17 Quattro Canti & Piazza Pretoria ➤ 67
18 Catacombe dei Cappuccini ➤ 68
19 Mondello & Monte Pellegrino ➤ 69

In zwei Tagen

Zwei Tage sollten Sie einplanen, um Palermo und Umgebung zu erkunden. Folgen Sie unserem Tagesprogramm, damit Sie kein Highlight verpassen. Weitere Informationen finden Sie unter den Haupteinträgen (➤ 52ff).

Erster Tag
Vormittags
Starten Sie früh an der palmen-bestandenen Piazza Castelnuovo. Hier starten auch die roten **Tou-ristenbusse**, die zwei Stadttouren abfahren. Sie können jederzeit aus- und wieder einsteigen – einen 24 Stunden gültigen Fahrschein können Sie direkt im Bus kaufen (www.palermo.city-sightseeing.it). Spazieren Sie von der Piazza zum Opernhaus **Teatro Massimo** (➤ 74) und besichtigen Sie einen oder zwei der lebendigen Stadtmärkte **Capo, ⑮ Vucciria** (➤ 66) oder **Ballarò** (➤ 74). Auf dem Cassaro (Corso Vittorio Emanuele) geht's weiter in Richtung ⑨ **Cattedrale** (oben, ➤ 58) und zum ⑫ **Palazzo dei Normanni** (➤ 62), in dem Sie die **Cappella Palatina** betrachten sollten.

Nachmittags
Spazieren Sie nach dem Mittagessen auf dem Corso über die ⑰ **Piazza Pretoria** (➤ 67) bis zum ⑰ **Quattro Canti** (➤ 67) und besichtigen Sie die beiden Kirchen ⑪ **La Martorana** (➤ 60) und ⑪ **San**

Cataldo (➤ 60). Von hier aus in östlicher Richtung gelangen Sie zur **14 Galleria Regionale della Sicilia** (➤ 65) und zum **13 Museo Internazionale delle Marionette** (➤ 65). Auch die nahe gelegene Kirche San Francesco d'Assisi lohnt einen Besuch.

Abends

In der Nähe befindet sich die **Piazza Marina**, ein herrlicher, von Palazzi gesäumter Platz mit zahlreichen Straßencafés, wo Sie eine Erfrischung zu sich nehmen sollten. Danach können Sie direkt zum Abendessen weitergehen. Oder Sie ruhen sich im Hotel aus, bevor Sie eine Vorstellung im Teatro Massimo (➤ 74) besuchen.

Zweiter Tag

Vormittags

Nach dem Frühstück können Sie in Palermo vielleicht noch etwas umherschlendern (➤ 176), bevor Sie das **16 Museo Archeologico Regionale** (➤ 66) ansteuern. Sammeln Sie anschließend einige makabere Eindrücke im unterirdischen Friedhof, den **18 Catacombe dei Cappuccini** (➤ 68), bevor es nach ★ **Monreale** (➤ 52) weitergeht.

Nachmittags

Nehmen Sie sich hier ausreichend Zeit für die Besichtigung der wunderbaren Mosaiken (oben) und Kreuzgänge der Kathedrale, machen Sie anschließend noch einen Spaziergang durch den Ort und kehren Sie nach Palermo zurück.

Abends

Beginnen Sie mit einem Spaziergang im **Parco della Favorita** (➤ 69), bevor Sie den Abend in **19 Mondello** (unten, ➤ 69) verbringen, Palermos beliebtestem Strandbad. Sie können sich mit den Flaneuren auf der *passeggiata* treiben lassen, bevor Sie ein herrliches Fischgericht genießen.

Monreale

Rund 8 km südwestlich von Palermo liegt der kleine Ort Monreale mit einem Panoramablick auf die Conca d'Oro, das »goldene Tal«. Hier befindet sich das bedeutendste Kirchenbauwerk aus normannischer Zeit. Der Duomo di Monreale wurde 1174 von König Wilhelm II. gegründet und beherbergt das zweitgrößte Mosaik der Welt: einen fantastischen, glitzernden Bilderbogen, der die biblische Geschichte von der Erschaffung der Welt und dem Sündenfall bis hin zur Erlösung durch das Opfer Jesu Christi am Kreuz darstellt.

Monreale verdankt seine Existenz der tiefen Abneigung Wilhelms II. gegen seinen ehemaligen Lehrer, den mächtigen Erzbischof Walter von Palermo (▶ 58). Ein neues Erzbistum sollte ein Gegengewicht schaffen, sodass Wilhelm 1174 den Bau dieses Doms in Angriff nahm. Es sollte von den Kluniazenser Benediktinern verwaltet und mit dem Segen des Papstes Alexander III. einen Erzbischof erhalten. Es wurden keine Kosten gescheut – Wilhelm rechtfertigte die enormen Ausgaben mit der Behauptung, die Jungfrau Maria selbst sei ihm im Traum erschienen und habe ihm den Ort eines Schatzes offenbart, mit dem er das Vorhaben finanzieren

könnte. Baumeister und Handwerker, darunter die besten griechischen Mosaizisten aus Konstantinopel, arbeiteten an Santa Maria la Nuova, der neuen Heiligen Maria. Erwartungsgemäß war Walter nicht sehr erfreut und rächte sich mit dem Wiederaufbau des Doms in Palermo (▶ 58).

Die besten Mosaikleger der damaligen Welt haben diese glitzernden Szenen geschaffen

Die Kathedrale

Bewundern Sie zunächst die 46 Tafeln auf den wunderschönen **Türflügeln aus Bronze** am Hauptportal der Kathedrale, die 1186 von Bonnano da Pisa geschaffen wurden, sowie das kleinere Paar im Säulengang an der Nordseite, die 1179 von Barisano da Trani angefertigt wurden. Von hier aus gelangen Sie zum rückwärtigen Teil (Richtung Via del Arcivescovado), um das Highlight der Fassade zu bewundern: Die **drei großartigen Apsiden** und ihre ineinander verschachtelten Spitzbögen sind typische arabisch-normannische Arbeiten. Innen ziehen die **Mosaiken** den Betrachter

Das großartige Mosaik des Christus Pantokrator in der Apsis

IC
OΠAN
TO
X
KC
ΜΡ
ΟΠΑΝ
ΘY
AXPANT OAP
ΓABPHΛ

sofort in ihren Bann. Nehmen Sie sich aber auch Zeit für **die antiken Säulen des Mittelschiffs**, die wunderbaren **Opus-Alexandrinum-Böden** im Altarbereich und die beiden für den König und seinen Erzbischof bestimmten Throne. Ein Mosaik über dem königlichen Thron zeigt Wilhelm, dem Christus die Krone Siziliens überreicht. Die Thronsessel sind seitlich mit Marmor verblendet, auf denen Geier und Löwen abgebildet sind.

Die Mosaiken

Die Mosaiken zeigen Episoden aus dem **Alten und Neuen Testament**, Geschichten, die auch auf diesem Weg den Menschen des 12. Jhs.,

Details der schönen Bronzetüren

die meist nicht lesen und schreiben konnten, »erzählt« wurden. Die großen Figuren in der Apsis sind mit größter Wahrscheinlichkeit die Arbeit von griechischen Meistern aus Konstantinopel und zeigen **Christus Pantokrator** bei der Segnung der Jungfrau mit einer Reihe Heiliger. Einer von ihnen ist **Thomas Becket**, der englische Märtyrer, der nur wenige Jahre zuvor von Wilhelms Schwiegervater, Heinrich II. von England, ermordet worden war. Weitere Mosaiken reihen sich im Mittelschiff als grafische Illustrationen der beiden Testamente zu himmlischen Bildergeschichten aneinander. Sie künden von der **Schöpfung**, der Vertreibung **Adams und Evas** aus dem Paradies, der Arche Noah, Abraham, der seinen Sohn Isaak opfert, und im Querschiff vom Leben Jesu, von der Verkündigung bis zum Tod am Kreuz. Die Deckengewölbe im Querschiff zeigen die Martyrien der Heiligen Petrus und Paulus – die umgekehrte Kreuzigung Petrus' und die Enthauptung Paulus'. Die Mosaiken auf der rückseitigen Wand sind aus späterer Zeit (13. Jh.) und denen von San Marco in Venedig sehr ähnlich. Dies lässt vermuten, dass venezianische Handwerker zur Arbeit an Monreale entsandt wurden. Beachten Sie auch den **erlesenen Marmor** und die **Mosaikbasis** unterhalb der Mosaiken oder

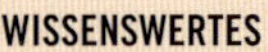

WISSENSWERTES

- Die Mosaiken haben eine Gesamtfläche von 6370 m² und es wurden für sie 2200 kg pures Gold verarbeitet.
- Die Darstellung des Christus Pantokrator ist mehr als 6,6 m hoch.
- Die Säulen in der Kathedrale stammen aus einem heidnischen Tempel, diejenigen im Kloster möglicherweise aus der verfallenen römischen Stadt Baiae bei Neapel.
- Die Kathedrale wurde – für das Mittelalter unglaublich schnell – zwischen 1174 und 1183 erbaut.
- Wilhelm II. ist im Querschiff rechts vom Chor beigesetzt.

die prächtigen Reliquien der **Schatzkammer**, bevor sie die 180 Stufen zur Dachterrasse erklimmen – eine Mühe, die mit einem fantastischen Blick auf Palermo und das blau glitzernde Mittelmeer belohnt wird.

Das Kloster

Neben der Kathedrale liegt das Benediktinerkloster aus dem 12. Jahrhundert. Sein Kreuzgang samt Garten ist von einem Wandelgang mit 228 Säulenpaaren umgeben, die alle unterschiedlich ausgeführt und teils mit leuchtenden Inkrustationen verziert sind. Die Kapitelle stammen von burgundisch inspirierten Steinmetzen und zeigen u. a. Alltagsszenen, Tiere, Blattwerk, biblische Geschichten und Themen der Antike. Die Lebendigkeit ihrer Darstellung steht in Kontrast zur Strenge der Mosaiken im Dom. Den abgedeckten Brunnen in Form einer Palme nutzten die Mönche zum Hände waschen, bevor sie das Refektorium (Speisesaal) betraten.

Ruhig und schattig – der Kreuzgang aus dem 12. Jahrhundert

KLEINE PAUSE

Die **Bar Mirto** (an der Ecke), die **Bar del Sole** und die **Bar Italia** am Piazza Duomo sind zu empfehlen (alle €).

✚ 202 E4

Duomo (Kathedrale)
✉ Piazza Duomo ☎ 091 6 40 44 13
🕐 Kathedrale: Mo–Sa 8.30–12.30, 14.30–18, So 8.30–10, 14.30–17.30 Uhr; Schatzkammer: Mo–Sa 9–12.30, 15.30–17 Uhr 🖐 Kathedrale Spende, Schatzkammer und Terrasse Spende 3 € 🚌 389 (von der Piazza Indipendenza)

Kloster
✉ Piazza Guglielmo il Buono
☎ 091 640 4403 🕐 Mo–Sa 9–19, So bis 13.30 Uhr 🖐 6 € 🚌 389 (von der Piazza Indipendenza)

BAEDEKER TIPP

■ Mit dem Auto nehmen Sie die Umgehungsstraße (*tangenziale*) um Palermo und folgen der Beschilderung nach Monreale. Achten Sie auf die – wenigen – Hinweise. Wenn Sie vom Osten kommen, bedenken Sie, dass Sie nicht links abbiegen können. Sie müssen erst rechts abzweigen und dann zurück über die *tangenziale* nach Monreale. Parken Sie Ihren Wagen auf einem der bewachten Parkplätze auf dem Weg nach Monreale, da es in der Umgebung der Kathedrale keine Parkplätze gibt.
■ Alternativ nehmen Sie den Bus oder ein Taxi.
■ Nehmen Sie viele 1-Euro-Münzen für die Beleuchtung der Mosaiken mit.

Das Vermächtnis Wilhelms II.

Mit dem Bau von Monreale wollte Wilhelm II. vor allem seinen Machtanspruch gegenüber dem Papst demonstrieren. Erhalten geblieben sind nur der Dom und der Kreuzgang.

❶ Ostfassade des Doms: Die Ostseite des Doms mit ihren drei Apsiden spiegelt die Lust der Baumeister wider, mit orientalisch anmutendem Dekor umzugehen: sich überschneidende, spitzbogige Blendarkaden und Einlegearbeiten aus schwarzer Lava und gelblichem Stein des Monte Pellegrino.

❷ Westfassade: Der linke der beiden Türme blieb unvollendet. Hinter dem schmiedeeisernen Tor (18. Jh.) verstecken sich Bronzetüren von Bonanno Pisano von 1186; auf den Bildfeldern biblische Szenen.

❸ Im Innern: Kostbare Goldgrund-Mosaiken überziehen alle Innenwände. Insgesamt bedecken sie eine Fläche von über 6000 m²!

❹ Königliche Grablege: Rechts vom Sanktuarium stehen die Sarkophage von Wilhelm I. und Wilhelm II., auf der gegenüberliegenden Seite die von Wilhelms I. Frau Margarete und seinen Söhnen Roger, Herzog von Apulien, und Heinrich, Prinz von Capua; an der linken Wand befindet sich die Urne mit dem Herzen des französischen Nationalheiligen, Königs Ludwig IX., der 1270 auf seinem Kreuzzug in Tunis starb.

❺ Kreuzgang: Arabische Spitzbögen ruhen auf 228 Doppelsäulen. In einer Ecke befindet sich ein im Quadrat angelegter Brunnen. Ein Wunderwerk der Romanik sind die Kapitelle mit ihren Szenen aus christlicher und islamischer Welt, eine bunte Mischung von Heiligem und Heidnischem.

❻ Aufstieg: Schön ist der Blick vom Kirchendach in den quadratischen Kreuzgang.

Im Kreuzgang gleicht kein Säu-
lenpaar dem anderen. Gekrönt
werden sie von Doppelkapitellen,
die ebenfalls allesamt individuell
gestaltet sind

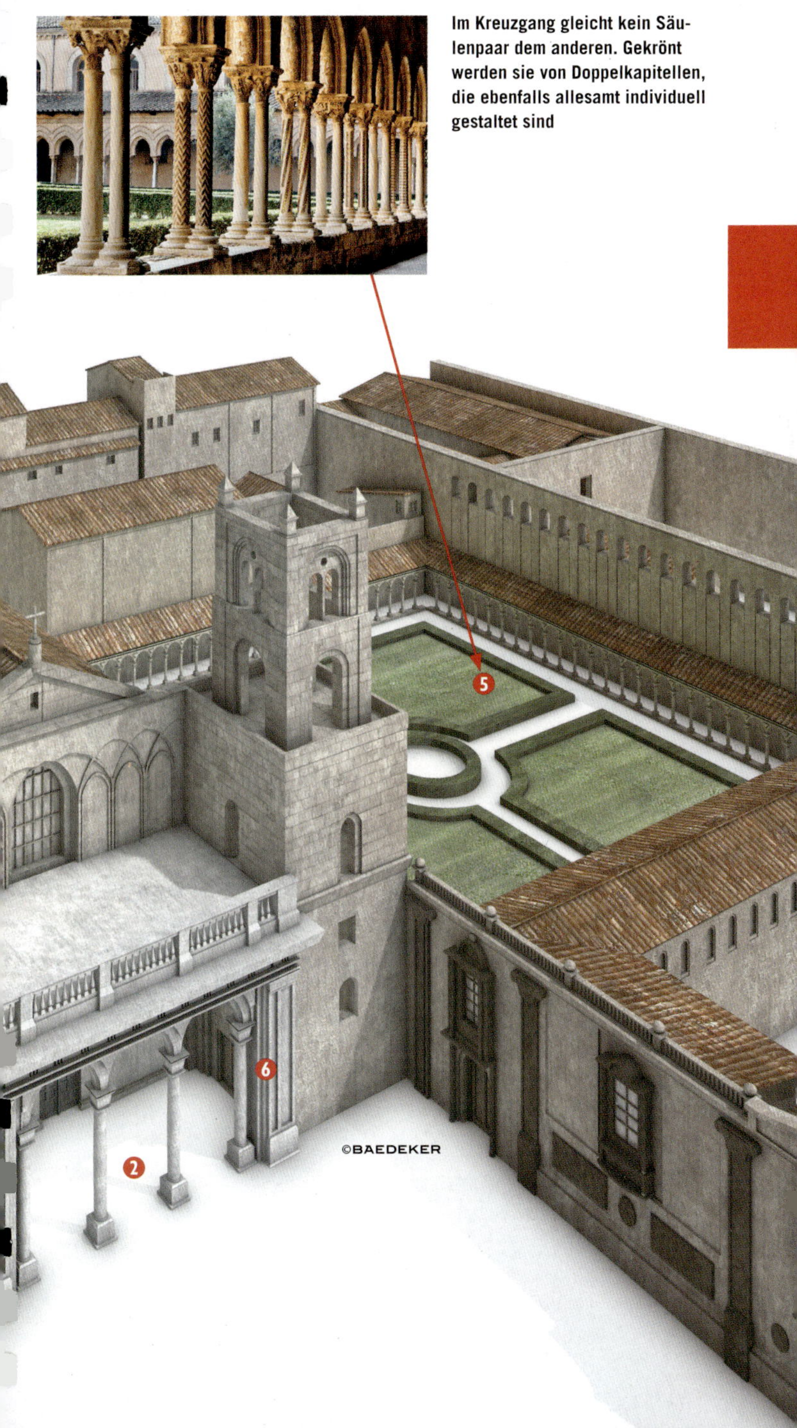

★9 Cattedrale di Palermo

Die der Empfängnis Mariä geweihte Kathedrale ist eines der großen normannischen Baudenkmäler Palermos. Ihr gewaltiges, goldenes Hauptschiff erhebt sich am Corso Vittorio Emanuele. Die Zeit hat zwar ihre Spuren hinterlassen, aber noch immer ist sie ein mächtiges Symbol für den Wohlstand und die Frömmigkeit des alten Palermo.

Die Kathedrale wurde 1185 auf den Fundamenten einer byzantinischen Basilika errichtet, die während der arabischen Herrschaft als Moschee diente. Sie wurde im Auftrag von Erzbischof Walter von Palermo (auch: Walter of the Mill), dem Lehrer des jungen Wilhelm II., errichtet. Er reagierte damit auf Wilhelms Kathedrale von Monreale (➤ 52). Durch Ferdinando Fuga im 18. Jh. völlig barockisiert, blieb sie dennoch eine der beliebtesten Kirchen der Stadt.

Das Äußere

Gehen Sie um die Kirche herum ans Ostende, um die am besten erhaltenen Originale aus normannischer Zeit zu sehen: drei wunderschön ausgeschmückte, von zwei Türmen flankierte Apsiden, spiegelbildlich zu denen am Westende. Den Haupteingang erreicht man von der Straße über eine große Piazza. Der stattliche, dreibögige Portikus wurde 1426 im Stil der katalanischen Gotik ergänzt. Das Mauerwerk rund um die Tür ist normannisch. Die erhabene Jungfrau darüber ist noch älter und stammt möglicherweise aus der ursprünglichen Basilika. Die Säule zur linken mit arabischer Inschrift aus dem Koran ist ein Überbleibsel der Mauren. Über den Bögen sehen Sie einen gemalten, mit Vögeln, Tieren, Früchten und Blumen ausgeschmück-

Palermos Kathedrale ist ein imposantes Beispiel des normannischen Erbes Siziliens

ten Lebensbaum aus dem Jahr 1296. Die Kuppel wurde im 18. Jh. von Fuga ergänzt.

Das Innere der Kirche und ihre Schätze

Die ehemalige Innenausstattung wurde von Ferdinando Fuga weitestgehend zerstört. Er ließ u. a. den wunderbaren Hochaltar von Antonello Gagini abmontieren. Auf der rechten Seite des Altars finden Sie den Eingang zur Schatzkammer und zur Krypta mit dem Grab Walters. Die Schatzkammer selbst enthält die normannische Krone aus dem Grab der Konstanze von Aragon, der ersten Ehefrau von Friedrich II. Sie wurde 1210 angefertigt und gleicht in ihrer hauchdünnen, raffinierten, dicht mit Edelsteinen besetzen Filigranarbeit eher einer Kappe.

Die Königsgräber

Im hinteren Teil des südlichen Kirchenschiffs befinden sich die letzten Ruhestätten der normannischen Könige und Stauferkaiser, von Roger II. († 1154), seiner Tochter Konstanze († 1198) und ihrem Ehemann, Kaiser Heinrich VI. († 1197), sowie deren Sohn, Friedrich II. († 1250), bekannt als Stupor Mundi, »das Staunen der Welt«. Es handelt sich um vier Sarkophage aus Porphyr – jenem Material, das wegen seiner Purpurfarbe einst nur für die römischen und byzantinischen Kaiser reserviert war. Zuerst wurde hier König Roger II. bestattet – und damit nicht in »seiner« Kathedrale in Cefalú, wie von ihm gewünscht. Auf Anordnung Friedrichs wurden auch die beiden prächtigen Sarkophage von Cefalù nach Palermo überführt und als letzte Ruhestätten für ihn und seinen Vater verwendet, während Roger in einem schlichteren Sarkophag beigesetzt wurde.

KLEINE PAUSE

Genießen Sie einen Imbiss – Gebäck, Eiscreme, *arancini* oder Pizza – in der **Bar Marocco** (€; Corso Vittorio Emanuele 494).

✚ 212 B2 ✉ Corso Vittorio Emanuele ☎ 091 334 373; www.cattedrale. palermo.it 🕐 Gottesdienst: Mo–Sa 7.30, 18, So 8.45, 9.45, 11, 18 Uhr; für Besucher: Mo–Sa 9–19, So 8–13, 16–19 Uhr (außer Messen); Staufergräber, Schatzkammer, Krypta, Dächer: Mo–Sa 9–17.30, So (nur Staufergräber) 10–12.30 Uhr ✋ frei; Staufergräber, Schatzkammer, Krypta, Dächer 1,50–7 € 🚌 Touristenbus Linie A 102, 103, 104

BAEDEKER TIPP

Rechts des Chors befindet sich die opulente, mit verschnörkelten Messinggittern abgeschirmte Kapelle zu Ehren von **Santa Rosalia**. Ihre Überreste befinden sich in einem silbernen Schrein. Der Adler aus Marmor über dem Eingang symbolisiert Palermo. Zur Erinnerung an die Schutzheilige, die die Menschen von der Pest befreit haben soll, veranstaltet die Stadt ihr zu Ehren ein fünftägiges Fest, kurz U Fistinu genannt, mit einer abschließenden Prozession am 15. Juli.

11 Chiesa della Martorana & San Cataldo

An der ehemaligen römischen Stadtmauer Palermos stehen – mit Blick auf eine hübsche Piazza – die beiden Kirchen La Martorana und San Cataldo. Von den Normannen errichtet, haben sie die Jahrhunderte überdauert. Ihre Innenräume geben Ihnen Einblicke in den Glauben und die ästhetischen Ideale der Menschen, die vor fast 1000 Jahren hier lebten.

Chiesa della Martorana (La Martorana)
Bekannt als **Santa Maria dell'Ammiraglio** (Liebfrauenkirche des Admirals) wurde die Chiesa della Martorana 1146 durch Georg von Antiochien gegründet, einem griechisch-orthodoxen Admiral in Diensten des Normannenkönigs Roger II. Fast 100 Jahre später wurde die Kirche den Nonnen des in der Nähe gelegenen, von Eloise de Marturanu gegründeten Klosters überschrieben. Sie erbten **eine der schönsten griechischen Kirchen Siziliens**. Sie erhebt sich über einem Grundriss in Form des Griechischen Kreuzes und weist einen filigranen Kampanile (Glockenturm) auf. Die glanzvollen Mosaiken im Innern wurden von denselben griechischen Kunsthandwerkern aus Konstantinopel ausgeführt, die die Cappella Palatina (►62) und die Kirche in Cefalù (►88) ausstatteten.

In den 1680er-Jahren wurden viele der Mosaiken zerstört und das normannische Interieur ruiniert. Der Lichthof und der Narthex (Vorhalle) wurden abgerissen, um die Kirche im Stil des Barock umzugestalten. Konzentrieren Sie sich auf die erhaltenen Glanzstücke aus dem 12. Jh., die die **Kuppel**, die **Apsis**, die **Seitengewölbe** und zwei Tafeln im vorderen Teil ausschmücken. Die letzteren zeigen Georg, den Gründer, und König Roger II., in griechischer Schrift mit Rogerius Rex beschriftet. Das Hauptmosaik zeigt Christus und die Erzengel, die vier Evangelisten und Szenen aus dem Leben der

Aufwendige Mosaiken an der Decke von La Martorana

Die charmante Kirche San Cataldo mit ihren drei roten Kuppeln wirkt orientalisch streng

Jungfrau Maria. Lassen Sie sich von diesen zauberhaft glänzenden Ikonen in das Goldene Zeitalter Palermos zurückversetzen.

San Cataldo

Nach dem Überfluss der Martorana erzeugt die einfache Ausstattung von San Cataldo eine ergreifende Stimmung, die durch die Musikeinspielungen noch verstärkt wird. Majo von Bari, Kanzler von Wilhelm I., dem zweiten König von Sizilien, legte 1154 den Grundstein der Kirche mit ihren drei kleinen **roten Kuppeln**. Er starb 1160 und hinterließ ein nüchternes Kircheninneres. Gerade die so entstandene Schlichtheit, bei der nichts von der Harmonie der Linien im **Haupt- und den Nebenschiffen** ablenkt, fesselt den modernen Betrachter. Die Kirchenschiffe bestehen aus Kreuzgewölben, die in kleinen Nischen auslaufen. Der schmucklose Altar ist ebenso im Original erhalten wie die schönen **Bodenmosaiken**. Die geometrischen Muster wurden von arabischen Handwerkern ausgeführt. Heute gehört die Kirche den Rittern vom Heiligen Grab in Jerusalem.

FRUTTI DI MARTORANA

Jede gute *pasticceria* in der Stadt und der Provinz Palermo hat handgemachte Frutti di Martorana im Angebot: verblüffend echt wirkende, stark gefärbte Marzipanfrüchte. Der Name leitet sich ab von den Nonnen der Martorana, die mit dem Verkauf dieses Konfekts die Ordenskasse aufbessern. Erdbeeren, Kirschen, Feigen, Pfirsiche und Aprikosen sind neben den ebenfalls angebotenen Meeresfrüchten, Fischen oder kleinen Blumenköhlchen die beliebtesten Motive. Aus besten Mandeln, Eiweiß und Zucker hergestellt und extrem süß sind sie ein Vermächtnis der maurischen Vergangenheit.

KLEINE PAUSE

Direkt an der Ecke serviert die **Pizzeria Bellini** (€) den ganzen Tag über Pizza. Suchen Sie sich einen Tisch direkt gegenüber der Martorana.

Chiesa della Martorana
✝ 212 C2   ✉ Piazza Bellini 3
☎ 34 58 28 82 31
🕓 Mo–Sa 9.30–13, 15.30–17.30,
So 9–10.30 Uhr ✋ 2 € 🚌 Touristenbus
Linie A 101, 102, 103, 104

San Cataldo
✝ 212 C2   ✉ Piazza Bellini 3
☎ 091 6 11 81 68
🕓 tägl. 9.30–12.30, 15–18 Uhr ✋ 2,50 €
🚌 Touristenbus Linie A 101, 102, 103, 104

BAEDEKER TIPP

■ Denken Sie daran, dass die Martorana in der Mittagszeit geschlossen ist.
■ Wer wenig Zeit hat, sollte sich in der Martorana auf die Mosaiken konzentrieren; die barocken Ergänzungen sind zweitklassig.

⑫ Palazzo dei Normanni & Cappella Palatina

Am höchsten Punkt der alten Stadtanlage steht der Palazzo dei Normanni (Normannenpalast), der ehemalige Hof der Normannenkönige, von dem aus sie ihr riesiges Königreich regierten. Die Wohnquartiere sind beeindruckend, das eigentliche Glanzlicht ist aber die juwelengeschmückte Cappella Palatina (Palastkapelle) Rogers II. Die mit Mosaiken bedeckten Wände zeugen vom Reichtum des normannischen Königreichs, dem Können der Kunsthandwerker sowie der tiefen Gläubigkeit und religiösen Toleranz dieser Zeit.

Bereits die Phönizier erkannten die vorteilhafte Lage der Stadt und errichteten eine Festung, die von den Römern und später von den Arabern aus- und umgebaut wurde. Roger II. wählte sie zu seinem Hauptsitz, erweiterte die Gebäude und errichtete die Cappella Palatina. In den folgenden Jahrhunderten folgten weitere Umbauten, spanische Herrscher fügten im 17. Jh. die lange Frontfassade hinzu. Seit 1947 ist der Palast Sitz des sizilianischen Parlaments und daher nur begrenzt für die Öffentlichkeit zugänglich.

Im Normannenpalast befand sich der normannische Königshof

Die königlichen Gemächer

Die ehemaligen königlichen Gemächer im obersten Stockwerk wurden im 19. Jh. ausgeschmückt. Unter den luxuriösen Gemächern befindet sich die **Sala dei Vicere** mit den Porträts der sizilianischen Vizekönige von 1754 bis 1837. Hauptattraktion ist die normannische **Sala di Re Ruggero** (König Rogers Saal), die unter Wilhelm I. errichtet und ausgeschmückt wurde. Die **profanen Mosaiken**, die die Wände des Privatgemachs schmücken, zeigen wilde Leoparden und stolze Pfauen unter Palmen und Orangenbäumen; daneben nehmen bewaffnete Zentauren Hirsche ins Visier. Die Details dieser realistisch dargestellten Vögel und Tiere sind herausragend. Suchen Sie an der Decke den Hasen in den Krallen des Raubvogels. Die unteren Wandverkleidungen und Bodenfliesen aus Marmor sind neueren Datums.

Cappella Palatina

Die Cappella Palatina im Zentrum des Palasts wurde zwischen 1132 und 1143 als Privatkapelle Rogers II. errichtet und später gegen Einblicke von außen geschützt. Die kunstvolle Ausstattung repräsentiert die diversen Kulturen im Königreich Sizilien: Die herrliche **Decke** ist das Werk arabischer Holzschnitzer, die **Mosaiken** wurden von Griechen und Italienern gelegt, Normannen haben an den verschachtelten Schnitzereien der **Kanzel** und des riesigen **Osterleuchters** gearbeitet, römische Künstler sind für die Intarsien am Boden verantwortlich. Sie sind im Opus-Alexandrinum-Stil ausgeführt, der später von den römischen Cosmati-Brüdern imitiert wurde. Roger legte die Ikonografie der Mosaiken mit Unterstützung von Theologen an. Sie symbolisieren einerseits Rogers Königreich, andererseits die Kraft des Heiligen Geistes und sein transzendierendes Licht.

Sie betreten mit diesem Ort eine magische Schatztruhe, in der schimmernde Oberflächen das Licht reflektieren. Die Kapelle wird durch Säulen in ein **Haupt- und zwei Seitenschiffe** unterteilt. In den Boden und die unteren Wandflächen aus weißem Marmor sind rote, grüne und goldene Steine eingelegt. Am östlichen Ende befindet sich der **Altarbereich** mit drei Apsiden, die mit **Mosaiken** byzantinischer Meister dekoriert sind. In der zentralen Apsis ist Christus Pantokrator dargestellt, links die Madonna mit Kind und rechts die Krippe, umgeben von Erzählungen aus dem Neuen Testament. Die Mosaiken des Hauptschiffs wurden als letzte ausgeführt und zeigen Episoden aus dem Alten Testament: die Schöpfungsgeschichte und den Bau der Arche, an der die für die kalten, nördlichen Gewässer der Normandie geeignete Bauart auffällt. Petrus und Paulus sind in den Bildern der Seitenschiffe zu sehen. Im hinteren Teil des Hauptschiffs befindet sich die **Empore** mit

Heiligenmosaik in der Cappella Palatina

Mosaiken von Christus, Petrus und Paulus – Rogers Platz während der Gottesdienste. Versäumen Sie auch nicht den **Osterleuchter**, der mit hunderten geschnitzter Tiere verziert wurde.

San Giovanni degli Eremiti

Wenn Sie vom Ausgang des Palazzos der Straße folgen, kommen Sie zu einer weiteren Kirche Rogers, **San Giovanni degli Eremiti**, deren fünf rote Kuppeln das Wahrzeichen der Stadt sind. Dieses kleine Gebäude inmitten eines mit Palmen und Jasminbüschen bepflanzten Gartens wurde zwischen 1132 und 1148 zeitgleich mit der Cappella Palatina erbaut. Hier finden Sie zwar keine Mosaiken, dafür aber ein schlichtes Kircheninneres und einen idyllischen Innenhof aus maurischer Zeit sowie einen bezaubernden Säulengang.

Fünf rote Kuppeln krönen San Giovanni degli Eremiti

KLEINE PAUSE
Direkt gegenüber des Palazzo gelangen Sie durch einen Innenhof in die **Trattoria ai Normanni** (€–€€, Piazza Vittoria 25, Tel. 091 6 51 60 11).

✚ 212 A3 ✉ Piazza Indipendenza 1
☎ 091 6 26 28 33;
www.federicosecondo.org
🕐 Mo–Sa 8.15–17.40, So 8.15–9.45, 11.15–13 ✋ 10/12 € 🚌 Touristenbus Linie A 104, 105, 108, 304, 309

San Giovanni degli Eremiti
✉ Via dei Benedettini
☎ 091 6 51 50 19 🕐 Mo–Sa 9–19, So 9–13.30 Uhr ✋ 6 €
🚌 Touristenbus Linie A 104, 105, 108, 304, 309

BAEDEKER TIPP

- Der Eingang ist auf der Rückseite des Palasts auf der linken Seite; kaufen Sie Ihre Eintrittskarte am Kiosk, bevor Sie die Rampe hinaufgehen.
- Das Licht in der Cappella Palatina verändert sich ständig – im Sommer eignen sich gut zur Besichtigung der mittlere Vormittag und späte Nachmittag.
- Besichtigen Sie zuerst die königlichen Gemächer, vor allem die Sala di Re Ruggero (König Rogers Saal).
- Im Inneren des Palasts führt eine Treppe (1735) zu einer Loggia, von der man den Innenhof aus dem 16. Jh. überschauen kann. Halten Sie nach einer in die Mauer eingelassenen Säule Ausschau, die eine Inschrift auf Griechisch, Latein und Arabisch enthält. Sie gehörte zu einer Wasseruhr aus dem Jahr 1142. Damals waren exakte Uhren selten, diese stammte möglicherweise aus Fez.

Nach Lust und Laune!

13 Museo Internazionale delle Marionette

Puppentheater sind eine traditionelle Form der Unterhaltung auf Sizilien. Dieses faszinierende, 1975 gegründete Museum zeigt nicht nur über 3500 Figuren, sondern veranstaltet auch Aufführungen – ein tolles Erlebnis für Kinder.

Die wunderschönen, handgearbeiteten Gelenkpuppen sind rund 80 cm groß und in prächtige Kostüme gekleidet. Sie stellen die **schönste Marionettensammlung der Welt** dar. Viele sind Jahrhunderte alte Antiquitäten, andere kommen aus entfernten Ländern wie Indonesien, Indien und anderen Teilen des Fernen Ostens. Vor allem einige der orientalischen Puppen wirken sehr exotisch und mitunter auch böse. Viele stellen Figuren in glänzender Rüstung dar, die historische Gegebenheiten nachspielen – z. B. aus den Zeiten von Karl dem Großen, Wilhelm I. von Sizilien oder verwegenen Sarazenen. Die komplexen Geschichten basieren auf Rittertum, den Heldentaten von Heiligen und Banditen. Der Held ist häufig eine Figur namens Orlando, der im Alleingang den Feind auf einer blutgetränkten Bühne vertreibt oder tötet. Sogar die Tragödien von William Shakespeare geben die Puppen souverän wieder.

Ergänzend zeigt das Museum **Szenen, Poster und Puppen** aus aller Welt.

✚ 212 D1 ✉ Piazzetta Antonio Pasqualino 5 (Via Butera) ☎ 091 32 80 60; www.museodellemarionette.it
🕐 Mo–Sa 9–13, 14.30–19 Uhr ✋ 5 €
🍴 Bar im Freien auf der Piazza Marina mit Blick über die Giardini Garibaldi
🚌 Touristenbus Linie A 103, 105, 139, 824

14 Galleria Regionale della Sicilia

Der auf der Hauptstraße im historischen Kalsa Distrikt gelegene Palazzo Abatellis (1488) beherbergt in einem eleganten Entwurf des Architekten Matteo Carnelivari die Sizilianische Regionalgalerie mit der exklusivsten Kunstsammlung Siziliens – sie zählt zu den **größten Galerien in Italien** überhaupt.

Das Erdgeschoss ist fast ausschließlich der Skulpturensammlung vorbehalten. Ein Raum enthält das Gemälde *Triumph des Todes* aus dem 15. Jh. eines unbekannten flämischen Malers. Zu sehen ist der Tod, der auf einem gespenstischen Pferd über geschundene Körper reitet und sich den Ahnungslosen nähert, die ihrem Schicksal nicht entrinnen können. Sie jagen, spielen Musikinstrumente oder schwatzen und nur die Armen nehmen die Anwesenheit des Todes war. Im Raum 4 geht es mit dem Porträt *Büste der Eleonora d'Aragona* etwas heiterer zu.

Im Obergeschoss finden Sie repräsentative Werke aus dem 13. und 14. Jh., die deutlich byzantinische Einflüsse aufweisen. Hauptattraktion ist die *Verkündigung* (1476) von Antonello da Messina. Ruhig und gelassen empfängt

Traditionelle sizilianische Marionetten

die Jungfrau die Botschaft ihrer Berufung zur Mutter Gottes. Ihre rechte Hand ist zum Gruß an den Erzengel Gabriel erhoben, der sich außerhalb des Sichtfensters befindet. Das *Malvagna Triptychon* des Flamen Mabuse zeigt die Jungfrau im Kreise engelhafter Musikanten. ✚ 212 D2 ✉ Via Alloro 4 ☎ 091 6 23 00 11; www.regione.sicilia.it/beniculturali ◷ Di–Fr 9–18, Sa/So 9–13 Uhr ✋ 8 € 🍴 Focacceria S. Francesco, Via A. Paternostro 🚉 Touristenbus Linie A 103, 105, 139

⓰ Mercato della Vucciria, di Ballarò, del Capo

Neben der Kirche San Antonio führen Treppen herunter zur Vucciria, Palermos ältestem Markt, der leider nur mehr ein Schatten seiner selbst ist und immer mehr Immigranten als Notquartier dient. Der Name basiert auf dem Wort *vicciria* des lokalen Dialekts, was »Stimmen« oder »Stimmengewirr« bedeutet. Doch das finden Sie immer seltener in dem Labyrinth enger Gassen um die Piazza San Domenico vor.

Lebendiger geht es in den Marktgassen des Ballarò und des Mercato del Capo zu. An Dutzenden von Ständen bieten Händler unter Lichterketten oder blanken Glühbirnen ihre Waren lautstark feil. Die Menge drängelt sich um Thunfisch- oder Schwertfischsteaks, um lebende Aale und Schalentiere, reife Früchte und frisches Gemüse. Die Händler verpacken ihre Waren in Körbe, schneiden und füllen Panini, die man noch an Ort und Stelle isst, und sind pausenlos am palavern. An anderen Ständen finden Sie ein riesiges Sortiment an Taschen, Zigaretten, DVDs und CDs, grellbunten Sweatshirts, Espressokannen und Küchengeräten. Achtung: Oft sind auch Fälschungen, Schmuggelware oder Raubkopien dabei! Besuchen Sie den Markt entweder ganz früh, um den Kaufrausch mitzuerleben. ✚ 212 C2, C3, B2 ◷ tägl. Sonnenaufgang bis 14 Uhr 🍴 Bars und Lebensmittelstände in den Märkten 🚉 Touristenbus Linie A 101, 102, 103, 104, 107

⓱ Museo Archeologico Regionale

Das ehemalige Frauenkloster beherbergt heute das Archäologische Museum Palermos (zzt. in Restaurierung), das zu den besten in Italien zählt und das Sie unbedingt besuchen sollten, wenn Sie an Ausgrabungsfunden interessiert sind. Die meisten der Sehenswürdigkeiten befinden sich im Erdgeschoss, das Sie über den Kreuzgang erreichen. Hier sind **Funde vom Meeresgrund** und römische Skulpturen ausgestellt.

Verlockendes Obstangebot auf dem Mercato della Vucciria

Statuen nackter Nymphen zieren die riesige Fontana Pretoria auf der Piazza Pretoria

Zu den wertvollsten Ausstellungsstücken zählt die **Pietra di Palermo** (Stein von Palermo), die auch als Rosettastein Siziliens bezeichnet wird. Das Inschriftenfragment wurde im 19. Jh. in Ägypten entdeckt und stammt ca. aus dem Jahr 2500 v. Chr. Es enthält Hieroglyphen mit Informationen zu den Pharaonen. Wie auch der Rosettastein lieferte es damit Hinweise, um den rätselhaften Code zu entziffern und somit Einblick in die faszinierenden Geheimnisse des alten Ägypten zu gewinnen.

Hinter dem Kreuzgang finden Sie herrliche griechische Figuren, z. B. einen massigen **Gorgonenkopf** aus Selinunte (➤ 154) und 19 **Wasserspeier** mit knurrenden Löwenköpfen aus Himera. Dahinter befindet sich eine beeindruckende Sammlung von **Metopen** (Steinreliefs am oberen Teil des Gebälks dorischer Tempel) aus Selinunte. Dargestellt sind überschwänglich episodische Erzählungen, aber auch klare und idealisierte Schönheiten der Klassik (5. Jh. v. Chr.). Daneben finden Sie eine Sammlung etruskischer Graburnen, die Verstorbene beim fröhlichen Bankett im Jenseits abbilden.

Das Obergeschoss zeigt eine unüberschaubare Ansammlung von Terracotta-Votivgaben, einige außergewöhnliche hellenistische Figuren, u. a. einen bronzenen Widder aus Syrakus (➤ 96), und Fragmente des Parthenon-Frieses. Außerdem sind römische Mosaiken ausgestellt, die im Zentrum Palermos ausgegraben wurden.

✝ 212 C1 ✉ Piazza all'Olivella 24 ☎ 091 6 11 68 07; www.regione.sicilia.it/beniculturali/salinas ⊕ zzt. in Restaurierung ✋ 6 € 🍴 diverse Bars auf der Piazza Verdi 🚌 Touristenbus Linie A 101, 102, 103, 104

17 Quattro Canti & Piazza Pretoria

Im Herzen Palermos, wo sich die Via Maqueda und der uralte Corso Vittorio Emanuele kreuzen, befinden sich die **Quattro Canti**, die vier Ecken, ein symbolträchtiger Platz, der mit dreistöckigen Bauten gesäumt ist. Die 1611 in Auftrag gegebenen Gebäude zieren Brunnen, die die Allegorien der vier Jahreszeiten und der Schutzheiligen der vier angrenzenden Stadtteile – Kalsa, Amalfitani, Seralcadio (Capo) und Albergheria – darstellen. Auf diesem einst attraktiven Platz der Begegnung riskieren Sie heute Ihr Leben, wenn Sie den Bürgersteig unvorsichtig verlassen. Einige Schritte weiter im Osten befindet sich an der **Piazza Pretoria** das Rat-

Palermo und Umgebung

haus (Municipio) in einem Palazzo aus dem 15. Jahrhundert. Zuerst gerät jedoch die **Fontana Pretoria** ins Blickfeld, die auch als Fontana della Vergogna (Scham) bekannt ist. Der Brunnen mit einem Umfang von 133 m und einer Höhe von 12 m, erbaut zwischen 1544 und 1555, ist das Werk der florentinischen Manieristen Francesco Camillani und Angelo Vagherino. Ursprünglich wurde er für ein Anwesen von Vizekönig Don Pietro de Toldeo geschaffen. Als dieser ihn aber ablehnte, entschloss sich der Stadtrat von Palermo, ihn für den jetzigen Standort zu erwerben. Bei näherer Betrachtung der freizügigen Nymphen, einem Werk zweier florentinischer Manieristen, erklärt sich der Spitzname.

✝ 212 C2 ✉ **Quattro Canti, Piazza Pretoria**
🚋 **Touristenbus Linie A 101, 102, 103, 104**

18 Catacombe dei Cappuccini

Die Kapuzinermönche konservierten die sterblichen Überreste ihrer Verstorbenen seit jeher. Ab dem 16. Jh. benutzten sie die Katakomben ihrer Kirche im Außenbezirk Palermos für die Bestattung und es dauerte nicht lange, bis auch »Normalsterbliche« eine Einbalsamierung wünschten. Das Ergebnis können Sie heute bewundern – die **sterblichen Überreste von über 8000 Menschen** aus dem 16. bis ins frühe 20. Jahrhundert. Die Leichname wurden verschiedenen Konservierungsprozessen unterworfen und in ihren eigenen, vorher ausgewählten Kleidern in eine Nische oder Mauerlücke in den Katakomben gelegt. Dabei wurde Gleich zu Gleich gesellt: Soldat zu Soldat, Rechtsanwälte hier, Jungfrauen und alte Jungfern dort.

Die Anordnung der Körper in den Katakomben richtet sich nach dem sozialen Rang des Verstorbenen, aber es wurden auch Untergruppen nach Geschlecht, Alter und Beruf gebildet. Viele der hier Bestatteten waren zu Lebzeiten Berühmtheiten. Auch der spanische Maler Diego Velazquez soll unter den Mumien sein, ist aber nicht namentlich gekennzeichnet. Ob's stimmt …?

Der Anblick ist makaber und die große Anzahl früh verstorbener Babys und Kleinkinder stimmt nachdenklich. Der traurigste Fall ist derjenige der zwei Jahre alten Rosalia Lombardo, die 1920 nach einer geheim durchgeführten Konservierung bis heute perfekt erhalten ist.

Blick auf die sichelförmige Bucht von Mondello und den Monte Pellegrino

Das Geheimnis der Rezeptur nahm ihr Arzt mit ins Grab.

✚ 212 bei A3 ✉ Piazza Cappuccini
☎ 091 6 52 41 56
🕓 tägl. 9–13, 15–18 Uhr, im Winter So nur vormittags ✋ 3 €
🍴 Bars in der Nähe auf der Via Cappuccini
🚊 327

🔟 Mondello & Monte Pellegrino

Entfliehen Sie der Hitze und dem Lärm Palermos und fahren Sie um den Monte Pellegrino zum 11 km entfernten **Sandstrand** von Mondello. Mondello bietet alle Voraussetzungen für einen 👨‍👩‍👧 **gelungenen Strandtag**: Am Wochenende herrscht bis spät nachts Trubel, der Sandstrand ist sauber, das Wasser klar und es gibt jede Menge Lokale, die frischen Fisch servieren. Nehmen Sie abends an der *passeggiata* auf einer der belebtesten Promenaden Siziliens teil, bevor Sie anschließend eine der zahlreichen Open-Air-Diskotheken besuchen. Fahren Sie zum **Santuario di Santa Rosalia**, das in den höheren Regionen des Monte Pellegrino liegt. Die hl. Rosalia (1132–1166), die Schutzpatronin Palermos, war eine Nichte Wilhelms II. und entsagte dem weltlichen Leben. Sie floh 1159 auf diesen Berg. Ihre sterblichen Überreste wurden erst 1624 in einer Höhle gefunden. Im gleichen Jahr endete eine Pestepidemie, wofür die Menschen Rosalia verantworlich machten. In der Höhle mit einer Skulptur der Rosalia wird die Heilige noch heute verehrt. Das Wasser in der Höhle soll Wunder vollbringen. Sie können den Monte Pellegrino weiter hoch wandern, bis zu einem Felsabhang mit einer weiteren, riesigen Statue der Heiligen. Der Anstieg wird mit einer umwerfenden Aussicht belohnt.

✚ 203 F5
🚊 806, 833 (833 nur im Sommer) nach Mondello; 812 zum Monte Pellegrino

👨‍👩‍👧 SPANNENDES PALERMO

Palermo ist für kleine Kinder sehr anstrengend. Für ältere kann es jedoch ein faszinierender Ort sein. Es wird ihnen Spaß machen, am **Straßenleben** teilzunehmen, durch **La Vucciria** zu streifen, Graffiti zu entziffern und **Eiscreme** zu vertilgen. Auch die Mosaiken in der **Cappella Palatina** und in **Monreale** können auf Kinder durchaus ihre Reize ausüben. Manche Kinder faszinieren die makabren **Catacombe dei Cappuccini**. Wenn die Stadt zu sehr stresst, legen Sie einen **Strandtag in Mondello** ein oder lassen Sie die Kinder im **Parco della Favorita** herumtoben.

Wohin zum ...
Übernachten?

Preise
für ein Doppelzimmer pro Nacht:
€ unter 130 €   €€ 130–230 €   €€€ über 230 €

PALERMO

Ai Vicere €

Jahrhundertelang residierten in Palermo spanische Vizekönige, nach denen dieses geschmackvolle B&B unweit der Oper benannt ist. Moderne Kunstwerke schmücken die sechs Zimmer. Der engagierte junge Padrone Luca gibt stolzerfüllt seinen Gästen Tipps. Frühstück im Garten und Küchenbenutzung.

✚ 212 B1 ✉ Via Pignatelli Aragona 82 ☎ 091 5 07 39 15; www.bedandbreakfast-palermo.com

B&B Guelio €

Schlafen beim Architekten des Nautoscopio, des modernen Wahrzeichens Palermos an der Hafenpromenade bei der Cala. Padrone Fabio Buscemi hat die Welt gesehen, spricht Schwyzerdütsch, Deutsch, Englisch und Spanisch und hat im Sommer 2015 ein ansprechendes B&B beim Teatro Massimo in der Nähe der mittelalterlichen Kirche S. Agostino eröffnet. Die 5 Zimmer sind modern eingerichtet, zwei Zimmer haben eine kleine Terrasse.

✚ 212 B1 ✉ Via Ugo Antonio Amico 22 ☎ 34 76 55 26 97; www.bbgueliopalermo.com

Centrale Palace €€/€€€

Im Palazzo Tarallo, nicht weit von der Kathedrale entfernt, ist eines der luxuriösesten Hotels Palermos zu Hause. Innen empfangen Sie Fresken, Stuckarbeiten, dicke Teppiche und ein erlesener Service. Alle Badezimmer haben eine Badewanne und im ganzen Hotel ist WLAN verfügbar. Auf der herrlichen Dachterrasse wird das Frühstück serviert, abends lädt sie zu Drinks ein. Das Restaurant ist zwar teuer, bietet aber erstklassigen Service und delikate Gerichte.

✚ 212 C2 ✉ Corso Vittorio Emanuele 327 ☎ 091 33 85 39; www.centralepalacehotel.it

Grand Hotel Piazza Borsa €€

Dieses stilvolle Hotel mit bester zentraler Lage übertrifft in puncto Ambiente und Service seine Vier-Sterne-Einstufung, und das zu fairen Preisen. Es besteht aus drei Gebäuden. Der mittlere Teil war einst ein Kloster aus dem 16. Jh. – an die Hotellobby grenzen noch die Kreuzgänge.

✚ 202 D2 ✉ Via dei Cartari 18 ☎ 091 32 00 75; www.piazzaborsa.com

Hilton Villa Igiea €€€

Die Villa Igeia liegt in einem reizenden Garten am Meer etwas außerhalb von Palermo. Das ehemalige Sanatorium wurde um 1900 vom berühmten Jugendstilarchitekten Ernesto Basile zu einem Luxushotel umgebaut, das in seinen Aufenthaltsbereichen und den wunderbar großzügigen Zimmern und Suiten den eleganten Stil der damaligen Zeit bewahrt. Das Restaurant »Donna Franca Florio« verdient seinen guten Ruf für leichte mediterrane Küche mit Schwerpunkt auf Fischgerichten. Zum Hotel gehören ein feiner Pool und ein Tennisplatz. Bei Online-Buchung erhalten Sie einen Preisnachlass.

✚ bei 212 bei D1 ✉ Salita Belmonte 43 ☎ 091 6 31 21 11; www.villa-igiea.com

Hotel Gallery House €€

Das komfortable Hotel im Stadtteil aus dem 19. Jh. liegt nur ein paar Fußminuten vom Teatro Massimo entfernt. Die Zimmer sind geschmackvoll möbliert und bieten modernen Komfort inklusive Satelliten-TV und WLAN. Die erdigen Farben verleihen ihnen eine warme Atmosphäre. Angenehm sind die bequemen Sitzgelegenheiten und antik gemusterten Teppiche, der Service ist außergewöhnlich. Die Junior-Suiten sind mit einer Küchenzeile ausgestattet. Es lohnt sich, auf der Website nach Angeboten zu suchen.

✛ 212 C1 ✉ Via Mariano Stabile 136
☎ 091 612 4758; www.hotelgalleryhouse.com

Massimo Plaza €€€

Das elegante alte Jugendstilhaus liegt gegenüber dem Teatro Massimo und wurde kürzlich im Zuge einer Restaurierungswelle historischer Bauten modernisiert. Die großzügigen Zimmer sind mit Parkett ausgestattet, haben ausgezeichnete Badezimmer und – in diesem belebten Teil der Stadt sicher von Vorteil – schalldichte Fenster. In der Lobby finden Sie zahlreiche bequeme Sitzgelegenheiten und eine nette Bar. Parkmöglichkeiten vorhanden.

✛ 212 B1 ✉ Via Maqueda 437
☎ 091 32 56 57; www.massimoplazahotel.com

Posta €€

Das Hotel Posta am nördlichen Ende der Via Roma wurde 1921 eröffnet und wird bis heute von der gleichen Familie geführt. Wegen seiner einladenden Aufenthaltsbereiche, der schnörkellosen Zimmer und nicht zuletzt auch wegen des guten Preis-Leistungs-Verhältnisses war es immer eine beliebte Anlaufstelle für Musiker und Künstler. Gäste können die Privatgarage benutzen.

✛ 212 C1 ✉ Via Gagini 77
☎ 091 58 73 38;
www.hotelpostapalermo.it

Vecchio Borgo €€

Dieses komfortable Hotel liegt genau zwischen dem historischen und dem »neuen« Palermo, nahe der Piazza Politeama. Die einfachen, luftigen Zimmer mit hoher Decke sind gut ausgestattet und stilvoll mit Raumtextilien gestaltet. Die riesigen Badezimmer mit Bademänteln und flauschigen Handtüchern, das gute Frühstück und die angenehme Atmosphäre machen das Vecchio Borgo zu einer empfehlenswerten Adresse.

✛ 212 bei B1
✉ Via Quintino Sella 1–7
☎ 091 6 11 83 30; www.ghshotels.it/vecchioborgo

MONREALE

Elvira al Duomo €

Santino und Elvira haben in ihrem hübschen Gartenhaus an der Conca d'Oro und in Blicknähe der Kathedrale ein paar Gästezimmer ausgebaut. Herzliche Aufnahme – manchmal veranstaltet Elvira spontane Backkurse mit den Gästen.

✛ 203 E4 ✉ Via S. Liberata 17
☎ 091 6 40 71 65; www.elviraalduomo.it

MONDELLO

Addaura €€

Lassen Sie sich nicht von der eher strengen und klotzigen Architektur abschrecken: dieses Hotel direkt am Meer ist ein Geheimtipp. Es gibt zwei Pools, großzügige Außenanlagen, einen Garten und ein vornehmes Restaurant. Die geschmackvoll eingerichteten Zimmer haben fast alle Balkon mit Seeblick. Optional werden für Selbstversorger kleine Ferienwohnungen für bis zu sechs Personen angeboten. Für die Hauptsaison von Juni bis September sollten Sie im Voraus buchen.

✛ 203 F5
✉ Lungomare Cristoforo Colombo 4452, Mondello
☎ 091 6 84 22 22; www.addaura.it

Wohin zum ...
Essen und Trinken?

Preise
für ein Drei-Gänge-Menü mit Wein:
€ unter 20 € €€ 20–35 € €€€ über 35 €

PALERMO

Al Cancelletto Verde €€

Typisch sizilianische Gerichte werden in diesem Restaurant serviert. Die farbenfrohe Umgebung mit handbemalten Marionetten und vielen anderen Dekoobjekten wirkt weniger authentisch wie das sorgfältig zubereitete Essen. Auf der abwechslungsreichen Speisekarte stehen sizilianische Klassiker *wie pasta alle sarde* – Nudeln mit Sardinen, Fenchel, Anchovis und Pinienkernen – oder *penne alla Norma*. Im Sommer können Sie auch draußen speisen.

✝ 212 bei C1 (nicht auf der Karte)
✉ Via R Wagner 14 ☎ 091 32 05 37; www.alcancellettoverde.it
🕐 tägl. 12.30–15, 19–24 Uhr

Antica Focacceria San Francesco €

Besuchen Sie die traditionsreiche Rosticceria aus dem Jahr 1834, um Pizzas und eine große Auswahl einheimischer und würziger Speisen zu kosten: Snacks wie *panelle* (Hühnchen-Kichererbsen-Bratlinge), *meusa* (gegarte Rindermilz) und *stigghiole* (gefüllter Darm). Wer nicht ganz so experimentierfreudig ist, kann eines der Teiggerichte oder die krosse Pizza direkt aus dem Steinofen wählen.

✝ 212 D2 ✉ Via Alessandro Paternostro 58
☎ 091 32 02 64; www.anticafocacceria.it
🕐 Mi–Mo 11.30–15.30, 17.30–23.30 Uhr

Cappello €€

Diese *pasticceria* in der Nähe der Kathedrale gilt als die beste in Palermo. Gebäck, Kuchen und Konfekt werden mit erlesensten Zutaten hergestellt. Angeboten werden u. a. Meringen, *cannoli*, *cassata*, Profiteroles, *rhum babas*, Marzipanfrüchte und Törtchen. Die Spezialität sind Schokoladenkuchen und Feingebäck.

✝ 212 A3 ✉ Via Colonna Rotta 68
☎ 091 489 601;
🕐 Do–Di 7–21.30 Uhr

Gioè €

Eine typische Rosticceria, in der sich Einheimische mit preiswerten und schmackhaften Spezialitäten wie *arancine* (gefüllte Reisbällchen), *panelle* (Kichererbsenfladen), *pasta al forno* (gebackener Nudelauflauf) oder *pollo arrosto con patate* (Grillhuhn mit Ofenkartoffeln) stärken. Die Atmosphäre inmitten des volkstümlichen Marktgeschehens ist schon ein Erlebnis für sich.

✝ 212 C3 ✉ Piazza Ballarò 10/12
☎ 091 5 50 49 51 oder 347 5 15 67 88
🕐 Mo–Sa ca. 10–15 Uhr

Il Bersagliere €

Nichts für Angsthasen, Hygienefanatiker, Lärmempfindliche oder Speisekartenfetischisten. Dafür können Sie froh sein, wenn Sie ein Plätzchen im engen, marmorgetäfelten schlauchartigen Gastraum dieser superaltmodischen Markttrattoria gefunden haben. Authentische frische Küche mit viel Fisch und Gemüse zu günstigen Preisen. Verkehrsprache: Zeichen oder Sizilianisch. Ein kulinarisches Abenteuer.

✝ 212 B3 ✉ Via S. Nicolò all'Albergheria 38
🕐 Mo–Sa 13–16 Uhr

Oriol €

Die Bar beim Stadion ist ein beliebter Treffpunkt der Palermer, die hier Cocktails schlürfen oder einen Happen essen. Berühmt ist die Gelateria Oriol für ihre Eiscreme aus Biozutaten. Einige Sorten: Maulbeere, Mandel oder Schokotrüffel.

✚ 212 beide B1 ✉ Bar: Via Ausonia 52-58 ☎ 091 7 84 73 25 ⏱ 6.30–22 Uhr ✉ Gelateria: Piazzale Ungheria 6/10 ☎ 338 1 32 07 72; www.baroriol.it ⏱ 8–20 Uhr

Osteria dei Vespri €€ / €€€

Ein elegantes, cooles Restaurant in einer ehemaligen Remise des Palazzo Gangi. Alte Klassiker und moderne Variationen werden leicht und intensiv im Geschmack zubereitet und stylish serviert. Probieren Sie das schmackhafte Menü in Verbindung mit einem der 350 Weine aus aller Welt.

✚ 212 C2 ✉ Piazza Croce dei Vespri 6 ☎ 091 6 17 16 31; www.osteradeivespri.it ⏱ Mo–Sa 13–15, 19.30–22.30 Uhr

Piccolo Napoli €€€

Japanische Fischgourmets und einheimische Bonvivants schätzen diese Trattoria mitten im Mercato del Borgo. Der fangfrische Fisch, die Venusmuscheln, Glasaalbuletten und Riesengarnelen sind legendär ist. Das Essen wird nach Gewicht berechnet.

✚ 212 nördlich D1 ✉ Piazzetta Mulino a Vento 4 ☎ 091 32 04 31 ⏱ Mo–Sa 13–15, Do–Sa 20–22.30 Uhr

Ristorante Ai Vecchietti di Minchiapititto €€

Eine tolle Begrüßung erwartet die Besucher dieser kitschigen Taverne – und zu lokalen Festtagen wie einem Heiligentag macht es sogar noch mehr Spaß. Serviert werden traditionelle sizilianische Gerichte und Menüs, bei denen Wasser, Wein und Kaffee im Preis enthalten sind.

✚ 212 bei B1 ✉ Piazza Sant'Oliva 10 ☎ 091 58 56 06; www.aivecchiettidi minchiapititto.com ⏱ tägl. 12-24 Uhr

Taverna del Pavone €€

1969 eröffnete die Familie Pupella das Restaurant. Die mittlerweile zweite Generation verbindet heute eine ursprüngliche Regionalküche ohne viel Schnickschnack mit exzellentem Service und einer herzlichen Atmosphäre. Sitzen Sie innen oder im Freien und wählen Sie aus dem Angebot klassischer und gut zubereiter sizilianischer Spezialitäten – als *primi* z. B. *caponata*, *sarde a beccafico*, *pasta alla Norma* und als *secondi* Fleisch oder Fisch. Nehmen Sie sich Zeit beim Studieren der umfangreichen Weinkarte mit einer interessanten Auswahl sizilianischer Weine.

✚ 203 E4 ✉ Vicolo Pensato 18 ☎ 091 6 40 62 09; www.tavernadelpavone.it ⏱ tägl. 12–14.30, 19.30–22 Uhr (im August 2 Wochen, im Winter Mo geschl.)

Alle Terrazze €€€ (Pizzeria €)

Genau in der Mitte des *lungomare* in Mondello liegt ein außergewöhnliches Jugendstilhaus von 1913 direkt am Meer. Es beheimatet das Charleston, eine der berühmtesten Prunkbadeanstalten Siziliens und das neu aufgelegte Restaurant Alle Terrazze. Palermos Schickeria trifft sich hier gern, auch wenn wenige Einheimische die veganen oder Zöliakie-Optionen wahrnehmen. Es erwarten Sie raffinierte Pastagerichte, frischer Fisch, erlesene Käsevariationen aus ganz Sizilien und Nachspeisen, für die man sterben könnte; das *cassata* und das *semifreddo* mit Mandeln sind erstklassig. Günstiger speist man, wenn man sich für Pizzas entscheidet. Reservieren Sie weit im Voraus.

✚ 103 F5 ✉ Viale Regina Elena ☎ 091 6 26 29 03; www.alleterrazze.it ⏱ Mi–Mo 13–15, 20–23 Uhr

Wohin zum ... Einkaufen?

Palermos Einkaufsviertel sind klar unterschieden. Eine gute Auswahl an Geschäften der mittleren Preisklasse finden Sie am **Corso Vittorio Emanuele** und in Richtung Via Roma, die bekannten Designermarken sind hingegen am **Viale della Libertà** und seiner Umgebung oder auf der anderen Seite der Piazza Politeama zu finden. Kunsthandwerk finden Sie in den neuen Vierteln Palermos, einige gute Läden nördlich des Corso Vittorio Emanuele. In **Sicily's Folk** (Corso Vittorio Emanuele 450, Tel. 091 6 51 27 87) werden wunderschöne handgetöpferte Figuren angeboten. Ganz in der Nähe befindet sich das **Pantaleone** (Corso Vittorio Emanuele 293–295, Tel. 091 58 40 93; www.pantaleone. com), ein einzigartiger, auf sakrales Kunsthandwerk spezialisierter Laden. Kinder bekommen bei **Giocattoli di Sara** große Augen – von Computerspielen über Lego-Baukästen bis Karnevalskostümen gibt's hier alles, was heranwachsende sizilianische *bambini* so brauchen (Via Volturno, Tel. 091 58 57 87; www.giocattoli.it).

Souvenirs und Mitbringsel gibt es zuhauf auf den Straßenmärkten von Palermo. Die besten Märkte sind **Capo** (▶ 66, 176) und **Ballarò** (zwischen Piazza del Carmine und Piazza Ballarò; ▶ 66) – aber auch ein Besuch des **Mercatino delle Pulci** (Flohmarkt) nahe der Kathedrale lohnt sich. Käseliebhaber machen sich auf zu **Cambria** (Via Simone Cuccia, Tel. 091 30 06 21), etwas nördlich des Zentrums. Hier erhalten Sie über 100 Käsesorten aus ganz Sizilien und vom italienischen Festland, aber auch Wurst, Öl und Pasta. Zu den Spezialitäten zählen Pecorino und Bergkäse aus den Monti Madonie.

Wohin zum ... Ausgehen?

Als Hauptstadt Siziliens bietet Palermo jede Menge Unterhaltung. Besonders landestypisch ist das Marionettentheater; fragen Sie im **Museo delle Marionette** (▶ 65) oder **Figli d'Arte Cuticchio** (Via Bara all'Olivella 95, Tel. 091 32 34 00; www.figlidartecuticchio.com) nach Wochenendvorstellungen. Gerade weil im Original die Aufführungen der hiesigen Theater italienischsprachig sind, sollten Sie sich nicht die umwerfende Atmosphäre des **Teatro Massimo** (Piazza Verdi, Tel. 091 6 05 35 80; www.teatro massimo.it; Führungen bei genügender Nachfrage von 9.30 bis 1 Stunde vor Vorstellungsbeginn; 8 €) bei einer **Oper**- oder **Ballett**-Aufführung entgehen lassen. Eleganza ist im Jugendstilambiente des Caffè del Teatro angesagt (Di–Do, So 9.30–23, Fr u. Sa 9.30–24 Uhr). Alternativ besuchen Sie ein Konzert im **Teatro Politeama Garibaldi** (Piazza Ruggero Settimo, Tel. 091 6 07 25 32; www.orchestra sinfonicasiciliana.it). Spielpläne und Kinoprogramme finden Sie in der Tageszeitung, *Il Giornale di Sicilia*.

Mitte Juli versetzt **U Fistinu di Santa Rosalia**, das Fest zu Ehren der Stadtpatronin, die ganze Stadt in Partystimmung. **Clubs und Bars** befinden sich nördlich des Zentrums. Im Sommer sind die belebtesten Viertel rund um **Mondello** (▶ 69) und die trendigsten Bars in der **Viale della Libertà** zu finden. Ein perfekter Ort zum Sehen und Gesehenwerden sind die vielen Bars in den Fußgängerzonen **Via Mazzini** und **Via Principe di Belmonte**.

Der Ätna und die Nordostküste

Kleine Erlebnisse

Kochkurs im Zitronenhain

Signora Rita zeigt in ihrer **Ölmühle in Giarre** am Fuße des Ätna (➤ 80), wie Gemüse-Caponata geköchelt wird (www.sanleonardello.it).

Castello di Calatabiano

Eine Zahnradbahn ächzt zur Maurenburg mit **Taormina-Panorama** (➤ 85), Lounge und Vernissagen (www.castellodicalatabiano.it).

Mit Seebären auf Bootstour

Gente di mare organisiert **Barkenfahrten** mit Picknick zu Meeresgrotten und der Lavaküste Catanias (➤ 115; Tel. 095 7 46 35 48).

Erste Orientierung

Der Nordosten Siziliens wird vom Massiv des Ätna beherrscht. Der schmauchende Gigant ist Europas aktivster Vulkan. Mit einer Höhe von 3329 m bedeckt er eine riesige Fläche – Sie werden ihn auf Ihrer Reise in dieser Region der Insel in den seltensten Fälle aus dem Blick verlieren. Mal sieht man seine unverwechselbare Rauchfahne in der gleißenden Sonne aufsteigen, ein anderes Mal ist sein Gipfel wolkenverhangen und erscheint finster und bedrohlich wie eine ständige Erinnerung an seine schrecklichen und zerstörerischen Kräfte.

Die fruchtbaren, mit Wein und Oliven bepflanzten unteren Hänge des Ätna werden durch zahlreiche Flüsse und Bäche bewässert. Die Alcàntara-Schlucht lädt im Sommer zum kühlen Bad in saftigem Grün ein. In der Nähe liegt die Bilderbuchstadt Taormina. Sie ist die Perle in einer Kette von Dörfern und hübschen Ferienorten entlang der an das Ionische Meer grenzenden Felsenküste. Diese setzt sich nordwärts bis nach Messina fort; die weitläufige, moderne Großstadt ist das Sprungbrett zum italienischen Festland.

Weiter nördlich beschreibt die Küste einen Bogen nach Westen. Die Autobahn führt Sie zur geschäftigen Hafenstadt Milazzo, zum antiken, auf einer steilen Landspitze über dem Meer liegenden Tyndaris und zum quirligen Santo Stefano di Camastra, bekannt für seine farbenfrohen und meisterhaft gefertigten Keramikwaren. Landeinwärts erheben sich die blauen Gebirgskämme der Nebrodi und der Madonien, in denen verstreute Bergdörfer und eine reiche Pflanzen- und Tierwelt anzutreffen sind. Die Monti Madonie fallen beim reizenden Örtchen Cefalù ins Meer ab, dessen normannische Kathedrale sich wie eine Wächterin über dem Fischerhafen und dem Straßengewirr der Altstadt erhebt. Der helle Sandstrand und das klare Wasser ziehen im Sommer zahlreiche Badegäste an.

Frühlingsimpressionen aus den Monti Madonie

TOP 10

2 Etna ➤ 80
5 Taormina ➤ 85
10 Cefalù ➤ 88

Nach Lust und Laune!

In vier Tagen

Vier Tage sollten Sie einplanen, um Siziliens Nordostküste und den Ätna zu erkunden. Folgen Sie unserem Tagesplan, damit Sie kein Highlight verpassen. Weitere Informationen finden Sie unter den Haupteinträgen (➤ 80ff).

Erster Tag
Vormittags
Starten Sie Ihre Stadtbesichtigung in **10 Cefalù** (➤ 88) auf dem **Corso Ruggero** in Richtung **Duomo** (➤ 88), eventuell mit einem Zwischenstopp bei der **Osteria Magno** (➤ 90). Von der Kathedrale aus gehen Sie zum **Museo Mandralisca** (➤ 89) und anschließend durch die labyrinthartigen Gassen rund um den Hafen (oben).

Nachmittags
Machen Sie zuerst einen Spaziergang entlang des *lungomare*, bevor Sie den Nachmittag am einladenden Sandstrand mit seinem kristallklaren Wasser und großartigen Ausblick auf die Stadt verbringen.

Abends
Wenn Sie noch unternehmungslustig sind, besteigen Sie die **Rocca** (➤ 90) oder gesellen sich zur *passeggiata*, dem typisch italienischen Abendspaziergang, unter die Menschen auf dem Corso.

Zweiter Tag
Vormittags
Machen Sie sich auf den Weg ins Hinterland Cefalùs durch die atemberaubenden Monti Madonie und entdecken Sie die Dörfer, z. B. **20 Petralia Soprana** (➤ 91). Alternativ können Sie an der Küste entlangfahren und in **21 Santo Stefano di Camastra** (➤ 91) nach Keramik stöbern.

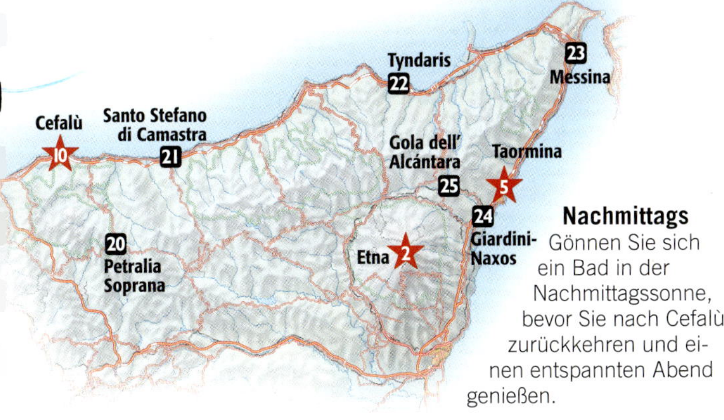

Nachmittags
Gönnen Sie sich ein Bad in der Nachmittagssonne, bevor Sie nach Cefalù zurückkehren und einen entspannten Abend genießen.

Dritter Tag
Vormittags
Starten Sie früh über die Autobahn in Richtung **23 Messina** (➤ 92), sodass Sie am frühen Nachmittag in **5 Taormina** (➤ 85) ankommen.

Nachmittags
Besuchen Sie dort das **Teatro Greco** (➤ 85) und machen Sie anschließend einen Stadtbummel. Unternehmen Sie eine *passeggiata* entlang des **Corso Umberto I** (➤ 86) und machen Sie einen Abstecher zur **Piazza IX Aprile** mit ihrer schönen Aussicht und zur **Villa Comunale** (unten, ➤ 87).

Abends
Danach genießen Sie ein Abendessen, bevor Sie eine der Bars oder – je nach Jahreszeit – eine Freilichtaufführung im Teatro Greco besuchen.

Vierter Tag
Vormittags
Über **24 Giardini-Naxos** (➤ 93) erreichen Sie den **2 Ätna** für einen Tagesausflug. Wenn Sie bis zum Krater (➤ 80) wollen, müssen Sie morgens sehr früh aufbrechen.

Nachmittags
Wenn Sie eine Pause vom Autofahren nötig haben, können Sie die unteren Regionen des Ätna auf einer Rundfahrt mit der **Bahn Circumetnea** (➤ 81) genießen oder alternativ einen Abstecher zur **25 Gola dell' Alcantara** (➤ 93) machen.

Etna

Der Ätna mit seiner bedrohlich wirkenden Rauchsäule ist im östlichen Teil Siziliens stetig präsent. Bei klarem Wetter hat man von seinem Gipfel einen Ausblick über die ganze Insel bis hinüber nach Kalabrien. Man kann aber auch Pech haben und einen Tag erwischen, an dem der Berg wolkenverhangen bleibt. Die unteren Hänge sind fruchtbar und dicht bewaldet, in höheren Lagen können Sie die Lavaströme früherer Ausbrüche erkennen – der Ehrfurcht gebietende Vulkan verdient jedenfalls einen Ganztagesausflug.

Zahlen und Fakten

Der 3329 m hohe Ätna ist der **höchste Vulkan Europas** und einer der **aktivsten** Vulkane der Welt. Die Griechen nannten ihn *Aítna* und glaubten, dass sich die Schmiede des Gottes Hephaistos in ihm befindet. Die Araber nannten ihn Mongibello, den »Berg«, wie er auch heute noch auf Sizilien genannt wird. Jahrhundertelang begruben seine ständigen Eruptionen Ackerland, Städte und selbst Catania. Seit 1800 wurden mehr als 80 Ausbrüche gezählt und die Vulkanologen sind sich einig, dass der Hauptkrater immer aktiver wird: Von 1991 bis 1993 ereignete sich ein insgesamt 473 Tage dauernder Ausbruch, der Zafferana Etnea so akut bedrohte, das man versuchte, die Hauptausbruchskrater durch Sprengungen zu verschütten. 2002 löste ein Erdbeben vulkanische Aktivitäten an den Nord- und Südflanken

Der Gipfel des Ätna ist oft wolkenverhangen

aus, wodurch Nicolosi und Linguaglossa bedroht und ein Großteil des Skiorts Piano Provenzano zerstört wurden. Bulldozer versuchten, den Lavastrom durch den Bau von Dämmen umzuleiten und den Schaden zu begrenzen. Und in der Nacht vom 16. auf den 17. November 2013 tauchten 600 m hohe Lavafontänen den nächtlichen Himmel in ein gespenstisches Licht. Auch 2015 gab es Ausbrüche.

Da das international renommierte Vulkanologische Institut der Universität Catania den Feuerriesen regelmäßig auf Temperaturschwankungen und geringste seismische Erschütterungen überwacht und bei drohenden Eruptionen die Seilbahn und Gipfelzone sperren lässt, bleibt die Gefahr für Touristen auf ein Minimum reduziert. Sehr selten kann es wegen Aschepartikeln in der Luft zu kurzfristigen Schließungen des Flughafens Catania kommen. Das ganze Gebiet ist ein **Regionalpark**, in dem die einmalige Geologie, Flora und Fauna sowie traditionelle Anbaumethoden geschützt werden.

Die Krater des Ätna bilden eine ausgedehnte »Mondlandschaft«

Den Ätna erobern

Wenn Sie den Ätna ohne große Anstrengung erleben wollen, fahren Sie mit der Bahn **Circumetnea** eine 114 km große Runde um den Vulkan, wobei Sie unterwegs mehrere Dörfer passieren und immer wieder imposante Ausblicke auf den Vulkan erhaschen. Sie fährt durch **Randazzo**, das dem Gipfel am nächsten liegt und im Zentrum aus Lavastein erbaut ist, sowie durch **Linguaglossa**, dem Touristenzentrum im Norden.

Wollen Sie dem Ätna näher kommen, fahren Sie auf eine der Routen um die nördlichen oder südlichen Flanken, die von den Küstenstraßen aus mit Etna Sud und Etna Nord ausgeschildert sind. Die 1934 gebaute Südroute, auch als **Strada dell'Etna** bekannt, führt durch den kleinen Ski-Ort **Nicolosi**. Erfahren Sie im Museo Vulcanologico Etneo mehr über die Geschichte und Geologie des Ätna. Durch beeindruckende Lavafelder führt die Straße bis zum **Rifugio Sapienza**, das Sie auch über die Ätna-Nordroute erreichen. Die Straße passiert Linguaglossa und **Zafferana Etnea**,

Fruchtbarer Feuerberg

Der Vulkan liegt auf der Bruchlinie zwischen der afrikanischen und europäischen Kontinentalplatte. Die Erdkruste ist hier ständig in Bewegung; entlang dieser »Schwächezone« kann das Magma aufsteigen. Der Ätna ist somit einer der aktivsten, wenn nicht der aktivste Vulkan der Welt.

❶ Brodelnde Urgewalt: Die ersten Ätna-Ausbrüche fanden vor rund 700 000 Jahren statt. Der Ätna in seiner heutigen Gestalt entstand vor ca. 3000 Jahren. Man schätzt, dass er in den letzten 400 Jahren mehr als 1 Mrd. m³ Lava an die Erdoberfläche beförderte. Jährlich entweichen rund 25 Mio. t Kohlendioxid aus seinen Kratern und Spalten – damit ist der Ätna einer der größten Luftverschmutzer der Erde.

❷ Magmazufluss: Seine feurige Fracht bezieht der Ätna aus dem oberen Erdmantel in 70–120 km Tiefe. Dieser Teil des Erdmantels wird von Seismologen Asthenosphäre genannt. In Richtung Gipfel ist die Schmelze in zahllosen Hohlräumen verteilt. Von hier führen verschiedene Förderschlote an die Oberfläche. Die oberste Magmakammer befindet sich nur 2–3 km unterhalb des Gipfels.

❸ Gipfel: Der Ätna hat vier ständig aktive Hauptkrater, wobei der heute 300 m hohe Nordostkrater erst 1979 entstand. Ständig bilden sich neue Nebenkrater oder öffnen sich Spalten, aus denen Lava strömt. Der erste überlieferte Ausbruch vertrieb 1500 v. Chr. die Sikaner von der Ostküste.

❹ Der Ätna bringt nicht nur Zerstörung: Die rasche Zersetzung der Lava zu fruchtbarer Erde sorgt schon seit Jahrtausenden für reichhaltige Orangen-, Wein- und Zitronenernten am Vulkan. Die erkaltete Lava ist zudem ein begehrtes Material für neue Bauten: Der aus den Lavamassen herausgebrochene schwarze Stein bestimmt viele Ortsbilder in Ätnanähe.

❺ Glühende Lavaströme: Wie glühende Bäche wälzen sich die Lavaströme zu Tal und zerstören alles, was auf ihrem Weg liegt, der bis zu 15 km lang sein kann. Stoppen kann sie niemand, man kann höchstens versuchen sie umlenken, indem man z. B. Erdwälle zusammenschiebt.

❻ Empedokles und der Berg: Der Legende nach hoffte der sizilianische Naturphilosoph Empedokles, durch einen Sprung in den Krater Unsterblichkeit zu erlangen. »O gebt euch der Natur, eh sie euch nimmt«, lässt Hölderlin ihn ausrufen, bevor er dort verschwand, wo »der Erde Gluth aus Bergestiefen quillt«. Doch das Wunder blieb aus: Sein Körper verdampfte im über 1000° C heißen Silikatgestein.

Links: Bei einigen Ausbrüchen schießt die Lava bis zu 200 m hoch in den Himmel

Rechts: Die Natur erobert sich am Ätna verlorenes Terrain zurück

©BAEDEKER

einen Ort in den Hügeln, der an Wochenenden Massen von Spaziergängern in die bewaldeten Hänge lockt.

Ein für Erwachsene wie (größere) Kinder spannender 👫 Ausflug startet etwa 1400 m unter dem Gipfel am **Rifugio Sapienza**, von wo eine Seilbahn nach oben führt. Danach sind es noch zwei bis drei Stunden zum höchsten noch ungefährlichen Punkt. Am besten nimmt man einen der von April bis Oktober verkehrenden **Minibusse**. Bergführer lotsen Sie über Lavafelder bis zum 2002 verschütteten **Torre del Filosofo**. Er wurde zum Gedenken an die Besteigung durch den römischen Kaiser Hadrian erbaut.

Von hier sieht man den südöstlichen, aktiven Krater mit seiner Rauchsäule; Eruptionen geschmolzener Lava sind hier keine Seltenheit. Die öden schwarzen, grauen und roten, mit Schnee durchsetzten Lavafelder erinnern an eine Mondlandschaft. Hier hören Sie den Berg rumoren und riechen seine beißenden Schwefeldämpfe. Die Tour führt zum **Valle del Bove**, einer riesigen, fast 20 km breiten und 900 m tiefen Schlucht, die fast ein Sechstel der Vulkanoberfläche ausmacht. Auf spektakulären Wanderwegen entlang der tiefer gelegenen Berghänge können Sie auf **erstarrten Lavafeldern** herumkraxeln und einige **erloschene Krater** erkunden.

Für einen Aufstieg auf den Gipfel sollte man die nötige körperliche Fitness besitzen

KLEINE PAUSE

In **Rifugio Sapienza** (€ / €€) gibt es einige Bars, Restaurants und Übernachtungsmöglichkeiten (Tel. 095 91 53 21).

✚ 206 C1

Ätna-Touristeninformation Randazzo (im Marionettenmuseum)
✉ Largo San Giuliano ☎ 095 7 99 12 14 🕐 tägl. 9–13, 16–19 Uhr

Ätna-Touristeninformationen Linguaglossa
✉ Piazza Annunziata 5 ☎ 095 64 30 94; www.prolocolinguaglossa.it 🕐 April–Sept. Mo–Sa 9–13, 16–20, So 9–13 Uhr; Okt.–März Mo–Di 9–13, 15–18, Mi, Fr, So 9–13 Uhr

Volcano House (Museum, Cafeteria, Bookshop), Nicolosi
✉ Cesare Battisti 28, www.volcanohousetna.com 🕐 tägl. 10–18 Uhr ✋ frei

BAEDEKER TIPP

- Es ist immer sehr windig und kalt. Sie sollten festes Schuhwerk, eine Kopfbedeckung und eine Brille zum Schutz vor herumfliegenden Steinchen tragen. Stiefel und Jacken können bei den Fahrern der Minibusse ausgeliehen werden.
- Gute Touren zum Ätna organisiert u. a. der in Taormina (► 85) sitzende Veranstalter SAT (Corso Umberto I 73, Tel. 094 22 46 53).
- Jeep-Touren zu den oberen Regionen kann man auch von Piano Provenzano buchen.

⭐ Taormina

Taormina ist einer der beliebtesten Ferienorte Siziliens. Auch wenn er überlaufen und touristisch ist, so haben doch die mittelalterlichen Gassen ihren Charme bewahrt und die Luft duftet noch immer nach Orangen und Zitronen. Die Lage Taorminas über dem strahlend blauen Meer, der Ätna im Hintergrund, das fantastische griechische Theater und sein malerisches Stadtzentrum zeichnen ihn aus. Taormina, das seinen idyllischen Charakter hinter all dem Glanz und Glamour bis heute bewahrt hat, ist einen Besuch wert.

Bereits 1300 v. Chr. ließen sich in der Gegend des heutigen Taormina Sikuler nieder. Im 4. Jh. v. Chr. übersiedelten dann Griechen aus dem zerstörten Naxos in den Ort, den sie Tauromenium nannten. 902 von den Arabern zerstört, wurde es wieder aufgebaut und von den Normannen erobert. Es florierte und wurde 1410 Sitz des ersten Sizilianischen Parlaments. Als im 19. Jh. die ersten Urlaubsgäste kamen und 1864 das erste Hotel eröffnet wurde, sorgte der Tourismus für einen neuen Aufschwung. Mitglieder des Königshauses und die High Society überwinterten hier. 1943 wurde es – als Hauptquartier von Feldmarschall Kesselring – kurz bombardiert. Ab den 1950er-Jahren lebte Taormina abermals auf, als die Schönen und Reichen hier ihren Urlaub verbrachten – unter ihnen Cecil Beaton, Jean Cocteau, Salvador Dalí, Truman Capote und John Steinbeck.

Der Ätna und die Stadt Taormina bilden eine überwältigende Kulisse für das griechische Theater

Teatro Greco (Griechisches Theater)

Es gibt keine perfektere Theaterkulisse. Das Publikum kann fast gleichzeitig den Blick auf das Meer, die Küsten Kalabriens und Siziliens und den schneebedeckten Ätna

Der Ätna und die Nordostküste

genießen. Die griechischen Bewohner Taorminas errichteten ein erstes, kleineres Theater im 3. Jh. v. Chr., das Teatro Greco in seiner heutigen Gestalt geht jedoch auf die Römer zurück, die im 2. Jh. v. Chr. auch die *scena* (Bühnenschauwand mit Säulen und Nischen) hinzufügten. Bei einem weiteren Umbau zu einer Arena im 2. Jh. n. Chr. wurde ein Graben um die Bühne angelegt, um Tiere und Kämpfer für die Gladiatorenspiele unterzubringen. Bei einem 🚶 **Rundgang** wird die Antike lebendig: Stellen Sie sich vor, wie das damalige Publikum durch die drei Tore am *proscenium* (Bühne) und der *parascenia* (Seitenbühne) vorbei strömte, um dann auf der aus dem Fels gehauenen *cavea* (Zuschauertribüne) Platz zu nehmen, die für ihre fantastische Akustik berühmt ist. Und besuchen Sie, wenn möglich, während des hiesigen Kunstfestivals (▶ 98) im Sommer eine **Vorstellung**.

Rund um den Corso Umberto I

Gehen Sie über die schattige Piazza Vittorio Emanuele zum **Corso Umberto I**, Taorminas Hauptstraße. Sie wird von Palazzi aus dem 14. und 15. Jh. flankiert. Im **Palazzo**

Corvaja befindet sich das etwas verstaubt wirkende Museo d'Arte e Tradizioni Popolari. Auf halber Strecke verbreitert sich der Corso zur Piazza IX Aprile. Dieser Platz mit den beiden Kirchen **Sant'Agostino** und **San Giuseppe** lädt mit einer herrlichen Aussicht und netten Cafés zum Verweilen ein. Gehen Sie weiter zum restaurierten **Torre dell'Orologio** (Uhrenturm) aus dem 12. Jh. und dann zum **Duomo (Dom)** aus dem 13. Jh., vor dem ein hübscher Brunnen steht. Von hier aus können Sie durch die Gassen und über die Treppen in der Umgebung des Corsos schlendern. Nehmen Sie sich Zeit, denn an jeder der blumengeschmückten Ecken gibt es etwas zu entdecken, z. B. die **Naumachia**, eine aus spätrömischer Zeit erhaltene Mauer.

Die hübsche Kirche San Giuseppe

Strände und Parks

Im 19. Jh. entdeckten die Briten Taormina, unter ihnen Lady Florence Trevelyan, die 1899 einen reizenden, heute öffentlichen Garten anlegte, die **Villa Comunale**. Nach einer Affäre mit dem Prinzen von Wales, dem späteren König Eduard VII., musste sie England verlassen und suchte Trost in dieser reizenden Oase voller immergrüner Exoten. Sie haben einen herrlichen Ausblick von der **Terrasse auf das Meer**. Mit der **Seilbahn** schweben Sie hinab zur reizenden Küste. Die nächsten **Badestrände** liegen in der Bucht von **Mazzarò** und bieten einen Blick auf die kleine Insel **Isola Bella**.

Blick von oben auf den winzigen Strand der Isola Bella

KLEINE PAUSE

Wer sich nur kurz in Taormina aufhält, sollte von einer der beiden Terrassen von **Terrazza Angelo** (€€; Corso Umberto I 38, Tel. 0942 2 44 11) den Ausblick genießen.

207 E2 Palazzo Corvaja, Piazza Vittorio Emanuele;
0942 2 32 43 oder 0942 62 83 22;
www.gate2taormina.nso.it;
Mo–Sa 8.30–14.15, 15.15–18.45 Uhr

Teatro Greco
Via Teatro Greco 0942 2 32 20 April–Sept. tägl. 9–18/18.30/19, Okt.–März tägl. 9–16/16.30/17/17.30 Uhr 8 €

Villa Comunale
Via Bagnoli Croce kein Telefon
Sommer: tägl. 8–20 Uhr; Winter 8 bis Abenddämmerung frei

Seilbahn
Via Pirandello 0942 2 39 06 Sommer tägl. 7.45 (Mo 8.45)–1.30 (sonst 20) Uhr 3 €

BAEDEKER TIPP

- Der Corso Umberto I ist für Autofahrer gesperrt und das Parken im zentralen Parcheggio Lumbi teuer (bis zu 15 € für 24 Stunden). Es empfiehlt sich, entweder ein Hotel unterhalb des Hügels oder aber eines mit Parkmöglichkeit zu nehmen.
- Besichtigen Sie das Teatro Greco entweder sehr früh oder sehr spät, um die tagsüber zahlreich eintreffenden Touristenbusse zu meiden.
- Den schönsten Blick auf den Ätna und die Küste bieten das Teatro Greco, die Piazza IX Aprile und der Aussichtsturm unterhalb des Hügels an der Via Roma.
- Individuelle Minibusausflüge mit kundigen englisch- oder deutschsprachigen Fahrern ins Hinterland und zu den Hauptsehenswürdigkeiten der Insel arrangiert **Sicily Life Tours** (Tel. 328 4 13 75 33; www.sicilylife.com).
- In der Burgruine von **Castelmola** oberhalb von Taorminas führt Antonio Centamore seine **Falkenschau** vor (April–Okt. So–Fr 12 Uhr, Tel. 328 8 75 39 82; www.falconeria.it).

 10 Cefalù

Cefalù besitzt viele Gesichter. Es liegt wunderschön an der Küste unterhalb des Bergfelsens La Rocca. Palazzi säumen die verwinkelten mittelalterlichen Gassen. Es bietet Sandstrände, gute Restaurants und verlockende Geschäfte. Die prächtige Kathedrale und das ausgezeichnete Museum bieten einen Einblick in Cefalùs große Geschichte. Kurzum: Es lässt sich leicht nachvollziehen, wie Cefalù zu seinem Ruf als einer der reizvollsten Ferienorte Siziliens gekommen ist.

Cefalù war bereits ab dem 9. Jh. v. Chr. besiedelt, ab dem 4. Jh. v. Chr. hieß der Ort Kephaloidion. Die ursprünglichen Bewohner flohen unter der byzantinischen und arabischen Herrschaft in die Berge, kehrten aber 1131 zurück, als der Normannenkönig Roger II. die große Kathedrale errichtete und die fortan florierende Stadt am Meer wieder aufbaute. Heute zieht Cefalù mit seiner Mischung aus Kultur und **Badefreuden** viele Besucher an.

Duomo (Dom)

Über den Dächern der Altstadt und vor der steil aufragenden Rocca di Cefalù bestimmen die Doppeltürme des Doms, die elegante, von Palmen beschattete zentrale Piazza. Roger II. plante die Kathedrale als seine spätere Grabstätte und begann den Bau 1131, der aber bei seinem Tod 1154 noch nicht vollendet war; geweiht wurde die Kirche erst 1267. Sie steht auf **römischen Fundamenten** und im Inneren finden sich noch 16 römische Säulen, die vermutlich aus den Ruinen des auf der Rocca stehenden Dianatempels stammen. Normannisch-arabische

Altstadt unterhalb der Rocca von Cefalù

Rundbögen verzieren die **Fassade** und die **beiden Türme**. Der kühle, dunkle Innenraum dieser außergewöhnlichen **normannischen Kirche** verströmt eine Ehrfurcht gebietende, schlichte und spirituelle Atmosphäre. Beeindruckend sind die glanzvollen, von griechischen Handwerkern aus Konstantinopel ausgeführten Mosaiken des Altarraums. Das Zentrum bildet der wohlwollende, sein Mitgefühl für die Menschheit ausstrahlende **Christus Pantokrator**. Unter ihm sieht man **drei Figurenreihen** mit der Gottesmutter, Erzengeln, Aposteln, Heiligen, Propheten und Theologen, die von Engeln und Seraphim begleitet werden. Das herrliche Ensemble wurde 1148 vollendet – Sie finden die Tafel mit dem Datum unter dem Fenster. Der offene Dachstuhl aus dem 13. Jh. steht in einem spannenden Kontrast zu den modernen, farbigen Glasfenstern über dem Kirchenschiff.

Altstadt

Die alten Straßen am Dom führen, wie die Hauptverkehrsader Corso Ruggero, direkt hinunter zum **alten Hafen** mit seinen kleinen Fischerbooten. In den engen Gassen sitzen wie eh und je die Fischer in ihren schattigen Werkstätten und bessern ihre Netze aus. Gehen Sie durch die alten Gassen auf Entdeckungstour. An der Via Vittorio Emanuele zeugt **Il Lavatoio**, ein aus arabischer Zeit stammender und bis in die 1980er-Jahre genützter Waschplatz, von der langen Geschichte der Stadt.

An einer dieser mittelalterlichen Straßen befindet sich das **Museo Mandralisca**. Für ein Städtchen dieser Größe beherbergt es eine außergewöhnliche Sammlung. Sie wurde Cefalù von Baron Mandralisca (1809–1864) hinterlassen und befindet sich in dessen ehemaligem Wohnhaus. Sie besteht aus griechischen und römischen Funden,

Münzen und Muscheln. Das schönste Kleinod ist das herrliche Renaissance-Porträt eines unbekannten Mannes – geschaffen von Antonello da Messina, einem sizilianischen Künstler (ca. 1430–1479). Mandralisca entdeckte das Gemälde auf der Insel Lipari, wo es als Schranktür in Gebrauch war. Zurück in Richtung Corso Ruggero, kommen Sie an einigen schönen alten Gebäuden vorbei, u. a. auch an der **Osteria Magno**, einer mittelalterlichen Villa, die heute für Konzerte und Ausstellungen genutzt wird.

Rocca di Cefalù (La Rocca)

Über den steilen Treppenweg Vicolo dei Saraceni erreichen Sie den Gipfel des La Rocca, wo die Araber bis 1063 eine Festung hatten. Sie brauchen etwa 90 Min., um die 278 Höhenmeter von der Piazza Garibaldi bis zum Gipfel zu erklimmen. Auf halber Höhe stehen Reste eines **Diana-Tempels** (Eintritt: 4 €), einer Mixtur steinzeitlicher, griechischer und römischer Bauwerke. Von hier ist der **Ausblick über Cefalù** und die Küste herrlich, ein exzellenter Platz, um den Sonnenaufoder -untergang zu erleben. Wählen Sie die kühlen Morgenbzw. Abendstunden für diesen Ausflug (feste Schuhe und ausreichend Wasser mitnehmen).

KLEINE PAUSE

In den Restaurants oder Cafés (€€) an der **Piazza del Duomo** lässt sich die unvergleichbare Atmosphäre der Stadt genießen.

✠ 205 D4 ℹ Corso Ruggero 77 ☎ 0921 42 10 50; www.comune.cefalu.pa.it 🕐 Mo–Sa 8.30–14 Uhr

Duomo
✉ Piazza del Duomo ☎ 0921 92 20 21 🕐 tägl. 8.30–18 Uhr; Kloster tägl. 10–13, 15–18 Uhr ✋ Spende 3 €

Museo Mandralisca
✉ Via Mandralisca 13 ☎ 0921 42 15 47; www.fondazione mandralisca.it 🕐 März–Okt. tägl. 9–19 (August bis 23 Uhr), Nov.–Febr. Di–So 9–19 Uhr ✋ 5 €

Der Duomo wacht über die Altstadt von Cefalù

BAEDEKER TIPP

- Da Cefalù für Pauschalreisen immer beliebter wird, sollten Sie es im Juli und August meiden. Buchen Sie für den Sommer immer im Voraus.
- Bedecken Sie Oberarme und Schultern und tragen Sie keine kurzen Hosen, wenn Sie den Dom besuchen, andernfalls verweigert man Ihnen möglicherweise den Zutritt.
- Das östliche Ende des **Sandstrands** können Sie gebührenfrei benutzen; um in den Genuss von Toiletten und Duschen zu kommen, lohnt es sich, eine Sonnenliege mit Schirm von einem der *lidi* zu mieten.
- Palermo ist mit der Bahn von Cefalù aus in weniger als einer Stunde zu erreichen, sodass Sie leicht eine Tagestour dorthin machen können.

Nach Lust und Laune!

20 Petralia Soprana

Petralia Soprana auf einer Höhe von 1147 m im dichtesten Waldgebiet Siziliens ist die **höchstgelegene Stadt der Monti Madonie**. Sie bietet ein hübsches, mittelalterliches Erscheinungsbild, geht aber auf das 3. Jh. v. Chr. zurück und ist damit rund 1000 Jahre älter als ihre Nachbarstadt Petralia Sottana (➤ 187), die gleich unterhalb liegt. Die attraktive Stadt bietet einen spektakulären Blick bis zum Ätna. In der kunstvoll mit Stuck verzierten Kirche **Chiesa Madre** aus dem 14. Jh. finden Sie eines der geschnitzten Holzkruzifixe des berühmtesten Sohns der Stadt, Fra Umile Pintorno (1580–1639). Zu arm, um mit Marmor zu arbeiten, gelangte er mit seinen leidenschaftlichen Arbeiten, die in ganz Süditalien zu finden sind, zu überregionaler Berühmtheit.

✚ 205 D2

21 Santo Stefano di Camastra

Von Cefalù in Richtung Osten fahren Sie unweigerlich nach Santo Stefano. An seinen Straßen bietet ein Geschäft neben dem anderen seine farbenfrohe **Keramik** an, die aus dem sehr hochwertigen Ton der Umgebung hergestellt wird. Zu reellen Preisen gibt es eine riesige Auswahl an Stilen, Formen und Objekten von traditioneller Ware bis hin zu modernen Kreationen. Nehmen Sie sich die Zeit, mehrere der Ausstellungsräume an der Hauptstraße und in den Gassen zu besichtigen. Scheuen Sie sich nicht zu handeln. Wenn ihre Zeit knapp bemessen ist, sind die Geschäfte an der Hauptstraße erste Wahl. Schauen Sie bei Fratantoni Antonino (Reitano), Franco Ceramiche oder Fratelli Gerbino vorbei.

✚ 205 E4 ☎ www.comune.santostefano dicamastra.me.it 🍴 Restaurants und Bars in der Stadt

22 Tyndaris

Die 396 v. Chr. gegründete griechische Siedlung Tyndaris (Tindari) florierte auch unter römischer Herrschaft. Viele Ausgrabungsfunde datieren aus dieser Zeit. Glanzstücke sind die teilweise restaurierte **Basilika** aus dem 1. Jh. n. Chr., die strahlenden Mosaiken in den **Thermen** und **zwei luxuriöse Häuser**, in denen das Atrium und Impluvium (Auffangbecken für Regenwasser) erhalten sind. Besuchen Sie auch das Theater aus dem 4. Jh. v. Chr., das von den Römern für Gladiatorenkämpfe umgebaut wurde. Von seiner traumhaften Lage auf einem hohen Felsvorsprung sehen Sie die Liparischen Inseln im Norden und bei guter Fernsicht den Ätna. Das Theater ist Schauplatz des jährlichen Festivals des klassischen Dramas.

Herrliche Ausblicke bietet auch das **Santuario di Tindari**, ein Schrein, der der byzantinischen Madonna Nera (schwarze Madonna) gewidmet ist. Es ist ein populärer Wallfahrtsort, mit allem, was dazu gehört – Unmengen von ultrakitschigen religiösen Andenken, ausgefallenen Mosaiken, Fresken und Glasmalereien. Besonders beliebt ist er am 8. September, dem Festtag der Madonna, wenn viele Pilger in den Ort kommen und eine herrliche karnevaleske Atmosphäre herrscht.

✚ 206 C3

Parco Archeologico
✉ Tindari ☎ 0941 36 90 23 🕐 tägl. 9–19 Uhr
🎫 4 € 🍴 Bar in Santuario

Santuario di Tindari
✉ Tindari ☎ 0941 36 90 03;
www.santuariotindari.it
🕐 Mo–Sa 6.45–12.30, 14.30–19 (Winter bis 18 Uhr), So 6.45–12.45, 14.30–20 (Winter bis 19 Uhr) 🎫 frei 🍴 Bar del Pellegrino

23 Messina

Das seit fast 3000 Jahren bewohnte Messina liegt an der Meerenge, die Sizilien vom Festland trennt. Griechen, Araber und Normannen hinterließen hier ihre Spuren. Für das heutige Stadtbild ist aber vor allem die Natur verantwortlich, immer wieder zerstörten Erdbeben die Stadt. Zuletzt senkte sich 1908 die Küste etwa 48 cm ab. Messina wurde zum großen Teil wieder aufgebaut, nur um dann im Zweiten Weltkrieg von Bombern der Alliierten dem Erdboden gleichgemacht zu werden. Kaum eine andere Stadt Italiens war im gleichen Ausmaß von den Bombardements der Alliierten betroffen. Das heutige Messina ist daher wirklich sehr modern und angenehm »untouristisch«.

Siziliens drittgrößte Stadt ist halbkreisförmig um den Hafen errichtet. Nur einen Katzensprung entfernt steht das am besten erhaltene Bauwerk des Mittelalters, der **Dom**. Seit seiner Fertigstellung 1197 wurde er so oft restauriert, dass er im Wesentlichen eine Kopie aus Bruchstücken des ursprünglichen Baus darstellt. Durch ein spätgotisches Portal in der romanischen Fassade gelangt man ins schummrige, mit Mosaiken verzierte Innere. In der Schatzkammer sind wertvolle Reliquiaren zu sehen, darunter die Manta d'Oro (goldener Mantel), der das Gemälde der Schutzheiligen der Stadt – Madonna della Lettera – verdeckt. Am berühmten **Campanile** auf dem Domplatz befindet sich eine der größten astronomischen Uhren der Welt. Sie ist mit mechanischen Figuren ausgestattet, darunter ein brüllender und Banner schwenkender Löwen und ein mit den Flügeln schlagender Hahn. Von der Fontana d'Orione, einem florentinischen Renaissancebrunnen, hat man einen wunderbaren Blick auf den Platz und den Dom.

In den nördlichen Vororten befindet sich das **Museo Regionale**, das bedeutendste Museum der Provinz. Seine größten Schätze sind zwei Meisterwerke von Caravaggio, die er 1609 auf der Flucht vor einer Mordanklage malte. Die düstere und verstörend wirkende *Erhebung des Lazarus* ergänzt sich perfekt mit der vollendeten und scheinbar simplen *Anbetung der Hirten*. Beide stehen in Kontrast zu einem weiteren Kleinod des Museums, dem Flügelaltar aus dem Jahr 1473 mit der *Madonna del Rosario zwischen dem Heiligen Benedikt und dem Heiligen Gregor*; er stammt von Antonello da Messina, dem berühmten Künstler-Superstar Messinas.

✝ 207 F4

Blick hinter die Kulissen: das Uhrwerk im Campanile von Messinas Dom

Servizio Turistico
✉ Via dei Mille 270, is. 87/A ☎ 0902 93 52 92; www.comune.messina.it
🕐 Mo–Fr 9.30–13.30 Uhr

Duomo (Dom)
✉ Piazza del Duomo ☎ 0906 7 51 75
🕐 Mo–Sa 8–18, So 7.30–13, 16–19.30 Uhr; Schatzkammer Mo–Sa 9–13 Uhr; April, Mai, Aug., Sept. auch 15.30–18.30 Uhr ✋ 3 €

Museo Regionale
✉ Viale della Libertà 465 ☎ 0903 6 12 92
🕐 Di–Sa 9–19, So 9–13 ✋ 8 €

24 Giardini-Naxos

Giardini-Naxos ist der boomende Urlaubsort Siziliens. Seine **Sandstrände am kristallklaren Meer**, die modernen Hotels und das mediterrane Strandleben locken im Sommer Tausende von Urlaubern an. Der Ort ist geeignet, um ein paar Tage Sonne und Strand zu genießen (wenn man sich an der vielbefahrenen Uferstraße nicht stört). Er bietet Unterkünfte und Restaurants für jeden Geschmack und eine öffentliche Verkehrsanbindung zum historischen Taormina. Seinen Namen leitet Giardini-Naxos von den Bewohnern der Insel Naxos ab, die hier 735 v. Chr. auf dem **Capo Schiso** die erste griechische Kolonie Siziliens – ebenfalls **Naxos** genannt – gründeten. Ein Spaziergang führt Sie durch Zitrushaine zu einem kleinen **Archäologischen Museum** und zu den **Ausgrabungsstätten**.

✚ 207 E2

Servizio Turistico Regionale
✉ Via Tysandros 54 ☎ 0942 5 10 10;
www.strgiardini.it

Museo e Area archeologica
✉ Via Lungomare Schisò
☎ 0942 5 10 01
🕓 April–Sept. Mo–Fr 9–18/18.30/19,
Okt.–März Mo–Fr 9–16/16.30/17/17.30 Uhr
✋ 4 €

25 Gola dell'Alcàntara

Die imposante, 19 m tiefe Schlucht wurde vom Fluss Alcantara in den Basalt südlich von Taormina gegraben. Es erwarten Sie wunderschöne Plätze mit klarem Wasser und außergewöhnlichen Steinformationen. Über einen Aufzug erreichen Sie die schmalste Stelle der Schlucht, die *Gola* (Kehle, Klamm), von wo aus Sie durch das Flussbett und kleine Gumpen bis zum Wasserfall klettern können. Das Wasser ist eiskalt – tragen Sie entsprechende Kleidung! Reizvoll sind Wanderungen auf den Trails des Naturschutzparks (www.parc

oalcantara.it, www.golealcantara. com). Meiden Sie dieses beliebte Ausflugsziel an Sonntagen.

✚ 207 D2 ☎ Toureninfos 0942 98 99 11 oder 0942 98 50 10
🕓 April–Okt. tägl. 8–19 Uhr
✋ Fahrstuhl zum Fuß der Schlucht 13 (Gummistiefel und Wathosen gegen Gebühr ausleihbar)
🍴 Bar und Restaurant im oberen Bereich

Das kühle Nass in der spektakulären Alcàntara-Schlucht bietet an heißen Sommertagen eine willkommene Erfrischung

Wohin zum ... Übernachten?

Preise
für ein Doppelzimmer pro Nacht:
€ unter 130 €   €€ 130–230 €   €€€ über 230 €

CEFALÙ

Baia del Capitano €€

Das nur 4 km von Cefalù entfernt gelegene Hotel verbindet ideal die Angebote der Stadt mit einem Strandurlaub. Es hat einen Pool und einen privaten Zugang zur Felsenküste, wo Sie schwimmen oder auf einer Liege relaxen können. Einige der 47 Zimmer haben Terrasse und Seeblick; preiswertere Zimmer befinden sich im Nebengebäude. Die großzügige Lage des weitläufigen Geländes und Sitzgelegenheiten inmitten eines alten Olivenhains sind wunderschön. Im Restaurant gibt es sizilianische Spezialitäten – oft von Liveshows begleitet.

✠ 205 E4 ✉ Contrada Mazzaforno, Cefalù
☎ 0921 42 00 03; www.baiadelcapitano.it

Hotel Astro € – €€€

Das Astro liegt nur wenige Fußminuten vom Bahnhof entfernt in einer Seitenstraße des Jugendstil-Viertels und bietet einen Blick aufs Meer. Es ist modern, schlicht und auch dank seines Pools und der hoteleigenen Parkplätze eine gute Wahl. Die geräumigen Zimmer haben große Bäder, einige auch einen Balkon. Das Personal ist aufmerksam und freundlich. Der Strand ist zu Fuß in fünf Minuten zu erreichen.

✠ 205 E4 ✉ Via Nino Martoglio 10
☎ 0921 4 21 6 39; www.astrohotel.it

Riva del Sole €€

Wer gern mitten im Trubel ist, sollte ein Zimmer im Riva buchen, einem modernen Hotel mit Blick auf den Strand, das nur einen Steinwurf von der Altstadt entfernt ist. Die Zimmer – einige mit Seeblick – sind hell und freundlich eingerichtet; zudem gibt es spezielle Familienzimmer. Das Personal ist freundlich und zuvorkommend. Das sehr empfehlenswerte Restaurant zieht auch viele Einheimische an. Das Hotel besitzt zwar eine rückseitige Terrasse, jedoch keinen Garten und Pool – die gute Lage macht dies jedoch wett. Im Winter gibt es Preisnachlässe.

✠ 205 E4 ✉ Lungomare Giardina 25
☎ 0921 42 12 30; www.rivadelsole.com

Sea Palace €€

Das smarte, moderne Hotel liegt wunderbar direkt am Strand. Die Zimmer sind hell und luftig und verfügen über gute Bäder. Viele haben Balkon mit Aussicht auf das Meer und den Dom von Cefalù. Den Gästen stehen Pool, Spa und privater Strand zur Verfügung.

✠ 205 E4 ✉ Lungomare Giardina
☎ 0921 92 50 11; www.cefaluseapalace.it

ÄTNA

Il Nido dell'Etna € / €€

Von Taormina aus leicht erreichbar, bietet dieses 2006 erbaute, einladende Familienhotel gut ausgestattete Zimmer, dekoriert mit moderner Kunst, und ein hervorragendes Restaurant (mittags geschl.). Die hilfsbereiten und sachkundigen Betreiber organisieren auf Wunsch Ausflüge u. a. zum Ätna.

✠ 207 D2 ✉ Via Matteotti, Linguaglossa
☎ 095 64 34 04; www.ilnidodelletna.it
🛇 Nov. geschl.

TAORMINA

Hinweis: Viele zentral gelegene Häuser sind nicht mit dem Auto zu erreichen und die Parkkosten können den Preis deutlich erhöhen.

Grand Hotel Timeo €€€

Taorminas ältestes Luxushotel wurde 1873 in Toplage neben dem Teatro Greco erbaut und zieht seither gut betuchte Gäste an. Das Gebäude ist von herrlichen Gärten umgeben, auf die man von einer eleganten Terrasse herabschaut. Alle Zimmer haben einen Balkon oder eine Terrasse. Sie können im Freien essen, im exzellenten Restaurant den Blick aufs Meer genießen und in den mit Antiquitäten eingerichteten Aufenthaltsbereichen entspannen. Das Hotel besitzt einen Pool sowie einen Spa-/Fitnessbereich mit türkischem Bad. Der Service erfüllt nicht immer alle Erwartungen an ein Hotel dieser Kategorie.
✚ 207 E2 ✉ Via Teatro Greco 59 ☎ 0942 6 27 02 00; www.grandhoteltimeo.com

Pensione Svizzera €

In dem hübschen Hotel empfängt Sie die Familie Vinciguerra, die das Haus seit 1925 führt. Es liegt auf einem Hügel in der Nähe der Seilbahnstation und hat eigene Parkplätze – ein echter Vorteil in Taormina. Fast alle Zimmer sind nach Norden ausgerichtet, haben einen kleinen Balkon und Meerblick. Ausgesprochen hübsch ist der schattige Garten, in dem oft das Frühstück angerichtet wird. Das Personal verbindet Freundlichkeit mit professionellem Service. Shuttle-Service zum Privatstrand von Mai bis Oktober.
✚ 207 E2 ✉ Via Pirandello 26 ☎ 0942 2 37 90; www.pensionesvizzera.com ◑ Dez.–Feb. geschl.

Villa Carlotta €€€

Das gepflegte, einladende Boutique-Hotel bietet einen spektakulären Blick über das Meer und bis zum Ätna. Die stilvoll dekorierten Zimmer warten mit einem perfekten Mix aus modernem Komfort und antiker Opulenz auf. Die herrliche Dachterrasse ist ideal für ein reichhaltiges Frühstücksbuffet oder einen *aperitivo* zum Sonnenuntergang. Hoteleigener Strand-Shuttle.
✚ 207 E2 ✉ Via Pirandello 8 ☎ 0942 62 60 58; www. hotelvillacarlottataormina.com

Villa Ducale €€

Die charmante, restaurierte Villa liegt oberhalb von Taormina im ruhigen Weiler Madonna della Rocca. Die Zimmer sind im typisch sizilianischen Stil individuell mit Antiquitäten und Keramik lokaler Handwerker eingerichtet. Die Terrasse, auf der ein herrliches Frühstück, hausgemachte Spezialitäten und Getränke serviert werden, bietet einen atemberaubenden Blick auf den Ätna. Die Villa gehört dem gleichen professionellen Betreiber wie die Villa Carlotta (► links) – damit ist Liebe zum Detail garantiert. Kostenloser Shuttle nach Taormina und zum Strand.
✚ 207 E2 ✉ Via Leonardo da Vinci 60, Madonna della Rocca ☎ 0942 2 81 53; www.villaducale.com

Villa Paradiso €€€

Das Foyer dieses anheimelnden Hotels vermittelt mit seinen tiefen Sofas, Antiquitäten, alten Stichen und Gemälden Landhaus-Flair. Nach Süden hat man eine atemberaubende Aussicht auf die Küste und den Ätna. Zimmer mit einem solchen Ausblick sind teurer, alle jedoch hübsch möbliert und mit Balkon (viele mit Blick auf die städtischen Gartenanlagen). Eine wunderbare Aussicht auf den Vulkan haben Sie von der Terrasse, auf der das Frühstück serviert wird und abends Restaurantgäste Platz nehmen. Die Lage am Rand der Altstadt lädt zu einem Stadtbummel ein.
✚ 207 E2 ✉ Via Roma 2 ☎ 0942 2 39 21; www.hotelvillaparadisotaormina.com

Der Ätna und die Nordostküste

GIARDINI-NAXOS

Hellenia Yachting €€
Direkt am Meer gebaut, versucht das Hellenia mit seinen hohen Räumen und geschmackvollen Möbeln den Stil und die Eleganz des 19. Jhs. zu imitieren. Erstklassiger Komfort und exzellenter Service zeichnen das Haus aus. Restaurant, Privatstrand und riesiger Pool. Abends können Sie mit Blick auf das Meer traditionelle Delikatessen genießen.
✚ 207 E2 ✉ Via Januzzo 41
☎ 0942 5 17 37; www.hotel-hellenia.it

Hotel Nike €
Fast jedes der geräumigen und bequemen Zimmer dieses einladenden Strandhotels hat einen eigenen Balkon mit Meerblick, die Benutzung des Privatstrands (über einen Lift erreichbar) mit Sonnenliegen und -schirmen ist im Preis enthalten. Das Restaurant serviert lokale Spezialitäten. Gutes Preis-Leistungs-Verhältnis, gratis Parkplatz.
✚ 207 E2 ✉ Via Calcide Eubea 27
☎ 0942 5 12 07; www.hotelnike.it

Hotel Villa Mora €
Das mittelgroße Hotel im Herzen von Giardini-Naxos ist nur einen Katzensprung vom Strand entfernt. Hervorragendes Preis-Leistungs-Verhältnis. Die hellen und geräumigen Zimmer sind mit hübschen, alten sizilianischen Möbeln eingerichtet.
✚ 207 E2 ✉ Lungomare Naxos 47
☎ 0942 5 18 39; www.hotelvillamora.com

MILAZZO

Hotel Riviera Lido €
Dieses Küstenhotel an der Strada Panoramica ist nur mit dem Auto zu erreichen und besitzt einen privaten Sandstrand. Alle Zimmer haben großzügige Badezimmer, Balkon und sind zweckmäßig eingerichtet. Das Hotel bietet neben einem guten Restaurant attraktive und große Aufenthaltsräume.
✚ 207 D2 ✉ Contrada Corrie
☎ 090 9 28 34 56; www.hotelrivieralido.it

Wohin zum ...
Essen und Trinken?

Preise
für ein Drei-Gänge-Menü mit Wein:
€ unter 20 €   €€ 20–35 €   €€€ über 35 €

CEFALÙ

Al Gabbiano €€
Wenn Sie ein preiswertes, einheimisches Gasthaus suchen, sind Sie hier richtig. Das familiengeführte Restaurant mit Pizzeria direkt am Meer hat Terrasse und Garten. Stellen Sie sich auf Fisch, Meeresfrüchte und Tagesgerichte ein.
✚ 205 E4 ✉ Lungomare Giardina 17
☎ 0921 42 14 95 ⏱ tägl. Mittag- und Abendessen. Im Winter Mi geschl.

L'Antica Corte €€ / €€€
Das elegante kleine Restaurant liegt gegenüber dem Dom in einer Seitenstraße des Corso Ruggero. Es verdankt seinen Namen dem Innenhof, in dem im Sommer gegessen wird. Spezialität des Hauses ist gegrillter Fisch. Gute preiswerte Pizzas, aber eher schleppender Service.
✚ 205 E4 ✉ Cortile Pepe 7 ☎ 0921 42 32 28 ⏱ Fr–Mi 12–15, 19–23.30 Uhr; Jan./Feb. für einige Wochen geschl.

Ostaria del Duomo €€

Dieses schöne Wirtshaus besitzt eine hervorragende Lage an einer der schönsten Piazzas Siziliens mit dem Dom im Hintergrund. Die Küche ist traditionell sizilianisch und recht fischlastig. Sie können draußen oder drinnen unter der Gewölbedecke sitzen. Dieses Restaurant ist eines der besten von Cefalù.

✠ 205 E4 ✉ Via Seminario 5
☎ 0921 42 18 38; www.ostariadelduomo.it
🕐 tägl. 12.30–24 Uhr; Mitte Nov.–Febr. geschl.

Lo Scoglio Ubriaco €€/€€€

Das Lokal mit Terrasse über dem Meer liegt ganz am Ende des Corso Ruggero und hat seinen Namen – »betrunkener Felsen« – von der Rocca di Cefalù. Die Wände hängen voller Fotos prominenter Gäste, was diesem großen, belebten Restaurant einigen Glamour verleiht. Das Essen ist hervorragend, auf der großen Speisekarte wird jeder Gast fündig.

✠ 205 E4 ✉ Via Corso Bordonaro 2/4
☎ 0921 42 33 70 🕐 April–Okt. 13–14.30, 19.30–23 Uhr; Nov.–März Mi–Mo 13–14.30, 19.30–22 Uhr

TAORMINA

Al Giardino €

Daniele und seine Mamma, die wunderbare Cannoli mit Ricotta zaubert, führen diese sympathische Familientrattoria beim Stadtpark, die mit Fähnchen all der Länder geschmückt ist, aus denen ihre Gäste stammen. Spezialität sind Spaghetti aglio e olio (mit Knoblauch und Zwiebeln) und frischgemachte Involtini-Röllchen; die Schwertfischrouladen werden mit Bröseln und Pinienkernen gefüllt.

✉ Via Bagnoli Croci 84, ☎ 0942 2 34 53; www.algiardino.net

Andreas €€€

Der Österreicher Andreas Zangerl kochte jahrelang für die Luxusadressen Taorminas. Jetzt hat er beim Stadtpark sein eigenes kulinarisches Refugium geschaffen. Auch wenn das Ambiente eher bescheiden ist, loben die sizilianischen Stammgäste und ausländische Gourmets die *cucina superlativa* mit Crudités von Meeresfrüchten und einer sorgfältigen Auswahl von Ätna-Weinen.

✠ 207 E2 ✉ Via Bagnoli Croci 88
☎ 0942 2 40 11 🕐 Di 20–22.30, Mi–So 12.30–14.30, 20–22.30 Uhr

A'Zammàra €€

Wenn Sie gemütlich im Freien essen möchten, ist dieses Gartenrestaurant mit seinen Obstbäumen eine empfehlenswerte Anlaufstelle. Auch die Räume im Restaurant selber haben ihren Reiz. Aus der Küche kommen »touristische« Spezialitäten: *pasta con le sarde* und *pasta alle Norma* als erster Gang, gefolgt von superfrischen Fisch- und Fleischgerichten wie *polpette alla foglie di limone*, delikaten Fleischbällchen in Zitronenblättern.

✠ 207 E2 ✉ Via F.lli Bandiera 15
☎ 0942 2 44 08

Billy & Billy €

Die sympathische Bar am Domplatz serviert Snacks und Eigenabfüllungen sizilianischer Weine. Hotspot für ein Cappuccino-Frühstück.

✠ 207 E2 ✉ Piazza del Duomo
☎ 0942 62 54 44
🕐 im Sommer tägl. 7–24 Uhr

La Botte €/€€

Hier wird im Sommer die *cucina tipica siciliana* an den Tischen im Freien serviert. Touristen lieben dieses Restaurant wegen der Pizzas aus dem Steinofen und des hervorragenden Buffets mit Antipasti. Es gibt eine reichhaltige Speisekarte und Weinauswahl – nur der Service leidet manchmal unter dem Erfolg.

✠ 207 E2 ✉ Piazza San Domenico 4
☎ 0942 2 41 98; www.labotte1972.it
🕐 April–Okt. tägl. 12–14.30, 19.30–23.30 Uhr; Nov.–März Di–So 12–14.30, 19.30–22 Uhr

Wohin zum ...
Einkaufen?

Wenn Sie in **Cefalù** einkaufen wollen, finden Sie die beste Auswahl in der Hauptstraße **Corso Ruggero**. Es gibt aber auch Einkaufsmöglichkeiten im neueren Teil der Stadt, in der **Via Matteotti** und **Via Roma**. Bei **Torrefazione Serio** (Corso Ruggero 120, Tel. 0921 92 23 48) finden Sie eine begrenzte, aber gute Auswahl an heimischen Lebensmitteln und Weinen. Die Spezialität sind frisch geröstete und individuell zusammengestellte Kaffeemischungen. Sizilianische Leckerbissen und ausgefallene Weine gibt es im Feinkostladen **La Torinese** (Corso Umberto 59, Tel. 0942 2 33 21, www.latorinesetaormina.it). Freunde italienischer Wohnkultur finden bei **Tamburo Casarredo** (Via Roma 10, Tel. 0921 42 18 18) hübsche Haushaltsgegenstände.

Viel besser kann man in **Taormina** in der großen Einkaufsstraße **Corso Umberto I** shoppen. Hier gibt es Mode-Outlets, Juweliere, Antiquitäten- und Ledergeschäfte. Bei **Sorelle Mazzullo** (Nr. 5) finden Sie Taschen, bei **Parisi** (Nr. 36) die ganze Welt der *alta moda* – von Armani über Prada bis Versace. **Carlo Panerello** (Nr. 122) bietet antike Möbel, Textilien und Schmuck. Im **Le Colonne** (Nr. 164) gibt es mit den besten handgefertigten Schmuck aus Sizilien. Keinesfalls auslassen sollten Sie die winzige **Pasticceria D'Amore** (Via Costantino Patricio 28, oberhalb der Porta Messina, www.pasticceriadamore. it), die wahrscheinlich das beste Marzipan der Stadt verkauft. Am Corso Umberto I finden Sie das **Kerameion** (Corso Umberto 198, www.kerameion.com), ein Keramikatelier, wo nicht nur Kinder Töpfern über die Schulter schauen können.

Wohin zum ...
Ausgehen?

NACHTLEBEN

Starten Sie den Abend in **Cefalù** mit einer *passeggiata*, bevor Sie einen Drink in einer Bar nehmen, z. B. im **Caffe Duomo** vor der Kathedrale. Wer das Tanzbein schwingen will, kann im Sommer das **Le Calette** (Porto di Presidiana) ansteuern.

Etwas mehr Ausgehmöglichkeiten finden Sie in **Taormina**, z. B. Nachtclubs wie das **Bella Blu** (Via Guardiola Vecchia), den glamourösen **Club Septimo** (Via San Pancrazio 50) und **La Giara** (Via La Floresta). Zum Chill-out bietet sich der Club **Panasia Beach** (Via Nazionale) am Strand von **Spisone** an.

FESTE UND VERANSTALTUNGEN

Das ganze Jahr über finden in **Cefalù** Feste und Prozessionen statt. Als Höhepunkt gelten die Festlichkeiten zu Ehren des Christus-Patronats der Kathedrale: Bei der **Festa del Santissimo Salvatore della Trasfigurazione** (»Verklärung des Heilands«, 2.–6. August) gibt es Fischerwettkämpfe, Feuerwerk und eine große stille Nachtprozession, die mit Bischofssegen und Hochrufen der Seeleute auf ihren Patron auf dem von Gläubigen wimmelnden Domvorplatz endet.

Alljährlich wird in **Taormina** das Festival **Taormina Arte** (Tel. 0942 2 11 42; www.taoarte.it) veranstaltet. Von Juli bis September sind Konzerte und klassische griechische und römische Theateraufführungen im Programm, u. a. im Teatro Greco. Ebenfalls im Sommer findet das **Taormina Filmfest** (www.taormina filmfest.net; meist im Juni) statt. Teilweise werden die Filme ebenfalls im antiken Theater gezeigt.

Der Südosten – Syrakus und landeinwärts

Kleine Erlebnisse

Einmal wieder Kind sein

Im **Marionettentheater** von Syrakus befreien Orlando und Rinaldo die schöne Angelica aus der Hand der Sarazenen (►122).

Einfach göttlich …

… schmeckt das Eis von **Gelati DiVini** in Ragusa Ibla. Wie wär's mit Johannisbrot oder Maulbeere (►111, www.gelatidivini.it)?

Versteckspielchen

Ein Spaß für Groß und Klein – Versteckspielen im **Märchenschloss Donnafugata** (►112).

Erste Orientierung

Einige Highlights Siziliens finden Sie in der Region südlich von Catania: eine wunderbare Mischung schöner, historischer Städte, abwechslungsreicher Küsten und reizvoller Landschaften – teils kultiviert, teils wild, hügelig und unberührt mit aufregenden Schluchten.

Dass der Südosten Siziliens seit jeher zu den wohlhabenderen Regionen der Insel gehört, spiegelt sich in den sympathischen Städten wider. Unter ihnen sticht Syrakus hervor – gleich mehrere archäologische Schätze weisen sie als eine der einflussreichsten Städte unter den mediterranen Metropolen der Antike aus. Vieles an historischer Bausubstanz von Syrakus blieb weitgehend von Naturkatastrophen verschont, die diesen Teil Siziliens wiederholt heimsuchten. Ihre Sehenswürdigkeiten aus mehreren Jahrhunderten konkurrieren mit den prächtigen Barockbauten von Noto, Ragusa und dem mit bunten Fliesen geschmückten Kleinod Caltagirone, die alle durch ein Erdbeben 1693 völlig zerstört und danach als »neue Städte« wieder aufgebaut wurden. Caltagirone ist überdies für die hier produzierte formvollendete Keramik bekannt.

Im Schatten des Ätna, nördlich von Syrakus, liegt das prunkvolle wie dynamische Catania, die zweitgrößte Stadt Siziliens und pulsierendes Handelszentrum. Bei Vendicari befindet sich eines der wunderbarsten Naturreservate der naturbelassenen, faunareichen Küste mit zahlreichen Zugvögeln, die hier zum Teil überwintern. Entlang des Weges zwischen den drei berühmten Barockstädten lohnt sich schließlich auch ein Zwischenstopp in den beiden weniger bekannten Städtchen Modica oder Comiso.

Blick über Ragusa Ibla von der Terrasse vor Santa Maria della Scala

Die Basilica di San
Giovanni in Syrakus

Nach Lust und Laune!

TOP 10

Nicht verpassen!

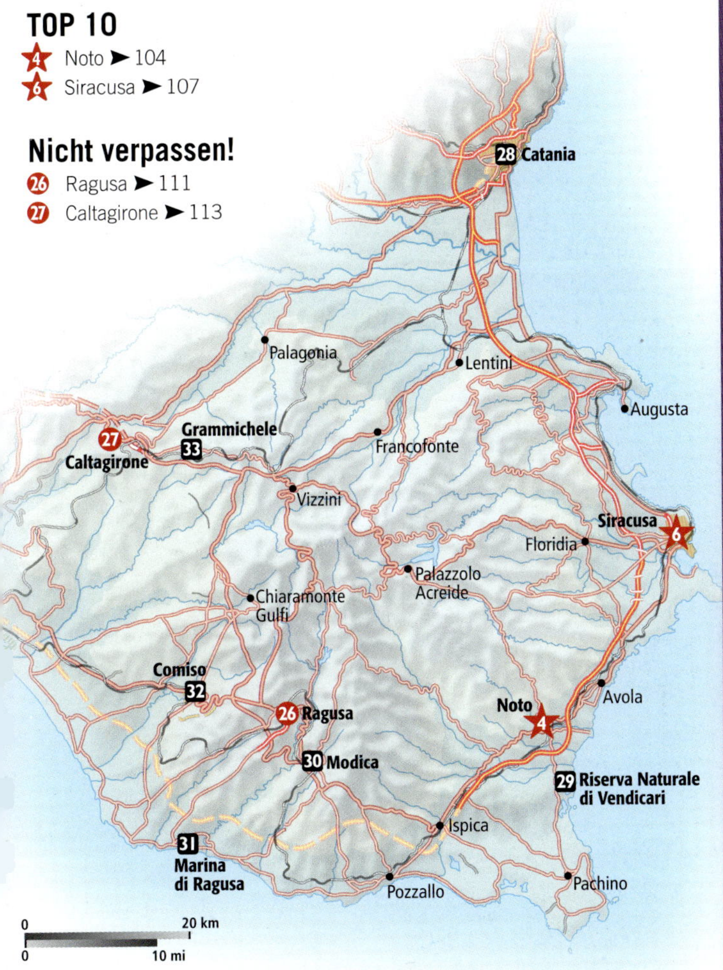

In drei Tagen

Um den Südosten Siziliens rund um Syrakus zu erkunden, sollten Sie drei Tage einplanen. Folgen Sie unserem Tagesplan, damit Sie kein Highlight verpassen. Weitere Informationen finden Sie unter den Haupteinträgen (➤ 104ff).

Erster Tag
Vormittags
Fahren Sie von ⭐6 **Syrakus** (➤ 107) zur Insel **Ortygia** (➤ 108) zur Besichtigung der Altstadt. Starten Sie z. B. mit einem Spaziergang durch das Gassenlabyrinth. Versäumen Sie auf keinen Fall die **Piazza del Duomo** (oben, ➤ 108), bevor Sie weiter zur **Fonte Aretusa** (➤ 108) und zum **Museo Regionale** (➤ 108) schlendern.

Nachmittags
Fahren Sie durch die moderne City in das nördlich gelegene Viertel Tyche mit seinen zahlreichen **Katakomben** (➤ 109). Von hier ist es nur ein kurzer Weg zur **Neapolis** (➤ 109). Unbedingt anschauen sollten Sie auch das **Teatro Greco** (➤ 109) und die Latomien (➤ 109).

Abends
Runden Sie den Tag mit einem Abendessen in einem der zahlreichen und guten Restaurants auf Ortygia ab.

Zweiter Tag
Vormittags
Für einen Ausflug nach 28 **Catania** (➤ 115) nehmen Sie die N114. Schöner ist jedoch ein Ausflug nach ⭐4 **Noto** (➤ 104), dem kleinsten

und bezauberndsten der Barockstädte im Südosten, zu erreichen über die N115. Nehmen Sie sich Zeit, um durch die Straßen voller herrlicher Bauwerke zu schlendern.

Nachmittags und abends

Nach dem Mittagessen lohnt ein Badeausflug an die Strände im **29 Riserva Naturale di Vendicari** (► 116). Alternativ fahren Sie weiter auf der N115 über **30 Modica** (► 116) nach **26 Ragusa** (► 111), einer weiteren Barockstadt mit vielen Hinguckern. Egal, welche Variante Sie wählen: Übernachten Sie möglichst in Ragusa, um das herrlich erleuchtete **Ragusa Ibla** zu erleben (oben, ► 111)!

Dritter Tag
Vormittags

Nehmen Sie sich für eine Stadtbesichtigung Ragusas mindestens zwei Stunden Zeit, bevor Sie zur Stippvisite nach **32 Comiso** (► 117) aufbrechen. Fahren Sie von hier auf der N514 nach Caltagirone. Unterwegs können Sie in **33 Grammichele** (► 117) eine Pause einlegen.

Nachmittags

Besichtigen Sie am Nachmittag **27 Caltagirone** (► 113), das die beste Keramik Siziliens im Angebot hat (rechts).

4 Noto

Das noble Noto mit seinen honigfarbenen, im Sonnenlicht golden schimmernden Häusern ist die schönste Barockstadt Siziliens. Seine Bürger nennen sie *il giardino di pietra*, den »Steingarten«. Die prachtvollen Straßen, hübschen Plätze und geschwungenen Treppen wirken wie Bühnenbilder, in denen jedes Teil seinen Platz im harmonischen Ganzen gefunden hat. Die Perfektion der Architektur steht jedoch völlig im Dienst der Einwohner des kleinen, reizenden Städtchens. Noto wirkt alles andere als kalt oder monumental. Auch wenn Sie sonst keine weitere Barockstadt in Sizilien besichtigen wollen – Noto müssen Sie gesehen haben!

Der Hintergrund

Noto wurde nach der Zerstörung durch das **Erdbeben von 1693** komplett neu geplant und 14 km von seiner ursprünglichen Stelle entfernt wieder aufgebaut. Die Regierung veranlasste die Umsiedlung der Bevölkerung, die schon mit dem Wiederaufbau der alten Stadt begonnen hatte. Die größten Architekten der Zeit, unter ihnen Vincenzo Sinatra, Paolo Labisi und Rosario Gagliardi, wurden mit diesem steingewordenen Symbol der Hoffnung und Erneuerung beauftragt. Sie sollten eine Komposition im Geschmack der Zeit entwerfen. Die breiten Straßen, bühnenartigen Plätze, Aussichtspunkte und Treppen schaffen immer wieder neue Blickachsen. Das Ergebnis ist brillant und blieb die nächsten 250 Jahre, in denen Noto friedlich vor sich hin schlummerte, weitgehend unberührt.

Der Schock kam 1986, als Untersuchungen den baufälligen Zustand vieler Gebäude aufdeckten, die durch leichteste Erschütterungen eines Erdbebens hätten einstürzen können. Gerüste wurden aufgebaut und die Sanierung begann. Der Ernst der Lage zeigte sich 1996 beim Einsturz der Kathedralenkuppel. Die Stadt geriet ins Interesse der Weltöffentlichkeit und wurde zum Weltkulturerbe erklärt. 2007 schließlich wurde die Kathedrale von ihren Abdeckungen befreit – und heute ist Noto wieder so gut wie hergestellt, erstrahlt erneut im barocken Glanz und blickt optimistisch in die Zukunft.

Noto besichtigen

Der majestätische **Corso Vittorio Emanuele** verläuft ab der **Porta Reale** parallel zur Flanke eines Hügels. Auf einer Länge von nur 1 km reihen sich offene Plätze und weitläufige Treppen aneinander und führen an vielen Sehenswürdigkeiten vorbei. Die wichtigsten sind die Kirchen **Santa Chiara** und **San Francesco** sowie das Kloster

Detail einer Steinfigur am Palazzo Villadorata

San Salvatore. Ihre Dekoration und Platzierung sind ein Musterbeispiel barocker Architektur und Stadtplanung, die kontrastierende Elemente zu einem harmonischen Ensemble vereinten. Am nächsten Platz im Verlauf des Corsos, an der **Piazza Municipio**, stehen sich weltliche und kirchliche Macht gegenüber. Die triumphal restaurierte Kathedrale **San Nicolà di Mira e Corrado** auf der einen und das Rathaus im abgeklärten, neoklassischen **Palazzo Ducezio** (1746) auf der anderen Seite sind die großartigsten Bauten der Stadt. Eine prächtige Treppe führt zum Portal der Kathedrale, die vom **Palazzo Vescovile** (Bischöfliches Palais) und vom **Palazzo Sant'Alfano Landolina**, dem einzigen Patrizierpalais auf der Hauptstraße, eingerahmt wird. Dahinter liegt die **Basilica San Salvatore**.

Ein paar Meter weiter auf der Hauptstraße entlang gelangt man linker Hand zur **Chiesa del Collegio**, dem Inbegriff einer Barockkirche. Ihre kühn geschwungene Fassade ist der perfekte Auftakt für die überbordenden weißen und goldenen Stukkaturen im Kircheninneren. Sie können die Stufen zum Glockenturm erklimmen und von oben die Stadt und das Meer aus der Vogelperspektive bewundern. An der nächsten Piazza, der **Piazzale XVI Maggio**, treffen sich Senioren zum Plausch am Springbrunnen im kühlen Schatten der Bäume. Hier steht das charmante **Teatro Civico**; wenn es geöffnet ist, sollten Sie einen Blick auf den opulenten Zuschauerraum erhaschen. Auf der gegenüberliegenden Seite der Piazza erhebt sich die gewölbte

Fassade von **San Domenico** (1737–1756), die als Gagliardis Meisterstück gilt. Von hier führt die Via Nicolaci zum **Palazzo Villadorata** direkt neben der Kathedrale. Er ist das vollendete Beispiel für die Opulenz, die dem Geschmack des Adels im 18. Jh. entsprach. Seine Fassade ist mit überschwänglichen Balkonen und mit wunderschön ausladenden Nymphen, Pferden, Putti und Löwen geschmückt, die allesamt versteinerten Puderzuckerfiguren gleichen.

Die Attraktion der hinter dem Corso beginnenden Oberstadt ist die von Gagliardi entworfene und 1715 fertiggestellte, große **Chiesa del Crocifisso** mit der wunderschönen, aus dem 15. Jh. stammenden, Marmorfigur *Madonna delle Neve* (Schnee-Madonna) von Laurana, die aus dem alten Noto hierher gebracht wurde.

Das **Caffe Sicilia** (€; Corso V. Emanuele 125) hat sehr gute Eiscreme und Snacks. Für eine Pause mit Aussicht wählen Sie eines der Cafés rund um die Piazza Municipio.

In Noto gibt es an jeder Ecke etwas zu entdecken

✚ 211 D2 ℹ Via Vincenza Gioberti 13 ☎ 0931 83 65 03; www.pronoto.it
🕐 Mo, Mi–Sa 16–19 Uhr

BAEDEKER TIPP

- Am besten erkunden Sie Noto von der Porta Reale aus; es gibt hier mehrere Parkplätze.
- Der Lichteinfall und die Farbe des Lichts spielen eine nicht zu unterschätzende Rolle – besichtigen Sie die diversen Bauwerke Notos daher am besten zu unterschiedlichen Tageszeiten.
- Die wichtigen Gebäude werden nachts angestrahlt. Erwägen Sie deshalb eine Übernachtung.
- Die meisten Kirchen haben von 8–12 und von 17–20 Uhr geöffnet.
- Der hübsche Garten **Villetta d'Ercole** hinter dem Tourismusbüro bietet schattenspendende Palmen, Araukarien und einen Herkulesbrunnen.

⑥ Siracusa

Vor fast 3000 Jahren wurde Syrakus von den Griechen gegründet. Es sollte eine der glanzvollsten Städte der Magna Graeca werden. Die lichtdurchflutete Stadt floriert bis heute und nirgendwo sonst auf Sizilien lässt sich die antike Vergangenheit intensiver erleben.

Auf einer Insel zwischen zwei geschützten Häfen liegt das historische Zentrum der Metropole, Ortygia. Zahlreiche Ruinen, Kirchen und prächtige Villen erzählen aus ihrer reichen Vergangenheit. Die Straßen nach Norden führen durch die potente, moderne City zu den Latomien, den großen Steinbrüchen, die in der Antike das Baumaterial lieferten.

Geschichte

Das griechische Syrakus wurde 733 v. Chr. gegründet und leitet seinen Namen vom phönizischen *suraka*, Sumpf, ab. Die Lage war perfekt: Sie bot eine leicht zu verteidigende Insel mit frischem Süßwasser, einen natürlichen Hafen und ein fruchtbares Hinterland. Im 5. Jh. v. Chr. kam es zu einem ersten Boom. Mit Sklaven aus eroberten Gebieten wurden die zahlreichen Bauten der einflussreichen Stadt errichtet. Um 480 v. Chr. wurde Karthago, um 413 v. Chr. Athen besiegt. So ließen sich schließlich auch große Dichter und Denker der damaligen Zeit, u. a. der Dramatiker Aischylos und der Philosoph Plato, auf Einladung der Tyrannen von Syrakus hier nieder. 211 v. Chr. half Archimedes vergeblich, die Stadt im Zweiten Punischen Krieg gegen Rom zu verteidigen.

Der majestätische Duomo von Syrakus

Der Südosten – Syrakus und landeinwärts

Die Römer plünderten zwar die Stadt, sie blieb aber weiterhin ein wichtiges Handelszentrum. Später, als die Bevölkerung christianisiert wurde, bestattete man die Toten in den Katakomben der Außenbezirke. Durch die nachfolgenden arabischen und normannischen Eroberungswellen rückte die Stadt zwar vorübergehend ins politische Abseits, Ortygia wurde jedoch weiter ausgebaut. Und die Architektur des Barocks veränderte nach dem Erdbeben im Val di Noto von 1693 das Antlitz der Stadt nachhaltig.

Ortygia

Die Insel Ortygia ist nur 1 km lang und knapp 500 m breit und mit dem Festland durch zwei Brücken verbunden. Über die **Ponte Umbertino** gelangen Sie zu den Ruinen des dorischen **Tempio di Apollo** (Apollotempel). Von hier aus führt der **Corso Matteotti** zu Ortygias zentralem Platz, der Piazza Archimede. Einige Meter weiter erreichen Sie die herrliche, offene **Piazza del Duomo**, die von prächtigen Bauten des 17. und 18. Jhs. gesäumt ist: Auf der einen Seite steht der auf dem Fundament des heidnischen Athena-Tempels erbaute **Duomo (Dom)**. Die dorischen Säulen aus dem 5. Jh. v. Chr. sind in die Kathedrale eingegliedert – kaum ein anderes Bauwerk Siziliens illustriert deutlicher die Vielfältigkeit seiner unterschiedlichen Wurzeln und Kulturen. Der Tempel, einer der prächtigsten der Antike, wurde in eine christliche Kirche umgewandelt und 640 zur Kathedrale erhoben. Seine fantastisch ausgeschmückte Fassade wurde nach dem Erdbeben von 1693 ergänzt und steht im Kontrast zur ruhigen Atmosphäre im antiken Inneren. An der Schmalseite der Piazza birgt die Kirche **Santa Lucia alla Badia** die faszinierende Grablege der Hl. Lucia von **Caravaggio**.

Über die Piazza führt eine Straße zur **Fonte Aretusa**, dem Süßwasserbrunnen am Meer, der die ersten Siedler anzog. Dieser kleine mit Papyrus bepflanzte Platz lädt nicht nur die hier lebenden Enten zum Verweilen ein. Kinder lieben das gleich neben der Quelle liegende **Aquarium**. Von hier sehen Sie auch das von Friedrich II. 1239 erbaute **Castello Maniace**. Spazieren Sie im Schatten von Bäumen am Wasser entlang und zurück zum **Museo Regionale**. Eine seiner schönsten Kostbarkeiten ist die heitere *Verkündigung* Antonello da Messinas.

Fonte Aretusa mit seinen Papyruspflanzen

Das Festland

Jenseits des Geschäftszentrums von Syrakus markiert eine Reihe von Steinbrüchen, die Latomien, wie bereits vor über 2000 Jahren die nördliche Stadtgrenze. Unterhalb dieses Gebiets – und etwas abseits der Steinbrüche – befindet sich das antike griechische Tunnelsystem, das der städtischen Wasserversorgung diente. Da in der Antike Bestattungen innerhalb der Stadtgrenzen verboten waren, nutzten sie die ersten Christen als **Katakomben**. Heute werden von der Ruine der Kirche **San Giovanni** aus Führungen durch das unterirdische Labyrinth mit seinen Grabnischen und den Resten der ältesten christlichen Malerei angeboten.

In der Nähe befindet sich das **Museo Archeologico Paolo Orsi** mit einer der besten europäischen Sammlungen griechischer Kunst. Sie beschäftigt sich mit der Geschichte Siziliens vor und während der griechischen Besiedlung. In der Skulpturensammlung sticht die herrliche *Landolina Venus* hervor, die auf dem Museumsgelände gefunden wurde. Es handelt sich bei dieser römischen Kopie um eine betont sinnliche Interpretation der Liebesgöttin. Die dem Meer entsteigende Venus steht in schönem Kontrast zu der profanen Sanftheit einer archaischen Mutter-Gottheit, die ihre Zwillinge stillt. Verpassen Sie auf keinen Fall die Fragmente der strammen wie hochmütigen Kouroi, der griechischen Kriegerstatuen der Archaik (ca. 550 v. Chr.).

Ein kurzer Weg führt vom Museum zum **archäologischen Park der Neapolis**. Hier finden Sie die **Ara di Ierone II** (Altar von Hieron II.) aus dem 3. Jh. v. Chr., das spektakuläre **Teatro Greco**, die **Latomia del Paradiso** (den größten der Steinbrüche) und das römische Amphitheater aus dem

BAEDEKER TIPP

■ Wenn Sie für einen Tagesausflug mit dem Auto nach Syrakus fahren, folgen Sie auf der Ringstraße den Schildern nach Ortygia und stellen das Auto kurz vor der Brücke auf dem bewachten Parkplatz rechter Hand ab.

■ Für eine Übernachtung in Syrakus ist Ortygia mit Abstand der netteste Stadtteil; buchen Sie im Voraus und lassen Sie sich eine Wegbeschreibung zu Ihrem Hotel geben.

■ Die Strecke zum archäologischen Park ist schlecht ausgeschildert und ein Labyrinth aus Einbahnstraßen. Nehmen Sie besser in Ortygia ein Taxi oder den Bus von der Piazza della Posta auf der anderen Seite der Brücke.

■ Besuchen Sie den Park und das Teatro Greco im Sommer in den kühleren Stunden. Die Katakomben schließen mittags für zwei Stunden.

■ Es gibt einen regelmäßigen Busverkehr zu den nahe gelegenen Stränden.

■ Von April bis Oktober können Sie eine für Groß wie Klein spannende 🚸**Hafenrundfahrt** mit der *Selene* machen. Die Abfahrtszeiten erfahren Sie beim Touristenbüro.

■ Besuchen Sie unbedingt auf Ortygia das 🚸**Puppentheater** der Familie Mauceri in der Via della Giudecca (▶122).

Außerdem Die große, moderne Kirche gegenüber vom Museo Paolo Orsi, das Santuario delle Madonna delle Lacrime (Heiligtum der weinenden Madonna), ist eine Huldigung an eine Statue der Jungfrau, die 1953 fünf Tage lang geweint haben soll.

3. Jahrhundert. Die Hauptattraktion, das im 5. Jh. v. Chr. erbaute Teatro Greco, wurde von den Römern in der zweiten Hälfte des 1. Jhs. n. Chr. für Gladiatorenkämpfe umgebaut. 42 der einst 59 Sitzreihen sind erhalten. Bei den Sommerfestspielen werden Konzerte und griechische Tragödien aufgeführt. Sogar ein Flüstern auf der Bühne ist in den oberen Rängen zu hören. Folgen Sie dem Weg durch das Halbrund und hinab zu den Steinbrüchen. Die Parkwege führen Sie zum **Orecchio di Dionisio** (Ohr des Dionysos); die große Höhle verdankt ihren Namen Caravaggio, der von ihrer Akustik beeindruckt war.

KLEINE PAUSE

Wählen Sie die Piazza del Duomo für eine Pause. Probieren Sie das **Caffe del Duomo** (€) gegenüber der Kathedrale oder das **Regina Lucia** (€€/€€€) für eine richtige Mahlzeit.

✚ 211 E3

Servizio turistico provinciale
✉ Via Roma 31 (Ortygia), ☎ 0931 46 42 55; www.siracusaturismo.net
🕑 Mo–Sa 8–20, So 9.30–18.30 Uhr

Duomo (Dom)
✉ Piazza del Duomo ☎ 0931 6 53 28
🕑 tägl. 8–19 Uhr, im Sommer bis 19.45 Uhr, außer während der Gottesdienste ✋ 2 €

Museo Regionale d'Arte Medioevale e Moderna
✉ Via Capodieci 16 ☎ 0931 6 95 11
🕑 Di–Sa 9–19, So 9–13 Uhr ✋ 8 €

Aquarium
✉ Villetta Aretusa al Foro Vittorio Emanuele II ☎ 333 1 67 44 61
🕑 tägl. 10–22 Uhr ✋ 4 €

Catacomba di San Giovanni
✉ Via San Giovanni alle Catacombe
☎ 0931 6 79 55 🕑 tägl. 9.30–12.30, 14.30–16.30/17.30 Uhr ✋ 8 €

Museo Archeologico Paolo Orsi
✉ Viale Teocrito 66 ☎ 0931 48 95 11
🕑 Di–Sa 9–18, So 9–13 Uhr ✋ 8 €

Parco Archeologico della Neapolis
✉ Viale Teocrito ☎ 0931 6 62 06
🕑 April–Okt. tägl. 9–18.30 Uhr ✋ 10 €

Madonna delle Lacrime
✉ Via del Santuario 3 ☎ 0931 2 14 46
🕑 tägl. 7–20 Uhr

Das Orecchio di Dionisio bei Latomia del Paradiso

26 Ragusa

In felsiger Kalksteinlandschaft, in der Oliven, Mandeln und Johannisbrotbäume gedeihen, dehnt sich das fantastische Häusergeflecht von Ragusa und Ragusa Ibla aus. Während Ragusa mit seinem rechtwinkligen Straßenraster eine charakteristische Anlage des 18. Jhs. darstellt, verbindet Ragusa Ibla auf malerische Art sein mittelalterliches Gassenlabyrinth mit der nach dem Erdbeben angelegten Neustadt.

Das charmante Ragusa Ibla hat sich das mittelalterliche arabische Straßenmuster bewahrt

Ragusa Superiore – die Oberstadt

Ragusa Superiore (Oberstadt), das nach dem Erdbeben von 1693 im **Schachbrettmuster** neu angelegt wurde, ist über drei Brücken erreichbar, die sich über die Schlucht von Santa Domenica spannen. Die von monumentalen *palazzi* gesäumte Hauptstraße, der **Corso Italia**, führt hinab in den älteren Stadtteil. Hier dominiert der **Duomo** mit seinem Glockenturm die Szenerie. In seinem Inneren überwältigen der Stuck und die Vergoldungen. Eine weitere Attraktion ist das **Museo Archeologico Ibleo** mit Ausgrabungsfunden aus der Provinz, u. a. dem *Krieger von Castiglione*, einer geschnitzten Grabbeigabe aus dem 7. Jh. v. Chr.

Ragusa Ibla

Nach 1693 planten einige Bürger den Wiederaufbau auf dem höher gelegenen Plateau, die Traditionalisten jedoch bauten die Unterstadt, Ibla, mit ihrem **mittelalterlichen, arabisch inspirierten Grundriss** wieder auf. Schöne **barocke Gebäude** wurden entlang der zerstörten Straßenzüge errichtet – gerade die Mischung aus verwinkelten Gassen und prachtvollen Neubauten macht heute den einzigartigen Charme von **Ragusa Ibla** aus. Von der Oberstadt kommt man über eine Straßenverengung am Ende des Corso Italia zur Kirche **Santa Maria delle Scale** (15. Jh.).

Der Südosten – Syrakus und landeinwärts

Von deren Terrasse hat man einen traumhaften Blick über die Dächer Iblas, des interessanteren Stadtteils Ragusas.

Folgen Sie den Serpentinen des Corso Mazzini oder den 242 Stufen hinab – beides führt Sie letztlich ins Herz Iblas, zur außergewöhnlichen und wunderschönen **Piazza del Duomo**. Der dem hl. Georg geweihte **Duomo di San Giorgio**, ein Meisterwerk des sizilianischen Barocks, wurde von Rosario Gagliardi entworfen (▶ 104). Die dreiteilige Fassade mit ihren riesigen Eisentoren und einer anmutigen Treppe steht quer zur Piazza. Ein weiterer Hingucker von Gagliardi, **San Giuseppe**, befindet sich an der **Piazza Pola**. Dahinter liegt der Park Giardino Ibleo. Sein Eingang befindet sich neben dem Portal der aus dem 15. Jh. stammenden gotischen Kirche **San Giorgio Vecchio**, die als einzige das Erdbeben überdauert hat und das Wahrzeichen Ragusa Iblas ist.

KLEINE PAUSE

Die **Pasticceria Di Pasquale** (Corso Vittorio Veneto 104) gilt als eine der raffiniertesten Konditoreien Italiens. Berühmt ist die Torta Savoia und die salzigen Reis-Arancine.

✚ 210 C2

Servizio Turistico
✉ Via Giordano Bruno, 3
☎ 0932 67 58 37
🕘 Mo–Fr 9–13 Uhr

Ufficio del Turismo
✉ Piazza S. Giovanni
☎ 0932 68 47 80 🕘 Mo–Fr 9–19 Uhr;
www.ragusaturismo.it

Museo Archeologico Ibleo
✉ Via Natalelli ☎ 0932 62 29 63
🕘 tägl. 9–18.30 Uhr ✋ frei

Duomo di San Giorgio
✉ Piazza del Duomo 🕘 tägl.
10–12.30, 16–19 Uhr, im Winter
Sa, So 10.30–12.30, 15–19 Uhr

Die Kuppel des Duomo di San Giorgio

BAEDEKER TIPP

■ Die Straßen in Ragusa sind steil, tragen Sie bequemes Schuhwerk – denn am meisten Spaß macht es, einfach nur in Ragusa herum zu schlendern.

■ Zwischen Ragusa Ibla und der Oberstadt verkehrt alle 30 Minuten ein Bus. Kaufen Sie den Fahrschein vor Fahrtantritt.

■ 16 km südwestlich von Ragusa kurbelt das Schloss 🏰 Donnafugata mit venezianischer Fassade und gotischer Loggia die Fantasie von kleinen Prinzessinnen und Rittern an (Tel. 0932 61 93 33, Sommer Di–So 9–19, Frühjahr und Herbst Di, Do, So 9–13, 14.45–17.30, Mi, Fr, Sa 9–13 Uhr).

27 Caltagirone

Im Hinterland der Südostspitze Siziliens liegt Caltagirone, die »Königin der Hügel«. Die Kirchen, Palais und öffentlichen Gebäude sind aufwendig mit farbenfrohen Keramikfliesen geschmückt, für die das zum Weltkulturerbe zählende Caltagirone so berühmt ist. Blitzblank, geschäftig und wohlhabend präsentiert sich die stolze Stadt als abseits gelegener Geheimtipp.

Der Ort

Der Stadtname setzt sich aus dem arabischen *kalat* für Kastell und *ghiran* für die hier produzierten Keramikgefäße zusammen. Caltagirone gehört zu den **Barockstädten**, die nach dem Erdbeben von 1693 wiederaufgebaut wurden. Vom Fuß des Hügels aus reiht sich vor dem Auge des Betrachters stufenweise die großartige, durch Kuppeln und Türme akzentuierte Architektur des 17. und 18. Jhs. in einem Gewirr von Gebäuden auf. Im Ort kommen Sie aus dem Staunen nicht mehr heraus: Häuser und Türme, sogar Brücken, Straßenschilder und Bänke sind mit herrlich glänzenden **bunten Keramikkacheln** verziert, die dem Städtchen eine heitere Leichtigkeit verleihen.

Caltagirone besichtigen

In der ansprechenden Parkanlage im Tal liegt das **Museo della Ceramica**, das Keramikarbeiten aus ganz Sizilien und allen Epochen zeigt. Zu Fuß der **Via Roma** folgend, gelangen Sie über das wunderbar mit Majolika verzierte Viadukt, dem **Ponte San Francesco** aus dem 18. Jh., ins

Die monumentale Treppe von Santa Maria del Monte, dekoriert mit Blumen

höher gelegene historische Zentrum, zur **Piazza Umberto** und der benachbarten **Piazza del Municipio**, dem Herzen der Stadt. Dazwischen steht der Duomo. Caltagirones eindrucksvollstes Bauwerk ist jedoch die Freitreppe an der Piazza Municipio, die **Scalinata Santa Maria del Monte**. 142 Stufen führen zur gleichnamigen Barockkirche hinauf. Sie sind mit weißen, blauen und grünen Kacheln verziert, von denen keine der anderen gleicht. Vorbei an den zahllosen winzigen Töpfereien gelangen Sie nach oben, wo Sie eine herrliche Aussicht über die Stadt genießen.

Die ursprünglich schmucklosen Stufen wurden bereits im 17. Jh. angelegt, aber erst im Jahr 1954 mit den Kacheln verziert. Besonders faszinierend wirkt die Treppe am 24./25. Juli, wenn sie beim Illuminata-Festival zu Ehren von San Giacomo, dem Schutzheiligen von Caltagirone, mit farbigen Papierlaternen beleuchtet wird.

EINE AUSSTERBENDE KUNST WIRD GERETTET

Die Araber waren die ersten, die den hochwertigen Ton bei Caltagirone entdeckten und verarbeiteten. Ihre Töpfer führten neue Techniken, Farben und Muster ein. Im 16. Jh. war die Stadt für ihre Keramiken berühmt und die Nachfrage aus ganz Italien groß. Alles lief gut – bis zum 19. Jh., als die Töpfereien zunehmend mit preiswerterer Industrieware konkurrieren und Anfang des 20. Jhs. schließlich aufgeben mussten. Pater Luigi Sturzo rettete das Kunsthandwerk, indem er die verbliebenen Handwerker vereinte und sie davon überzeugte, ihre Kenntnisse weiterzugeben. Er gründete eine Keramikschule und wurde Bürgermeister der Stadt. Heute gibt es in Caltagirone wieder über 70 Keramikmeister und Luigi Sturzo ist in ganz Italien bekannt.

KLEINE PAUSE

Suchen Sie sich in der Bar **Giardino Spadaro** (€; Via San Giuseppe) in der Nähe der Scala draußen ein schattiges Plätzchen. Serviert wird eine gute Auswahl Snacks und kalte Getränke.

✝ 210 A3 🛈 Corte Capitaniale
☎ 335 5 79 59 45;
www.comune.caltagirone.ct.it
🕓 Mo–Fr 9–13, 16–19,
Sa 9–13 Uhr

Museo della Ceramica
✉ Via Roma-Giardino Pubblico
☎ 0933 58418 🕓 tägl. 9–18.30 Uhr
✋ 4 €

BAEDEKER TIPP

- Besichtigen Sie vor allem den oberen, älteren Stadtteil, wo die meisten Sehenswürdigkeiten auf Sie warten.
- Die Touristeninformation ist etwas versteckt. Gehen Sie in der Via Volta Libertini durch den Torbogen in den Hinterhof und über die Treppe in den ersten Stock.
- Der **Mostra Mercato Permanente** (Via Vittorio Emanuele, tägl. 9–20 Uhr) bietet Ihnen die beste Auswahl innovativer Keramik.

Nach Lust und Laune!

Catanias Piazza del Duomo mit dem Elefantenbrunnen in der Abenddämmerung

28 Catania

Catania, 729 v. Chr. gegründet, hatte in der Antike seine Blütezeit unter den Römern. Die Stadt, überschattet von der bedrohlichen Allgegenwart des Ätna, wirkt mit ihren Gebäuden aus dunklem Vulkangestein auf den ersten Blick abweisend. Auf den zweiten Blick werden Sie aber die grandiose Barockarchitektur, breiten Boulevards, kosmopolitische Atmosphäre und blühende Unterhaltungsszene genießen. Zudem ist die zweitgrößte Stadt Siziliens ein Shopping-Paradies.

Die von Vulkanausbrüchen und Erdbeben geplagte Stadt wurde im Laufe der Jahrhunderte immer wieder aufgebaut, insbesondere nach dem Erdbeben von 1693, als die Architektur Vaccarinis sie in eine barocke Vorzeigestadt verwandelte. Gut zu sehen ist das auf der Piazza del Duomo mit der **Fontana dell'Elefante**; der kleine Elefant aus schwarzer Lava mit Obelisken auf dem Rücken ziert den Brunnen und ist Symbol der Stadt. Vis-à-vis des Brunnens erhebt sich die herrliche, der Schutzheiligen der Stadt geweihte **Cattedrale di Sant' Agata** (Mo–Sa 7–12, 16–19, So 7.30–12.30, 16.30–19 Uhr). Hinter der Piazza del Duomo erwachen die labyrinthartigen Straßen jeden Morgen mit dem quirligen Fischmarkt zum Leben. Zwei der Hauptstraßen – Via Garibaldi und Via Vittorio Emanuele – gehen von der Piazza ab. Im Süden erhebt sich das riesige **Castello Ursino** mit dem **Museo Civico** (Mo–Sa 9–19, So 9–13 Uhr). Nördlich von der Via Vittorio Emanuele finden Sie das **Teatro Romano** (tägl. 9–19 Uhr) und das **Museo Belliniano** (tägl. 9–13 Uhr), das Catanias großem Komponisten gewidmet ist. Ganz in der Nähe liegt das **Teatro Massimo Bellini**, das 1890 mit Vincenzo Bellinis Oper *Norma* eröffnet wurde. Es zählt zu den schönsten Opernhäusern Europas und hat eine hervorragende Akustik. Vom Duomo aus führt die von Boutiquen gesäumte **Via Etnea** mit Blick auf den Vulkan in der Ferne nordwärts. Ein Spaß für die ganze Familie ist eine Stadtrundfahrt mit dem 🚂 **Trenino turistico**, der vom Domplatz abfährt und Attraktionen wie das **Anfiteatro Romano** (2. Jh. n. Chr.; Di–Fr 9–13.30, 14.30–18, Sa 9–13.30 Uhr) ansteuert.

✚ 211 D5 ℹ Info Point, Palazzo Minoriti, Via Etnea 63/65 ☎ 095 4 01 40 70; http://turismo.provincia.ct.it 🕙 Mo–Sa 8–14, 14.30–17 Uhr

Blick von oben auf die Stadt Modica an einem steilen Berghang

29 Riserva Naturale di Vendicari

Wenn Sie sich an der barocken Pracht sattgesehen haben und sich nach Sand, Meer und Ruhe sehnen, fahren Sie in das Riserva Naturale di Vendicari, ein Naturreservat an der Küste südöstlich von Noto. Die flache, naturbelassene Küste ist von **drei Lagunen** umgeben. Die weichen Sandstrände und das ruhige, plätschernde Meer sind ein Genuss. Vogelfreunde lieben die Lagunen, die im Frühling den Zugvögeln als wichtiger Futterplatz dienen. Hier können Sie die heimischen Flamingos beobachten. **Pfade** führen durch die Dünen und das Marschland. Es duftet nach Eukalyptus und den würzigen Kräutern der Macchia. Unser Tipp: Machen Sie ein Picknick und entspannen Sie sich!

⊞ 211 D1 ✉ Haupteingang: Pantano Grande (an der SP19 Pachino, 12 km südlich von Noto) ☎ 0931 83 66 48; www.parks.it/riserva.oasi.vendicari ⊕ immer geöffnet ✋ frei; Parken 3 €

30 Modica

Modica, eine der Barockstädte, die nach dem Erdbeben von 1693 erbaut wurden, liegt tief im Tal zwischen steilen Kalksteinhügeln. Es teilt sich in Modica Bassa, die Unterstadt, und Modica Alta, die Oberstadt. Die Häuser klettern förmlich an den steilen Hängen empor, die Hauptstraßen sind breit und elegant. Der Corso Umberto I und die Via Giarratana wurden nach einer verheerenden Überschwemmung im Jahr 1902 über die dann trocken gelegten Bachläufe gebaut. Die wichtigen Bauten finden Sie entlang des Corsos: Prächtige Barockkirchen, wie die **Santa Maria delle Grazie** (1624), und schöne *palazzi* aus dem 18. Jahrhundert. Eine Treppe führt zu **San Pietro** (1698) und weiter über etwa 250 Stufen zur großartigen **San Giorgio**, dem Stolz der Stadt. Ihre herrlich verzierte Fassade wird von einem Glockenturm gekrönt, der zu den schönsten Siziliens gehört.

⊞ 210 C2 🏠 Corso Umberto I 141 ☎ 0932 75 92 04; www.modicaonline.it ⊕ Mo–Fr 8–13.30, Sa 9–13, Mo–Sa 15.30 bis 19 Uhr, Winter verkürzte Öffnungszeiten

31 Marina di Ragusa

Das ehemalige Fischerdorf an der Südostküste verzeichnet im Sommer einen dramatischen Bevölkerungsanstieg – dann bietet das lebhafte Resort zahlreiche Wassersportmöglichkeiten. Der lange Sandstrand wird von einem

Madre di Santa Maria delle Stelle, Comiso

Wachturm aus dem 16. Jh. überragt. Hier gibt es auch zahlreiche gute Restaurants, Cafés und Bars. Außerdem steht das Resort mit der beliebten Fernsehserie *Il Commissario Montalbano* in Verbindung, die auf den Romanen von Andrea Camilleri basiert. In deren Mittelpunkt steht Kommissar Montalbano, den sein ausgeprägter Sinn für Gerechtigkeit und seine Liebe zur sizilianischen Küche prägen. Marina di Ragusa war häufig Schauplatz der Dreharbeiten zur Serie.
✚ 210 B1

32 Comiso

Etwas zurückhaltendere barocke Impressionen liefert das kleinen Comiso, das nach dem Erdbeben von 1693 wieder aufgebaut wurde. Es verfügt noch über sein mittelalterliches **Kastell**, das die einflussreiche Lehensfamilie Naselli erbauen ließ. Ein Geheimtipp! Se-henswert ist Santissima Annunziata (1772–1793) mit ihrem schönen blauen Kuppeldach; sie erreichen sie über eine imposante Treppe. Von hier aus geht es bergab zur Kirche **Santa Maria delle Stelle**. Die Römer nutzten die nahe gelegenen Gewässer, die den Brunnen auf der Piazza Fonte Diana speisen, zur Versorgung ihrer Thermen. Comiso ist auch der Geburtsort des Schriftstellers Gesualdo Bufalino (1920–1996), einer der bedeutendsten zeitgenössischen Autoren Italiens. Seine Bibliothek befindet sich in der alten Markthalle.
✚ 210 B2

33 Grammichele

Das Barockstädtchen Grammichele wurde nach dem Erdbeben von 1693 von Flüchtlingen gegründet. Man müsste sich in die Vogelperspektive begeben, um einen Überblick über die Stadtanlage zu bekommen, die perfekt einem regelmäßigen Sechseck gleicht. Vom zentralen Platz, der ebenfalls die Form eines Sechsecks hat, gehen durch die Mitte der sechs Seiten sechs axiale Straßen aus. Der beste Weg, um sich diesen Grundriss zu veranschaulichen, liegt im Herzen dieser beeindruckenden Piazza. Ein Stadtbummel macht die Regelmäßigkeit der Planung noch deutlicher. Heute ist dieser brillante Grundriss das einzig Sehenswerte des sonst erstarrten Provinzstädtchens im Süden Siziliens.
✚ 210 B3

👥 REZEPTE GEGEN LANGEWEILE

Hauptattraktion für Kinder im Südosten ist **Syrakus** – eine quirlige Stadt mit nahe gelegenen **Stränden** und den gruseligen Katakomben. Kaufen Sie in einem Andenkenshop eine sizilianische Maultrommel (*marranzanu*) und üben Sie mit den Kleinen. In Belpasso (✚ 210 C5) lockt der Vergnügungspark **Etnaland** mit Wasserrutschen und Saurierstatuen (April–Okt. geöffnet, www.etnaland.eu, 20/25 €). **Catanias** quirlige Märkte faszinieren auch *bambini*, im vorbildlich kinderfreundlichen **Noto** stromern auch die Kleinen umher. Mehr Spaß bietet aber wahrscheinlich der **Strand bei Vendicari**. Und kleine Leckermäuler kommen in **Modica** auf ihre Kosten, das berühmt ist für seine Schokolade nach Rezepten aus dem 16. Jahrhundert.

Wohin zum ...
Übernachten?

Preise
für ein Doppelzimmer pro Nacht:
€ unter 130 €   €€ 130–230 €   €€€ über 230 €

SIRACUSA

Grand Hotel €€/€€€
Das Nobelhotel im Stil des Art déco mit Blick über den Porto Grande erinnert an die alte Zeiten. Es wartet mit einer dezenten, klassischen Einrichtung, großen Zimmern und einem professionellen Service auf. Die Zimmer haben teilweise Meerblick, den alle Gäste auch im Restaurant mit der Dachterrasse genießen können. Im Sommer Shuttle zum hoteleigenen Strand.
✚ 211 E3 ✉ Viale Mazzini 12
☎ 0931 46 46 00; www.grandhotelortigia.it

Gutkowski €
Die hübsche blau-weiße Fassade bietet einen Vorgeschmack auf das freundliche und wahrscheinlich einzige Boutiquehotel in Syrakus. Das kühle und moderne Dekor der lichtdurchfluteten Zimmer – einige davon behindertengerecht eingerichtet – ist schlicht und elegant. Im Foyer setzt sich der unaufdringliche Chic fort. Das Frühstück wird auf der Dachterrasse serviert.
✚ 211 E3 ✉ Lungomare Vittorini 26
☎ 0931 46 58 61; www.guthotel.it

Roma 1880 €€
Das 1880 erbaute Hotel im Herzen Ortygias wurde kürzlich umfassend renoviert. Die hellen und großzügigen Zimmer – einige behindertengerecht eingerichtet – sind in kühlen Creme- und Blautönen gehalten. Viele haben schmiedeeiserne Balkone mit Blick über die Altstadt. Das Hotelrestaurant Minosse ist eines der besten in ganz Syrakus. Abholservice vom Flughafen Catania und hoteleigene Garage.
✚ 211 E3 ✉ Via Roma 66 ☎ 0931 46 56 30; www.hotelromasiracusa.it

NOTO

B&B Montandòn €
Ein Palazzo mit Garten und Dachterrasse mit atemberaubendem Blick auf die Altstadt. Mountainbikes und sorgfältige Ausflugstipps sorgen für ein aktives Urlaubserlebnis mit gepflegtem Standquartier.
✚ 211 D2 ✉ Via A. Sofia 50
☎ 0931 8 36 3 89; www.b-bmontandon.it

RAGUSA

Il Barocco €
Der Zugang zu dem hübschen Hotel im Herzen von Ragusa Ibla führt über den Innenhof, in dem Sie auch einen Drink nehmen oder im Sommer frühstücken können. Die Zimmer sind einfach und gemütlich eingerichtet, viele haben Balkon. Nur einen Katzensprung vom Marktplatz und dem Dom entfernt.
✚ 210 C2 ✉ Via S Maria la Nuova 1, Ragusa Ibla ☎ 0932 66 31 05; www.ilbarocco.it

Locanda Don Serafino €€€
Das schicke Edelhotel ist in einem Stadthaus aus dem 18. Jh. untergebracht. Die alten Steinmauern sind unverputzt belassen, die Einrichtung ist gemütlich. Familie Rosa kümmert sich mit großem Einsatz und bis ins kleinste Detail um die Gäste.
✚ 210 C2 ✉ Via XI Febbraio 15, Ragusa Ibla
☎ 0932 22 00 65; www.locandadonserafino.it

CATANIA

Palazzu Stidda €
Wohnen beim Bildhauer. Familienfreundliches B & B in der Altstadt, zwischen Fischmarkt und Castello Ursino gelegen. Früh buchen!
♱ 211 D5 ✉ Vicolo della Lanterna 5
☎ 095 34 88 26; www.palazzu-stidda.com

MODICA

Casa Talía €€
Slow living: mediterranes Gartenparadies mit Panoramablick auf das faszinierende Geflecht der Altstadt. Zehn Zimmer, zwei Chalets: eine Pension mit Charme!
♱ 210 C2 ✉ Via Exaudinos 1/9
☎ 0932 75 20 75; www.casatalia.it

MARINA DI NOTO

Hotel Jonio €
Das attraktive, familiengeführte Hotel liegt nur 10 Minuten vom historischen Zentrum entfernt in Noto Marina. Direkt gegenüber liegt der Sandstrand. Das Hotel hat eine große Terrasse und Parkmöglichkeiten. Alle Zimmer haben Balkone und geräumige Badezimmer. Restaurants sind in wenigen Minuten zu Fuß erreichbar.
♱ 211 D2 ✉ Viale Lido I, Marina di Noto
☎ 0931 81 20 40; www.hoteljonio.eu

Wohin zum …
Essen und Trinken?

Preise
für ein Drei-Gänge-Menü mit Wein:
€ unter 20 €   €€ 20–35 €   €€€ über 35 €

SIRACUSA

Anima Sicula €/€€
Siziliens Seele! Das junge Wirtepaar Stefania und Daniele verfolgt in seiner heiteren Osteria ein ehrgeiziges Ziel: La Sicilia in bocca – Siziliens Geschmacksvielfalt auf den Gaumen zaubern. Dabei setzt es lieber auf täglich wechselnde Gerichte als auf Standardspeisekarten, wenn der Küche auch ein Klassiker wie *spaghetti alle vongole* mit fangfrischen Venusmuscheln besonders gut gelingt. Besonders sympathisch: Für Kinder unter 6 Jahren gibt es ein spezielles mehrgängiges Kindermenü für 5 €.
♱ 211 E3
✉ Via della Dogana 5, Ortygia
☎ 327 5 44 05 00 oder 346 6 23 04 28; www.animasicula.it
🕒 Di–So 12.30–15, 19.30–22 Uhr

Il Cenacolo €€€
Im Sommer das einzige Restaurant auf Ortygia, in dem Sie im Grünen essen können. Es wird ausschließlich sizilianisch gekocht, es gibt z. B. *caponata* (Gemüse-Eintopf), Pasta mit Venusmuscheln und Seeigel sowie den aus dem westlichen Teil Siziliens stammenden Fisch-Couscous. Abends ist der Pizzaofen in Betrieb. Gelegentlich gibt es Musikabende mit Gesang – touristisch, aber amüsant.
♱ 211 E3 ✉ Via del Consiglio Reginale 10
☎ 0931 6 50 99 🕒 Mai–Sept. tägl. 13–14.30, 19.30–22 Uhr; Okt.–April Mi, Mitte Jan.–Mitte Feb. komplett geschl.

Don Camillo €€€
Camillo Guarneri, der mit Michelin-Sternen geadelte Küchenchef dieses berühmten Restaurants, nimmt seinen Job sehr ernst. Berühmt ist

er für die Pasta und die gekonnt zubereiteten *secondi*. Probieren Sie z. B. die *zuppa di mucco*, eine duftende Brühe mit winzigen Fischen. Umfangreiche Weinkarte. Reservierung unabdingbar.

➕ 211 E3 ✉ Via Maestranza 96 ☎ 0931 6 71 33; www.ristorantedoncamillo siracusa.it ◷ Mo–Sa 13–14.30, 19.30–22 Uhr; Feb. u. Juli jeweils 1 Woche geschl.

La Cantinaccia €€

Das bodenständige, preiswerte und gute Restaurant öffnet im Sommer seine Veranda mit Meerblick. Fangfrischer Fisch prägt die Speisekarte, für Fleischliebhaber gibt es Gerichte mit Kalb, Huhn und Steak. Wer mit den Antipasti startet und danach Pasta oder einen der Salate wählt, hat noch Luft für eine *cassata* oder ein *cannolo*.

➕ 211 E3 ✉ Via XX Settembre 13 ☎ 0931 6 59 45, www.ristorantelacantinaccia. it ◷ Mi–Mo 11.30–15, 18.30–24 Uhr

La Foglia €€

Die Kunstwerke, die dieses Restaurant schmücken, sind die Arbeiten von Vater und Tochter; in der Küche führt *mamma* das Zepter. Vegetarier lieben dieses Lokal für seine Suppen, die aus frischen saisonalen Zutaten zubereitete Pasta und Leckereien aus Linsen und Kichererbsen. Es gibt fein zubereitete Hauptgerichte mit Fisch und Fleisch und hausgemachte Desserts.

➕ 211 E3 ✉ Via Capodieci 21 ☎ 0931 6 62 33; www.lafoglia.it ◷ tägl. 13–14.30, 19.30–21.30/22 Uhr

👫 Bar Gelateria Constanza €

Die beste Eiscreme weit und breit! Neben Klassikern wie Kaffee, Vanille, Schokolade und Fruchtsorten wie die heimische Orange sollten Sie auch die Hausspezialitäten probieren: Johannisbrot von den Bäumen der Region, die saisonale Kaktusfeige und ein erstklassiges mit Jasminblüten aromatisiertes Maulbeereis.

➕ 211 D2 ✉ Via Silvio Spaventa ☎ 0931 83 52 43 ◷ tägl. 8–22 Uhr

Trattoria del Carmine €

Ein familiengeführtes Restaurant, dessen Küche bis in den Nachmittag geöffnet ist. Mittags gibt es hervorragende Pasta, Kaninchen und Gegrilltes. Spartanisches Interieur.

➕ 211 D2 ✉ Via Ducezio 1 ☎ 0931 83 87 05; www.trattoriadelcarmine.it ◷ Di–So 11–16, 18–22 Uhr

Vicari €€

Ricotta-Mandel-Ravioli, Kalbssteak mit Orangensalat oder Johannisbrot-Halbgefrorenes. Die Slow-Food-Osteria bemüht sich um Produkte von regionalen Bauern und Fischern.

➕ 211 D2 ✉ Ronco Bernardi Leanto 9 ☎ 0931 83 93 22; www.ristorantevicari.it ◷ Di–So 12–15, 19.30–22 Uhr, Juli–Sept. auch Mo

Duomo €€€

In einem stattlichen Barock-Palazzo genau gegenüber dem Dom befindet sich Ragusas feinstes Restaurant. Passend zum Ambiente wird kreatives Essen elegant serviert. Ciccio Sultanos Küche setzt ihren Akzent auf moderne, kreative Interpretationen sizilianischer Klassiker.

➕ 210 C2 ✉ Via Capitano Bocchieri 31, Ragusa Ibla ☎ 0932 65 12 65; www.cicciosultano.it ◷ Mo 19.30–23, Di–Sa 12–16, 19.30–23 Uhr, 7. Jan.–Anf. März geschl.

Konza €

»Pizzoleria«, die auf die Qualität des Belags achtet: Caciocavallo-Käse, sizilianische Salami und Oliven, eigenes Öl. Stylisher Treff.

➕ 210 C2 ✉ Via M. Coffa 9 ☎ 0932 68 65 61; www.konza.it ◷ tägl. 19.30–23.30 Uhr

Locanda Don Serafino €€€

In diesem eleganten und dennoch intimen Restaurant in der Altstadt essen Sie in den alten Ställen des

Palazzo oder unter freiem Himmel. Chef Vincenzo Candiano hat sich bereits zwei Michelin-Sterne erkocht. Seine Menüs bestehen aus leichten, traditionellen Speisen, die aus regionalen Zutaten zubereitet sind. Umfangreiche Weinkarte.
✠ 210 C2 ✉ Via Avv. Giovanni Ottaviano 13, Ragusa Ibla ☎ 0932 24 87 78; www.locandadonserafino.it
🕓 Mi–Mo 12–14.30, 19.30–21.30 Uhr; im Jan. und Nov. jeweils 2 Wochen geschl.

Orfeo €€

Genießen Sie hier das Beste der edlen Küche Ragusas. Sie haben die Wahl zwischen hausgemachter Pasta und einfachem, gegrilltem Fleisch oder Fisch. Art-déco-Lokal mit gut betuchter Stammklientel.
✠ 210 C2 ✉ Via Sant'Anna 117, Ragusa Superiore ☎ 0932 62 10 35
🕓 Mo–Sa 12–14.30, 19.30–21.30 Uhr

CALTAGIRONE

La Scala €€

Die berühmten Treppen der Stadt dienen als Kulisse für das angesehene Restaurant, das in zwei Räumen eines Palazzo aus dem 18. Jh. untergebracht ist. Im Sommer können Sie im Innenhof essen. Ein Flusslauf unter dem Boden ist durch Glasscheiben zu sehen. Es erwartet Sie gute sizilianische Küche, die frische Produkte verarbeitet, und eine Fülle von Pizzas.
✠ 210 A3 ✉ Scalinata Santa Maria del Monte 8 ☎ 0933 5 77 81 🕓 Do–Di 12–14.30, 19.30–21.30 Uhr

CATANIA

Il Sale €€

Das angesagte *Art Cafè* in einer szenigen Gasse hinter der Via Etnea hat sich auf Degustationen sizilianischer Rohmilchkäse, regionaler Salamis und Schinken und Ätna-Weine spezialisiert.
✠ 211 D5 ✉ Via Santa Filomena 10/12 ☎ 095 31 68 88, www.ilsaleartcafe.com
🕓 Mi–Mo 20–0.30 Uhr

Wohin zum … Einkaufen?

Catania bietet Shopping-Vergnügen für alle Geschmäcker. In den Geschäften um die Via Etnea wird **Alta Moda** angeboten. Ganz in der Nähe der Haupteinkaufsstraße liegt der farbenfrohe Markt **Fera o Luni** (Piazza Carlo Alberto). Auch den Morgenmarkt **Pescheria**, der an der Südwestecke der Piazza del Duomo beginnt, sollten Sie nicht verpassen. Der Fischmarkt gehört zu den malerischsten des gesamten Mittelmeerraums. Es gibt auch Produkte wie Schafskäse mit Pfefferkörnern, Feigenkakteenextrakt oder Waldhimbeeren. Mutige gönnen sich auf dem Markt einen Muschelsnack oder schlürfen das blutrote Fleisch von Seeigeln (*ricci di mare*).

Eine Fundgrube für elegantes oder preisgünstiges Design made in Italy stellt die schnurgerade **Via Etnea** dar. Hier sind nicht nur internationale Labels versammelt, sondern zwischen eleganten *Gran caffès* locken auch Boutiquen von einheimischen Designern. Ein Geheimtipp ist eine der Fashion Shows in historischen Palazzi von **Marella Ferrera** (Showroom Viale XX Settembre 25; www.marellaferrera.com). Die Stardesignerin verwebt keck patriotisch Lavabrocken und polierte Keramikscherben in ihre Ball- und Brautkleider.

Im florierenden **Syrakus** finden Sie jede Menge Einkaufsmöglichkeiten. Die meisten Geschäfte liegen auf Ortygia. Der **Markt** (in der Nähe vom Tempio di Apollo, Mo–Sa vormittags) eignet sich zum Einkaufen von Souvenirs, ebenso das Papyrus-Atelier von **Flavia Massara Marotta** (Galleria Bellomo, Via Capodieci 47, Tel. 0931 6 13 40) bei der Arethusa-Quelle. Auf dem **Corso Mateotti** gibt es mehrere interessante Geschäfte, wie das **Salmoiraghi e Vigano** (Nr. 84, Tel. 0931 6 95 81) mit seiner sehr guten Auswahl an Sonnenbrillen. Gegenüber finden Sie bei **Carpentieri** (Nr. 17/19, Tel. 0931 6 78 32) Lederwaren aller Art. An einer anderen Stelle von Ortygia liegt **Il Gusto dei Sapori Smarriti** – der Geschmack verlorener Aromen (Piazza C Battisti 4, Tel. 0931 6 00 69) – das mehr der Höhle Aladins als einem Delikatessengeschäft gleicht.

Le antiche Siracuse (Via Roma 21, Tel. 0931 46 13 65) führt das Kosmetik- und Duftölsortiment der Florentiner Firma Ortigia (www. ortigiasicilia.com), die sizilianische Essenzen verwendet und am Kurfürstendamm in Berlin eine Edel-Dependance betreibt. Außergewöhnlichen Schmuck finden Sie bei **Riccioli Salvatore** (Via dei Mille 3, Tel. 0931 6 54 44), der auch den seltenen Bernstein der Gegend verarbeitet. Ein Geheimtipp für hochkarätigen Designerschmuck ist **Circo Fortuna** (Via dei Tolomei 20, Tel. 0931 1 85 02 86). Die Besitzerin Caroline van Riet betreibt auch ein charmantes B & B.

Noto ist für seine schmiedeeisernen Arbeiten bekannt. Wer Keramik liebt, sollte bei **Giuspino** (Corso V. Emanuele 98) vorbeischauen. Aus Ragusa stammen hochwertige Stickereien, aus Modica leckere Schokoladen. Besuchen Sie den ältesten Chocolatier, **Antico Dolceria Bonajuto S** (Corso Umberto 159, Tel. 0932 9 41 22 25) – ob süß oder würzig, die Schokolade ist immer köstlich. In Caltagirone erhalten Sie in zahlreichen Geschäften Keramik – viele liegen an der Scala Santa Maria del Monte oder bei der Galleria Luigi Sturzo. Weitere Einkaufsmöglichkeiten sind **Ceramiche Lory** (Via Amedeo 2, Tel. 0933 5 77 74) und **Giorgio Alemanna** (Via Amedeo 14/16, Tel. 0933 2 26 86), beide sind spezialisiert auf Reproduktionen des 16., 17. und 18. Jahrhunderts.

Wohin zum ... Ausgehen?

Der Hotspot für einen gepflegten Sundowner sind die Bars und Ristoranti an der schick hergerichteten Uferpromenade am Großen Hafen Syrakusas, die von der Arethusa-Quelle zum Castello Maniace führt.

Internationale und einheimische Regisseure präsentieren Mitte Juli ihre neuesten Werke beim **Ortigia Film Festival** (www.ortigiafilm festival.it). Ebenfalls im Sommer werden in der Neapolis im Teatro Greco und im Anfiteatro Romano **klassische griechische Dramen** auf Italienisch mit klassischen Kostümen und einem griechischen Chor auf die Bühne gebracht (www.indafondazione.org, Tel. 800 54 26 44, gebührenfrei).

Lassen Sie sich auch von den hinreißenden Marionettenvorführungen im **Marionettentheater** der Familie Mauceri begeistern. Ebenso faszinierend ist ein Besuch der **Puppenwerkstatt** und des **Marionettenmuseums** (alle Via Giudecca, Ortygia, Tel. 0931 46 55 40, www. pupari.com, Mo–Sa 11–13, 16–18, Juni–Aug. 11–18 Uhr).

In der Stadt gibt es viele **Nachtbars mit Livemusik** – klicken Sie auf www.siracusanews.it für den kompletten Spielplan.

Catania bietet das ganze Jahr über das lebendigste Nachtleben Siziliens. Viele Bars und Pubs im Studentenviertel um die Via Vasta und Piazza Bellini haben bis spät in die Nacht geöffnet.

In **Noto** ist wenig geboten, aber ein abendlicher Spaziergang durch die Straßen entlang der angestrahlten Prachtbauten ist ein Muss.

Ragusa Ibla sieht nachts ebenfalls atemberaubend aus. Immer im Juli findet **Caltagirones wichtigstes Fest** statt (➤ 114).

Das Inselinnere und die Südküste

Kleine Erlebnisse

Mercato di Caltanissetta
Siziliens **urigster Markt** (➤ 140) – mit manchem Gastarbeiter können Sie auch auf Schwäbisch oder Ruhrdeutsch parlieren.

Templi illuminati
Ein **Abendspaziergang** zu den angestrahlten Tempeln von Agrigent (➤ 128; www.parco valledeitempli.it) wird unvergesslich bleiben.

Der Garten Eden
Im **Giardino di Kolymbethra** hinter dem Zeustempel in Agrigent (➤ 130; www.fondo ambiente.it) wachsen Agrumen und Bananen.

Erste Orientierung

Zwischen dem menschenleeren, rauen Inselinneren und dem geschäftigen Treiben der Küstenstädte und Badeorte liegen Welten. Wenige vereinzelte, steinige Städtchen und Dörfer liegen weit voneinander entfernt in der ausgedehnten Landschaft, über der im Sommer die Hitze flimmert.

So schön das Inselinnere im Frühling ist, wenn die Hügel grün und die Felder mit Blumen überzogen sind, so ausgetrocknet und leblos ist es im Sommer: Eine einsame Welt, in die sich nur wenige Touristen verirren. Zwei Sehenswürdigkeiten lohnen jedoch einen Besuch: Die schon von Weitem auf ihrem Felsen zu erkennende Stadt Enna, der »Nabel Siziliens«, und die fantastischen Mosaiken in der Villa Romana del Casale, einem palastartigen römischen Landsitz aus der Spätantike. An den langen, menschenleeren Stränden der Südküste voller Denkmäler der Antike setzt sich diese Einsamkeit fort. Besuchen Sie die fünf Tempel in Agrigent, die zweifelsohne zu den schönsten griechischen Sehenswürdigkeiten der Insel gehören.

Westlich von Agrigent bauten die Griechen ein Theater auf eine Klippe über dem Strand in die Kiefernwälder von Eraclea Minoa. Ein bezaubernder Ort, dessen Stille im Kontrast zum Trubel von Sciacca steht. Die florierende Stadt lebt vom Fischfang, Töpferei und von ihren Heilquellen. Von der Küste führen mehrere einsame Straßen ins Landesinnere zu verschlafenen, typisch sizilianischen Städtchen wie Corleone, Caltanissetta und Piazza Armerina. Corleone war untrennbar mit der Mafia verbunden, Caltanissetta ist die größte Stadt abseits der Küste und Piazza Armerina ist eine reizende alte Siedlung nahe den römischen Mosaiken von Casale. Folgen Sie der Küste südwärts, gelangen Sie nach Licata, einem geschäftigen Fischerhafen an der Mündung des Salso.

TOP 10

⭐ **3** Agrigento ➤ 128
⭐ **7** Villa Romana del Casale ➤ 134

Nicht verpassen!

34 Enna ➤ 137

Nach Lust und Laune!

35 Piazza Armerina ➤ 140
36 Caltanissetta ➤ 140
37 Licata ➤ 141
38 Eraclea Minoa ➤ 141
39 Sciacca ➤ 142
40 Corleone ➤ 142

Enna thront hoch oben auf einem Felsen

Der Herkulestempel von Agrigent

In vier Tagen

Vier Tage sollten Sie einplanen, um das Inselinnere und die Südküste Siziliens zu erkunden. Folgen Sie unserem Tagesplan, damit
Sie kein Highlight verpassen. Weitere Informationen finden Sie
unter den Haupteinträgen (➤ 128ff).

Erster Tag
Vormittags
Von der Südküste aus fah-
ren Sie auf der N117 nach
Norden in Richtung **35 Piazza Armerina** (➤ 140) und
folgen der Beschilderung
zur **7 Villa Romana del
Casale** (rechts; ➤ 134) im
Süden der Stadt (bzw. den
Schildern *mosaici*). Nehmen Sie sich für die Mosaiken einige Stunden Zeit,
bevor Sie zum Mittagessen
ins Zentrum von Piazza
Armerina zurückfahren.

Nachmittags
Folgen Sie der N117 für 8 km und biegen links nach **34 Enna** (➤ 137)
ab. Die Straße führt bergauf durch Kiefern-, Laub- und Eukalyptuswälder.
Noch vor dem ersten Spaziergang zur Orientierung sollten Sie Ihre Übernachtung buchen.

Abends
Genießen Sie Ennas herrlich belebte *passeggiata*, die am Aussichtsturm
auf der Piazza Francesco Crispi endet. Von hier aus hat man einen traumhaften Blick über das Tal bis zur kleinen Ortschaft Calascibetta und den
dahinter liegenden Bergen.

Zweiter Tag
Vormittags
Entdecken Sie **Enna zu Fuß**
(➤ 184), genießen Sie die Aussicht von der Burg.

Nachmittags und Abends

Verlassen Sie Enna in Richtung Südwesten nach **36 Caltanissetta** (➤ 140). Machen Sie hier entweder einen Zwischenstopp oder fahren Sie einfach weiter auf der N640, um am späten Nachmittag in **3 Agrigento** (➤ 128) die Küste zu erreichen, wo Sie die nächsten zwei Nächte bleiben. Sie sollten noch genug Zeit haben, um die Via Atenea entlangzuschlendern und auf mittelalterlichen Sträßchen einen Spaziergang zum höchsten Punkt der Stadt zu unternehmen.

Dritter Tag

Vormittags

Starten Sie früh ins **Valle dei Templi** (links; ➤ 130), bevor der Andrang überhandnimmt. Verbringen Sie den Vormittag im Tempelbereich. Beginnen Sie in der **östlichen Zone** und arbeiten sich in den **westlichen Bereich** vor.

Nachmittags

Gehen Sie nach dem Mittagessen auf den Berg zum **Museo Regionale Archeologico** (➤ 130), das eine wunderbare Sammlung von Funden aus Agrigent und Umgebung besitzt und eine Vorstellung vom früheren Tempelbereich vermittelt. Die **Tempel** sind nachts herrlich angestrahlt.

Vierter Tag

Vormittags

Nehmen Sie die N115 nach **38 Eraclea Minoa** (➤ 141) und besichtigen Sie dort das **Griechische Theater**, bevor Sie zum Baden einen Abstecher an den idyllischen Strand (unten) machen.

Nachmittags

Im Westen liegt **39 Sciacca** (➤ 142); wer **handgemachte Keramik** kaufen will, sollte sich hier umschauen. Sie können eine Rast einlegen oder ein Stück ins Inselinnere nach **40 Corleone** (➤ 142) fahren, bevor Sie nach Sciacca zurückkommen.

★3 Agrigento

Die griechischen Tempel in Agrigent, dem antiken Akragas, reihen sich wie Perlen einer Kette auf einem Höhenzug über dem Meer aneinander. Sie gelten als die besterhaltenen in Italien und sind mit denen in Griechenland vergleichbar. Die antiken Tempelanlagen – heute von Oliven- und Mandelbäumen umgeben – zeugen noch immer von der Genialität ihrer Erbauer und dem Glanz der griechischen Stadtstaaten auf Sizilien. Über dem antiken Akragas thront das heutige Agrigent mit seinem mittelalterlichen Stadtkern und allen Annehmlichkeiten eines geruhsamen Provinzlebens.

Akragas wurde um 580 v. Chr. als Kolonie von Gela im Zuge der griechischen Westexpansion gegründet – die Gründung ging mit der Gräzisierung der Bevölkerung einher. Auf einem **Plateau zwischen den Flüssen** Akragas (San Biagio) und Hypsas (Sant'Anna) gelegen, wurde die antike Siedlung im Norden und Süden von zwei Höhenrücken begrenzt. Auf dem nördlichen liegt heute der **neue Stadtteil**, auf dem **südlichen** die **griechischen Tempel**. Von Beginn an florierte die Stadt. Kriegs- und Handelsgewinne machten sie reich und führten zu einem regen Ausbau. Trotzdem garantierte ihr märchenhafter Reichtum zu keiner Zeit das Überleben. Akragas wurde von Karthagern belagert, von Römern gebrandschatzt und von Sarazenen und Normannen geplündert. Seinen Top-Rang unter Siziliens Sehenswürdigkeiten verdankt Agrigent der Altertumsforschung des 18. und 19. Jahrhunderts.

Der Ort

Der **mittelalterliche Stadtkern** von Agrigent ist zwar von hässlichen Neubauten umgeben, aber selbst sehr charmant. In seinem Zentrum befindet sich die **Via Atenea** und die **Piazza Aldo Moro** mit der Purgatorio-Kirche aus dem 17. Jahrhundert. Treppen und Gassen führen zum höher gelegenen Ortsteil mit der Kirche **Santa Maria dei Greci**, die auf einem Tempel aus dem 5. Jh. v. Chr. errichtet wurde. Ganz oben auf dem Hügel, der mit weiß getünchten Häusern übersät ist, steht an einer großen Piazza der einsturzgefährdete **Duomo**.

Die Perle von Agrigent – die klassischen Linien des Concordiatempels

Das Inselinnere und die Südküste

Valle dei Templi – das Tal der Tempel

Das Tal der Tempel ist nicht wirklich Tal, sondern liegt auf einem niedrigen Höhenrücken. Es teilt sich in **zwei Zonen** östlich und westlich der aus Agrigent heranführenden Straße. Sie sollten im östlichen Teil des Parks beginnen und der **Via Sacra** folgen. Als erstes erreichen Sie den um 500 v. Chr. erbauten **Heraklestempel**, den ältesten Tempel des Tals. Auf einer Länge von 67 m stehen noch acht Säulen. Es folgt das Kronjuwel Agrigents, der beeindruckend klare und harmonische **Concordiatempel**. Ursprünglich war er wie alle Tempel der Umgebung mit Stuck verkleidet und mit kräftigen Farben bemalt. Seinen sehr guten Zustand verdankt er San Gregorio delle Rape (Bischof Gregorius von Agrigentum, wörtlich: »von den Rüben«), der ihn im 6. Jh. in eine Kirche umwandeln ließ. Das sicherte sein Überleben als **einer der besterhaltenen griechischen Tempel der Welt**. Von hier führt die Via Sacra zum Ende des Höhenrückens und zum halb zerstörten **Heratempel**. An seinen Mauern sind noch rötliche Streifen des Feuers sichtbar, mit dem die Karthager 406 v. Chr. die Stadt niederbrannten. Gehen Sie den Weg zurück und überqueren Sie die Straße, um in den **westlichen Teil** zu gelangen. Hier befinden sich die Überreste des durch ein Erdbeben völlig zerstörten Tempels des **olympischen Zeus**, dem **weltweit größten griechischen Tempel**. Man braucht einige Vorstellungskraft, um in diesen Trümmern von der Größe eines Fußballfelds das einstige Gebäude zu erkennen. Von den riesigen umgekippten Figuren (Telamonen), die den Architrav stützten, kann man allerdings auf die ehemalige Größe schließen. Dahinter liegen recht ungeordnet die Überreste der ältesten Stätten, das **Heiligtum der chthonischen Gottheiten** aus dem 7. Jh. v. Chr. und der teilweise wieder errichtete **Dioskurentempel** (Kastor-und-Pollux-Tempel).

Archäologisches Regionalmuseum

Das hervorragende **Museo Regionale Archeologico** enthält Funde aus den Tempelanlagen, der antiken Stadt und ihrer Umgebung. Die ausgezeichnete Sammlung gibt einen lebendigen Eindruck des antiken Akragas. Sehen Sie sich unbedingt die **griechischen Vasen** aus dem 6.–3. Jh. v. Chr. in den Räumen 3 und 4 an und vor allem den Krater (altgriechischer Krug) von 440 v. Chr. mit der Abbildung der Befreiung Andromedas durch Perseus. In Raum 6 befinden sich **Modelle** des Zeustempels und ein rekonstruierter Telamon aus seiner Fassade, Raum 10 zeigt verschiedene **Skulpturen**, u.a. einen Torso von Praxiteles. Wenn Sie noch Zeit haben, besuchen Sie die Ausgrabungen im **hellenistisch-römischen Viertel**, dem ehemaligen Wohngebiet auf der anderen Straßenseite.

Erhaltene Säulen des Hera-Tempels

KLEINE PAUSE

Erfrischungen und Snacks bekommen Sie im Museum, am Haupteingang und am Kiosk an der Via Sacra auf halbem Weg zwischen dem Concordiatempel und dem Heratempel (alle €).

Jetzt hat er es leichter – einer der massiven Telamonen, die den Zeus-Tempel stützten

✝ 208 B3 ℹ Via Empedocle 73 ☎ 0922 2 03 91; www.agrigento-sicilia.it; 🕐 Mo–Fr 9–13, 16–19 Uhr

Santa Maria dei Greci
✉ Salita Santa Maria dei Greci 🕐 tägl. 10–13 Uhr ✋ Spende

Duomo
✉ Via Duomo 🕐 Museo Di–So 10–13.30, 15.30–19 Uhr ✋ 3 €

Valle dei Templi
✉ Valle dei Templi ☎ 0922 62 16 11; www.parcovalledeitempli.it 🕐 tägl. 8.30–19 Uhr; Änderungen vorbehalten, wenn an der Stätte gearbeitet wird ✋ 10 €, Sammelticket mit Museum 13,50 €

Museo Regionale Archeologico
✉ Via dei Templi, Contrada San Nicola ☎ 0922 40 15 65 🕐 Di–Sa 9–19, So–Mo 9–13.30 Uhr ✋ 8 €, Sammelticket 13,50 €

BAEDEKER TIPP

- Das archäologische Gebiet ist riesig, es misst 4,5 × 3 km. Planen Sie einen ganzen Tag ein, um alles in Ruhe anzusehen. Wenn Sie weniger Zeit haben, konzentrieren Sie sich auf die Tempel an der Via Sacra, den Zeustempel und das Archäologische Regionalmuseum.
- Die Buslinien 1, 2 und 3 verbinden Agrigent mit dem Tal der Tempel. Die Busse starten an der Piazza Marconi neben dem Bahnhof und fahren vorbei am Archäologischen Museum und den hellenistischen und römischen Vierteln zum Haupteingang – kaufen Sie Ihren Fahrschein vor der Fahrt am Kiosk oder Tabacchi.
- Am Kartenschalter können Audioguides ausgeliehen werden.
- Im Hochsommer ist Agrigent mittags nicht nur überfüllt, sondern auch extrem heiß – planen Sie Ihren Besuch entsprechend.
- Es gibt Toiletten im Museum, am Haupteingang und in der Nähe des Heratempels an der Via Sacra.
- An den Tempeln wird immer wieder gearbeitet. Daher können sich die Öffnungszeiten ändern und einige Bereiche wegen Restaurierung geschlossen sein.

Der griechische Tempel

In Sizilien gibt es eine Reihe ungewöhnlich gut erhaltener Tempel in verschiedenen Baustadien. So lässt sich hier der Tempelbau vom Steinbruch über den Rohbau bis hin zum fertigen Heiligtum studieren.

❶ **Aufbau eines Tempels:** Der hier abgebildete Concordiatempel in Agrigent ist einer der am besten erhaltenen Tempel der griechischen Welt. Er erhebt sich über einem abgestuften Podest. Auf allen vier Seiten ist er von Säulen umgeben. Sein Inneres besteht aus drei Räumen: Pronaos (Vorraum), Cella und Opisthodom.

❷ **Cella:** In dem leicht erhöhten Raum befand sich das Kultbild der Gottheit. Einfachen Gläubigen war der Zutritt verboten. Gottesdienste fanden im Freien vor dem Tempel statt.

❸ **Opisthodom:** In diesem Raum hinter der Cella wurden der Tempelschatz und Opfergaben aufbewahrt.

❹ **Gebälk:** Säulen tragen das Gebälk. Es besteht aus dem Architrav (Trägerbalken) und dem darüber gelegenen Metopen-Triglyphen-Fries.

❺ **Baumaterial und -technik:** Die Tempel sind aus grobem Muschelkalk gebaut. Es wurde kein Mörtel verwendet. Im Wesentlichen bestand der Bau aus vorgefertigten Teilen, die montiert, mit Stuck überzogen und anschließend bemalt wurden. Gebrochen wurde der Stein jeweils in unmittelbarer Nähe. Zunächst wurden 50 bis 60 cm tiefe Gräben ausgebrochen. Zum Herauslösen der Säulentrommeln trieben die Arbeiter Holzkeile in den Stein, begossen diese mit Wasser bis sie aufquollen und den Stein absprengten. Zur Feinarbeit wurden Meißel und Holzhammer benutzt. Den Abtransport erledigten Lasttiere. Die einzelnen Säulentrommeln wurden in der Mitte angebohrt und mit Bleidübeln fest miteinander verbunden. Um die einzelnen Blöcke oder andere Lasten zu heben, benutzten die Griechen Flaschenzüge. Diese konnten bis zu 6 t schwere Lasten stemmen.

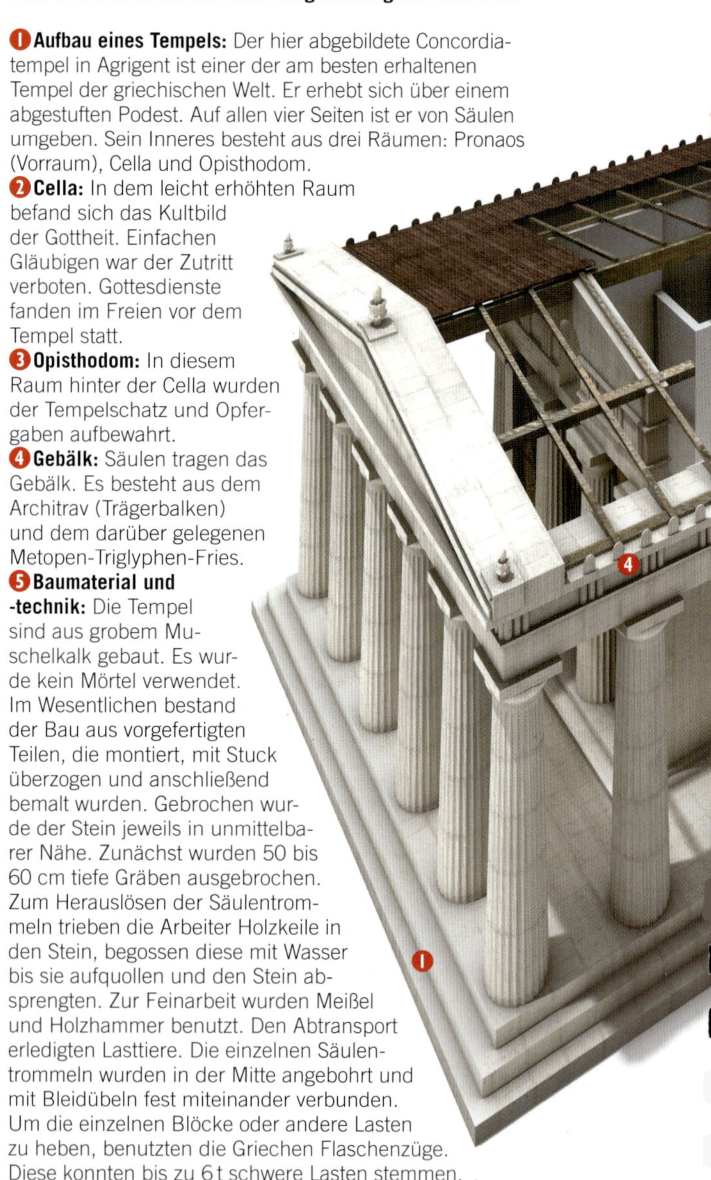

Die Abendsonne taucht das herbstliche Tal der Tempel in ein magisches Licht

⭐7 Villa Romana del Casale

In einem Tal 5 km südwestlich von Piazza Armerina liegt die zum Weltkulturerbe erklärte Villa Romana del Casale, die für die schönsten römischen Mosaiken der Welt bekannt ist. Der komplette Boden der großen und luxuriösen Villa ist mit unglaublich aufwendigen Mosaiken belegt. Sie illustrieren Szenen des Alltags, der Jagd und Sagen des klassischen Altertums und vermitteln einen anschaulichen Einblick in das Leben und die Gedankenwelt der römischen Oberschicht in der Spätantike.

Die Ursprünge

Ein Vorgängerbau wurde wohl im 3. und 4. Jh. zu dieser großartigen Villa erweitert. Sie war das Haupthaus eines weitläufigen Anwesens, dessen Besitzer bis heute nicht unstrittig identifiziert wurde. Vermutet wurden u. a. Kaiser Maximian (285–305), ein Großhändler von Wildtieren oder ein kaiserlicher Statthalter der Insel. Unüblich waren solch repräsentative Anwesen für die römische Aristokratie je-

denfalls nicht in einer Zeit, in der das römischen Weltreich seinen Zenit bereits überschritten hatte. Und gerade auf Sizilien waren ausgedehnte Landgüter, Latifundien genannt, weit verbreitet.

Die Residenz war aufwendig mit Marmor, Fresken und Mosaiken aus der Hand nordafrikanischer Künstler ausgestattet. Diese arbeiteten in der hellenistischen Tradition und waren für ihre Realitätsnähe und perspektivischen Darstellungen bekannt. In späterer Zeit wurde die Villa von den arabischen und normannischen Herrschern genutzt und verlor dabei nach und nach vieles des einstigen Glanzes. Im 12. Jh. schließ-

lich wurde sie nach einem Erdrutsch aufgegeben – und erst ab den 1920er-Jahren kam sie bei umfangreichen Ausgrabungsarbeiten wieder ans Tageslicht. Im Jahr 1997 wurde sie zum Weltkulturerbe erklärt.

Die Mosaiken

Ein Steg führt über die **40 Mosaiken** im Inneren der Villa. Er führt Sie zunächst durch die **Bäder**, in denen römische Badezeremonien dargestellt sind, dann durch das Vestibül (die Mosaiken stellen den Empfang von Gästen dar) zum **Peristyl**, dem offenen Garten im Innenhof, dem Zentrum römischer Villen. Hier sind mit Lorbeer und Efeu umrankte Tierköpfe und einheimische Vögel dargestellt. Es folgt eine Reihe von **Schlafgemächern**, bevor Sie in der **Halle der kleinen Jagd** den vermeintlichen Hausherrn

Rechts: Eines der berühmten Bikinimädchen von Casale

Jagdszene in der Halle der großen Jagd

bei der Jagd und dem anschließenden Picknick sehen. Beachten Sie die Cirnechi-Jagdhunde, eine Rasse aus Libyen, die auch heute noch in den Dörfern am Ätna gehalten wird. Von hier aus führen Stufen zur repräsentativen, 60 m langen **Halle der großen Jagd**, in der außergewöhnlich prächtige Mosaiken Jagdszenen illustrieren. Sie zeigen die Jagd auf exotische Tiere aus Afrika und Asien, die für den Zirkus in Rom bestimmt waren. In der Mitte sehen Sie eine mit Fisch beladene Galeere auf dem Rückweg nach Rom. Anschließend kommen Sie zum vermutlich bekanntesten Mosaik, den **Bikinimädchen**, zehn knapp bekleideten jungen Frauen beim Sport – einer von ihnen wird gerade ein Preis überreicht. Ganz in der Nähe befindet sich das **Triclinium**, der Speisesaal, auf dessen Fußboden die Taten des Herakles dargestellt sind. Schließlich gelangen Sie noch zum sogenannten **Erotischen Gemach** und zu zwei fröhlich ausgestalteten Kinderzimmern. Auf deren Böden sind eine Enten- und Hasenjagd sowie ein Wagenrennen zu sehen, bei dem Vögel die von übermütigen Kindern gelenkten Wagen ziehen.

KLEINE PAUSE

Vor dem Villa-Haupteingang gibt es Bars und Buden.

✚ 209 E3 ✉ Villa Romana del Casale, Piazza Armerina ☎ 0935 68 76 67; www.villaromanadelcasale.it
🕐 April–Okt. tägl. 9–19, Juli, Aug. Mo–Fr bis 23 Uhr, Nov.–März tägl. 9–17 Uhr (Kassenschluss jeweils 1 Std. früher) ✋ 10 € 🚌 Buslinie B ab Piazza Armerina April–Sept. 9, 10, 11, 15, 16 und 17 Uhr; Rückfahrten ab 9.30 Uhr alle halbe Stunde

IN GEFAHR

Einige Mosaiken der Villa Romana del Casale drohen durch einen unterirdisch verlaufenden Fluss beschädigt zu werden. Eine noch ernstere Gefahr konnte aber zum Glück abgewendet werden: In den 1960er-Jahren wurde die Stätte mit Plexiglas abgedeckt, die eigentlich dem Schutz der Mosaiken dienen sollte, aber dazu führte, dass diese bei Temperaturen von bis zu 40 °C und einer Luftfeuchtigkeit von bis zu 80 % allmählich verblassten. Zum Glück für Mosaiken und Touristen gleichermaßen wurde das Plexiglas durch eine neue Abdeckung ersetzt und die Mosaiken restauriert.

BAEDEKER TIPP

- Audioguides sind am STS Kiosk vor dem Eingang erhältlich; sie können vorab reserviert werden (Tel. 0935 68 70 27). Zudem ist es möglich, eine offizielle Führung zu buchen (Tel. 339 2 65 76 40).
- Die vielen Treppen und Laufstege sind mit dem Rollstuhl nicht passierbar.
- Das drei Tage gültige Sammelticket (14 €) berechtigt auch zum Besuch der archäologischen Zone von **Morgantina** (Mo–Sa 9–17 Uhr) und des Archäologischen Museums von **Aidone** (Mo–Sa 9–19 Uhr) mit der herrlichen, erst 2011 vom Paul-Getty-Museum in Malibu zurückgegebenen Marmorvenus von Morgantina.

 34 Enna

Enna scheint über den Wolken zu schweben und ist an klaren Tagen von fast jedem Fleck im Landesinneren zu sehen. Der geschichtsträchtige Ort ist der Inbegriff einer Festung. Ihr Kastell über den engen Straßen, die atemberaubende Fernsicht und ihre Abgeschiedenheit erwecken den Eindruck, dass dieser einzigartige Ort seit Ewigkeiten über der Insel thront. Genießen Sie den »Nabel Siziliens« und verpassen Sie auf keinen Fall das Panorama, das sich von Ennas Befestigungsmauern bietet.

Enna wurde von den Sikulern, den Bewohnern Siziliens vor der Griechischen Kolonisation, gegründet. Es blickt auf eine lange Geschichte voller Auseinandersetzungen mit Römern, Arabern und Normannen zurück, die die Stadt aufgrund ihrer strategisch günstig gelegenen Festung im Lauf der Jahrhunderte immer wieder belagerten. Ihr Name ist seit Jahrtausenden der Gleiche geblieben. Mit 935 m ist sie die höchste Provinzhauptstadt Italiens.

Castello di Lombardia

Das Castello di Lombardia, benannt nach einer lombardischen Garde, die Roger I. hier stationierte, wurde in ihrer heutigen Form wohl im 12./13. Jh. auf dem östlichsten Felsvorsprung von Ennas schroffem Höhenrücken über den Ruinen eines arabischen Vorgängerbaus errichtet. Die massive Festungsanlage mit ihren **drei Bergfrieden** ist von dicken Mauern umgeben. Von den ehemals **20 Türmen** stehen noch **sechs**. Einer von ihnen, der **Torre Pisano**, kann bestiegen werden; von oben haben Sie einen Panoramablick über das Land und die nach Osten abfallenden Hänge des Ätna. 1324 versammelte Friedrich III. hier das erste sizilianische Parlament. Vor dem Kastell befindet sich ein **Kriegerdenkmal** von Ernesto Basile und eine Bronzefigur, die an Eunus erinnert, den Anführer des ersten Sklavenaufstands auf Sizilien um 135 v. Chr.

Vom Castello zur Piazza Crispi

Enna ist für seine fantastische Aussicht bekannt

Vom Castello bergab führt die **Via Roma** über einige Plätze zur reizvollen **Piazza Vittorio Emanuele**, dem Knotenpunkt der abendlichen *passeggiata*. Weiter unten, hinter dem

Das Inselinnere und die Südküste

inzwischen geschlossenen Museo Alessi, steht der **Duomo** (Dom), der 1307 auf den Fundamenten des Persephone-Tempels gebaut wurde. Immer wieder zerstört und neu aufgebaut, verzaubert das Innere heute durch den Kontrast von aprikotfarbenen Wänden, üppigem weißen Stuck und reich verzierten Säulen. In den grauen Basalt wurden groteske Fratzen gemeißelt, die Säulen scheinen sich zur prachtvollen Decke von Scipione di Guido emporzuwinden. Die riesigen geschnitzten Köpfe an der Holzdecke symbolisieren den Kampf zwischen Engeln und Teufeln.

Das **Museo Archeologico** gegenüber dem Dom an der Piazza Mazzini bietet dem Besucher eine Einführung in die antike Geschichte dieser Region. Gehen Sie weiter bergab über die **Piazza Garibaldi**, die von monumentalen Gebäuden aus der Zeit des Faschismus beherrscht wird, zur **Piazza Crispi**. Von dem Aussichtsturm blicken Sie auf das ursprünglich arabische Dorf **Calascibetta** mit seinen ockerfarbenen Häusern und über die idyllische Landschaft bis zum Ätna.

Südlich von Enna liegt der **Lago di Pergusa**, an dem Persephone der Sage nach durch Hades, den Gott der Unterwelt, beim Blumenpflücken entführt wurde. Ihre Mutter Demeter, die Göttin der Fruchtbarkeit, geriet in so große Sorge, dass kein einziges Korn mehr keimte, solange sie

Blick über Calascibetta

BAEDEKER TIPP

- Es gibt wenige Hotels im Ort, buchen Sie vorab, wenn Sie in Enna übernachten wollen.
- Den besten Überblick hat man vom Aussichtsturm hinter der Piazza Crispi.
- Südwestlich der Piazza Mateotti steht in einem Park der achteckige, 24 m hohe **Torre di Frederico II**, einziges Überbleibsel des Jagdguts des Stauferkönigs. Er stellt das Zentrum Siziliens dar, an dem sich die drei Achsen, die »Beine« der *trinacria*, treffen. Mitunter wird behauptet, dass er Teil eines geomantischen Netzwerks ist, das die ältesten Stätten Siziliens miteinander verbindet. Ob man dem nun Glauben schenken mag oder nicht – es lohnt schon, allein wegen der Aussicht auf den Turm zu klettern, der einst durch einen Tunnel mit dem Castello verbunden war.

nach ihrem Kind suchte. Schließlich entschied Zeus, dass Persephone ihrer Mutter zurückgegeben werden sollte. Zuvor jedoch nötigte Hades sie dazu, einige Granatapfelkerne zu essen. Da aber niemand dauerhaft in der Oberwelt verweilen darf, der schon einmal von den Speisen der Toten gegessen hatte, muss sie für vier Monate im Jahr in die Unterwelt zurückkehren. Demeter leidet noch immer, wenn ihre Tochter nicht bei ihr ist – der Herbst ist Ausdruck ihrer Trauer, der Frühling Ausdruck ihrer Freude bei Persephones Rückkehr. Die Schönheit des Sees wurde leider durch die Rennstrecke am Ufer verschandelt.

KLEINE PAUSE

Erfrischungen bietet das **Gran Caffe Roma** (€; Via Roma 312) oder das **Caffe Italia** an der Piazza Garibaldi (Restaurants ➤ 148).

✚ 209 E4

ℹ P. Napoleone Colajanni 6
☎ 0935 50 08 75;
www.welcometoenna.com
🕐 Mo–Sa 8–14, Mi 15–18 Uhr

Castello di Lombardia
✉ Viale Nino Savarese
☎ 0935 50 23 62 🕐 tägl. Sommer 9–18/20 Uhr, Winter 9–16 Uhr

Duomo
✉ Via Roma 🕐 tägl. 9–12, 16–19 Uhr

Museo Archeologico
✉ Piazza Mazzini 8 ☎ 0935 5 07 63 04
🕐 Mo–Sa 9–19 Uhr ✋ frei

Nach Lust und Laune!

35 Piazza Armerina

Piazza Armerina inmitten der dichten Wälder und der sanften Landschaft des Südens blüht touristisch auf. Bevor man in den 1950er-Jahren die römischen Mosaiken der nahe gelegenen Villa Romana del Casale (▶ 134) entdeckte, hatten sich nur wenige Reisende in die engen Sträßchen und bröckelnden *palazzi* verirrt. Im August findet hier der **Palio dei Normanni** statt. Mit mittelalterlichen Turnierkämpfen, bewaffneten Rittern, Pferden und charmanten Burgfräuleins ist es eines der größten Feste Siziliens. Beim Spaziergang durch das auf einem Hügel liegende *centro storico* werden Sie an der einen oder anderen schöne Kirche oder einladenden Piazza vorbeischlendern. Zumindest der **Piazza Garibaldi**, dem Drehkreuz der Stadt, dem Duomo aus dem 17. Jh. und der Barockkirche **Sant'Anna** sollten Sie etwas

Das erhabene Interieur des Duomo an der Piazza Armerina

mehr Aufmerksamkeit widmen. Für Liebhaber der klaren und ruhigen normannischen Romanik lohnt zudem ein Abstecher zur mitten im Wald gelegenen Kirche **Sant'Andrea**, 1 km außerhalb der Stadt.
✚ 209 E3

ℹ Via Gen. Muscarà, ☎ 0935 68 02 01; www.comune.piazzaarmerina.en.it
🕐 Mo–Fr 8–14, Mi 15–18 Uhr

36 Caltanissetta

Caltanissetta, die größte Stadt im Inselinnern, liegt im ländlichen Zentrum Siziliens. Die ärmliche Gegend und die verschlafenen Dörfer scheinen in zeitloser Starre zu verharren, das tägliche Leben ist hart. Die ersten Eindrücke von Caltanissetta sind dagegen die einer emsigen, verkehrsreichen Stadt. Sie finden hier Kirchen aus dem 17. Jh., z. B. **San Sebastiano** und **Sant'Agata**, sowie das regionale **Museo Archeologico**. Auf dem Felsen über der Stadt finden Sie die zerfallenen Ruinen eines normannischen Kastells.

In Italien verbindet man Caltanissetta nur mit einem: **Averna**, einem der beliebtesten italienischen *amari* (Bitter). Man trinkt den Kräuterlikör als *digestivo* (Digestif) nach dem Essen. Don Salvatore Averna erhielt das Rezept, das aus 60 verschiedenen Kräutern besteht, von den Kapuzinern. Er wird immer noch hier produziert und es gibt wohl keinen besseren Ort, diese sizilianische Spezialität zu kosten.
✚ 209 D4

ℹ Corso Vittorio Emanuele 109, ☎ 0934 53 48 26; www.caltanissettaturismo.it
🕐 Mo–Fr 8–14, 15–18 Uhr

Museo Archeologico
✉ Contrada S. Spirito 🕐 tägl. 9–13, 15.30–19 Uhr ✋ 4 €

Neptunbrunnen und die Kirche San Sebastiano in Caltanissetta

37 Licata

Östlich von Agrigent liegt Licata an der Flussmündung des Salso. Der Fischereihafen mit seinen rustikalen Booten und die maritime Betriebsamkeit verleihen der Stadt ein besonderes Flair. Licatas Geschichte reicht bis ins 3. Jh. v. Chr. zurück. Die heutige Stadt ist klar in zwei Hälften getrennt: die barocke mit ihren Straßencafés und die mittelalterliche, in der verwinkelte Gassen zum Hafen führen. Besuchen Sie morgens den belebten Markt vor der Hauptkirche oder besichtigen Sie das **Museo Civico** an der Piazza Linares (z.Zt. Restaurierung) mit seinen prähistorischen Ausgrabungsfunden und griechischen Artefakten. Von dem Corso Roma aus können Sie einen Spaziergang zum höchsten Punkt der Stadt, dem Castello aus dem 16. Jh. mit einem schönen Blick über den Hafen, unternehmen. Aber auch der nächste **Strand** ist nicht weit.

✠ 209 D2

38 Eraclea Minoa

Wenn Sie Agrigent (➤ 128) verlassen, könnte es gut sein, dass Ihnen der Sinn vorerst nicht mehr nach antiken Ruinen steht. Dennoch sollten Sie Eraclea Minoa, eine der am schönsten gelegenen griechischen Städte Siziliens, noch in ihr Besichtigungsprogramm aufnehmen. Sie liegt auf einem Kalkfelsen über dem Meer, mit Blick auf eine sanfte Bucht mit hellem Sand. Hinter dem Strand wachsen Kiefernwäldchen und der Platani mündet ins Meer. Die Überreste der Siedlung aus dem 6. Jh. v. Chr. sind zum größten Teil noch nicht ausgegraben. Man erkennt die massiven Stadtmauern und ein Theater aus dem 4. Jh. v. Chr., das 700 Jahre später von den Römern wieder aufgebaut wurde. Um den weichen Sandstein vor Wettereinflüssen zu schützen, ist das Areal überdacht; es gehört zu den imposantesten Sehenswürdigkeiten Siziliens.

Um zum **Strand** zu gelangen – einem der schönsten an der gesamten Südküste –, verlassen Sie den Parkplatz und folgen der gewundenen Straße bergab Richtung Montallegro-Bove Marina. Außerhalb der Saison werden Sie den Strand weitestgehend für sich haben; im Sommer jedoch wimmelt es hier von Sonnenhungrigen und Sie sollten früh da sein, um einen Parkplatz zu ergattern. Am Westende des Strandes können Sie Ihr privates Schlammbad genießen – ganz wie die Einheimischen. Hierzu kratzen Sie *fango* – der

Das Inselinnere und die Südküste

Schlamm gleicht eher grünlichem Schleim – von den Felsen, reiben ihrer Körper damit ein und legen sich für einige Minuten in die Sonne. Die therapeutische Wirkung soll hervorragend sein und ist völlig kostenlos – vergessen Sie nur nicht, anschließend alles abzuwaschen.

✚ 203 F1 🕐 8.30 Uhr bis 1 Std. vor Abenddämmerung ✋ 4 €

39 Sciacca

Wegen seiner schwefelhaltigen Quellen kamen erst die Griechen und später die Römer nach Sciacca. Sie können das Wasser, dem heilende Eigenschaften bei Hautkrankheiten und Arthritis zugeschrieben wird, in der großen Jugendstil-Therme am östlichen Ende der Stadt kosten. Der Name Sciacca leitet sich vom arabischen *xacca* für Wasser ab. Heute finden Sie in dem Ort außerdem einen pulsierenden Fischerhafen, zahlreiche gute 👫 **Strände** und den ungezwungenen Charme mediterraner Straßen und Plätze. Gehen Sie durch die Porta San Salvatore in der alten Stadtmauer, in die Oberstadt zum attraktiven **Corso Vittorio Emanuele** und zur *passeggiata* auf der **Piazza Scandaliato**. Wer Kirchen liebt, kann die Kathedrale und die Fensterrosette der **Chiesa del Carmine** bewundern. In den Schatten gestellt werden diese jedoch vom Renaissance-Juwel Sciaccas: **Santa Margherita** direkt hinter dem Stadttor. Jenseits der breiten Straßen öffnen sich winzige Gässchen, die von der maurischen Vergangenheit zeugen. Sciacca ist für seine Töpferwaren berühmt – über 30 Keramikkünstler leben und arbeiten in der Stadt. Sonnenanbeter und Badenixen sollten die Strände San Marco und Contrada Sovareto, die besten der Umgebung, ansteuern.

Im Frühling feiert man in Sciacca den tollsten **Karneval** Siziliens. In einer großen Parade ziehen Festwagen durch die Stadt. Geschmückt sind diese mit riesigen, jedes Jahr aufs Neue gestalteten Papiermaschee-Figuren, die meist lokale Persönlichkeiten darstellen. Typisch für den Karneval von Sciacca ist außerdem der bemerkenswerte Konsum von lokalen Würstchen. Traditionell endet das Fest mit dem Verbrennen der Maske des Karnevalskönigs Peppi Nappa.

✚ 203 E2 ℹ️ Infopoint Piazza S. Friscia ☎ 324 8 72 05 02; www.sciaccaonline.it 🕐 tägl. 10–13, 16–19 Uhr

40 Corleone

Wer Mario Puzos Buch *Der Pate* gelesen oder die gleichnamige Verfilmung (➤ 30) gesehen hat, dem wird Corleone ein Begriff sein. Das Städtchen liegt über einem fruchtbaren Tal an der N118 zwischen Palermo und Sciacca. Was

Der geschäftige Fischerhafen von Sciacca

die Touristen anlockt, sind nicht die geschichtsträchtige Kathedrale, die *Palazzi*, Plätze oder Brunnen, sondern die Verbindung mit einer der berüchtigtsten Mafia-Familien des 20. Jahrhunderts. Seit den 1940er-Jahren war die Stadt bekannt für ihre blutigen Fehden und die weltweit höchste Mordrate. Allein zwischen 1944 und 1948 wurden 153 der 18 000 Einwohnern ermordet. Capo Salvatore Riina, einer der meistgesuchten Mafiabosse, hatte bis zu seiner Verhaftung 1993 in Palermo über 20 Jahre lang unbehelligt in seiner Heimatstadt Corleone gelebt. Im April 2006 wurde Bernardo Provenzano gestellt, der sich über 40 Jahre in einem Nachbarort versteckt hielt. Hintergründe erfahren Sie im **Antimafiazentrum**, in dem sich die Einwohner mit dem Problem der *Cosa Nostra* auseinandersetzen und das zumindest bei älteren Kindern Interesse wecken

sollte. Die Einheimischen sind zwar besonders stolz auf ihr Museum, aber ein zu großes Interesse an der Mafia ist in Corleone im Allgemeinen nicht allzu gern gesehen – die Einheimischen haben schlichtweg genug vom »*Paten*-Tourismus«. Und vergeblich werden Sie nach Kulissen aus dem Film wie die Bar Vitelli oder die Kirche von Michaels Hochzeit suchen: Die Filme wurden nicht in Corleone gedreht, das in den Augen von Regisseur Ford Coppola zu gut entwickelt war. Stattdessen wurden die sizilianischen Szenen in Sávoca und Forza d'Agro außerhalb von Taormina aufgenommen.
✚ 203 F3

Centro Internazionale di Documentazione sulle Mafia e del Movimento Antimafia
✉ Via G. Valenti 7 ☎ 0918 4 52 42 95; www.cidmacorleone.it
🕐 Mo–Sa nach Vereinbarung ✋ 3 €

Wohin zum ...
Übernachten?

Preise
für ein Doppelzimmer pro Nacht:
€ unter 130 €   €€ 130–230 €   €€€ über 230 €

PIAZZA ARMERINA

Da Elisa €

Familienfreundliches B & B mit vier Zimmern im Mittelalterstädtchen Aidone (12 km östlich von Piazza Armerina). Gartenterasse und exzellentes Frühstück mit Bio-Konfitüre und *dolci*. Ausflugstipps.
210 A4 ✉ Via Vincenzo d'Arena 32, Aidone ☎ 0935 8 70 15 oder 333 2 25 62 43; www.bebdaelisa.com

Il Gigliotto €€

Das reizende alte Kloster mit Rundbögen und porösen Steinmauern liegt 10 km südlich von Piazza Armerina inmitten der bewirtschafteten Hügel. Die großen, schlichten, aber komfortablen Zimmer und das Restaurant dieses familiär geführten *agriturismo* gruppieren sich um den Innenhof. Es gibt einen großen Pool und hübsche Gärten. Im Restaurant werden nur Bio-Produkte aus eigenem Anbau und aus der Region bezogene Lebensmittel verarbeitet. Kurzum: ein Glücksgriff, wenn Sie etwas Ruhiges und Außergewöhnliches suchen.
210 A4 ✉ SS117 bis Km 60, S. Michele di Ganzaria ☎ 0933 97 08 98; www.gigliotto.com

Ostello del Borgo €

Wenn Sie mitten in der Stadt übernachten wollen, macht diese preiswerte Unterkunft das Rennen. Die Zellen eines ehemaligen Klosters aus dem 15. Jh. wurden zu einfachen Zimmern umgestaltet, einige davon mit eigenem Badezimmer, die günstigeren ohne. Sie können auch in einem Schlafsaal übernachten. Das Personal ist freundlich und hilfsbereit, das Frühstück ist im Preis inbegriffen.
210 A4 ✉ Largo San Giovanni 6 ☎ 0935 68 70 19; www.ostellodelborgo.it

ENNA

Bristol €

Das moderne, freundliche Hotel im Herzen Ennas, nur einen Steinwurf von der Via Roma entfernt, hat zwar eher funktionelle als luxuriöse Zimmer, ist aber dennoch komfortabel eingerichtet. Ein preiswertes Angebot, da sowohl Frühstück als auch Parken im Preis inbegriffen sind.
209 E4 ✉ Piazza Ghisleri 13 ☎ 0935 2 44 15; www.hotelbristolenna.it

Grand Albergo Sicilia €

Vor Kurzem wurde die Fassade des Grand Albergo einer dringend nötigen Renovierung unterzogen, das Innere ist so nüchtern wie seit jeher. Vom riesigen, ganz in Marmor gehaltenen Empfangsbereich haben Sie Zugang zur Frühstücksterrasse. Die Zimmer in den Etagen darüber sind groß, komfortabel und neu möbliert, die Badezimmer auf Hochglanz poliert.
209 E4 ✉ Piazza Napoleone Colaianni 7 ☎ 0935 50 08 50; www.hotelsiciliaenna.it

AGRIGENTO

Camere a Sud €

In einer versteckten Seitenstraße finden Sie dieses charmante kleine aber feine B & B. Warme Farben, klare Linien und gutes Design versprechen einen herrlich erholsamen Aufenthalt – und das rund ums Jahr zu günstigen Preisen. Reservieren Sie vorab, denn die Anzahl der Zimmer ist begrenzt. Nur Barzahlung möglich.

✝ 208 B3 ✉ Via Ficani 6 ✉ 349 6 38 44 24; www.camereasud.it

Colleverde Park €/€€

Vom ruhigen Garten dieses behaglichen Hotels – einer Oase am Ende eines heißen Sightseeing-Tages – genießen Sie den Blick auf die erleuchteten Tempel. Die modernen Zimmer sind bequem eingerichtet, das Personal hilfsbereit. Doch das Beste sind die wunderschöne Speiseterrasse und der grüne Garten.

✝ 208 B3 ✉ Via Panoramica dei Templi ☎ 0922 2 95 55; www.colleverdehotel.it

Hotel Costazzurra €€

In diesem familienbetriebenen Hotel direkt an der Küste, nur wenige Kilometer vom Tal der Tempel entfernt, entfliehen Sie dem Trubel im Zentrum Agrigents. Jedes der kühlen und geräumigen Zimmer hat einen Balkon. Das Haus ist zwar schlicht, aber doch komfortabel und angenehm. Im Restaurant bekommen Sie Gerichte der regionalen Küche geboten, am Privatstrand und im Außenbereich finden Sie viele schattige Bereiche zum Erholen. In der Nebensaison deutliche Preisnachlässe möglich.

✝ 208 B3 ✉ Via delle Viole 2, Loc San Leone ☎ 0922 41 12 22; www.hotelcostazzurra.it

Hotel Villa Eos €€

Die Villa Eos liegt oberhalb des Meeres, etwa 7 km außerhalb von Agrigent – sie ist also nur für Autofahrer eine Option. Das moderne Drei-Sterne-Hotel wird als Familienbetrieb geführt. Alle Zimmer haben Balkon. Vom empfehlenswerten Restaurant haben Sie beim Frühstück oder Abendessen einen Blick auf die Freizeitanlagen mit Pool, Tennisplätzen und Solarium. Manchmal bekommen Sie hier

noch ein Zimmer, wenn alle anderen Unterkünfte bereits ausgebucht sind; allerdings ist die Online-Buchung im Voraus preiswerter.

✝ 208 B3 ✉ Via Giovanni Gentile ☎ 0922 59 71 70

Villa Athena €€€

Eine der nobelsten Adressen Siziliens. In dem rundum sanierten historischen Grand Hotel entspannt man sich bei Cocktails am Pool mit Blick auf den illuminierten Concordiatempel. Fünf-Sterne-Komfort im ehemaligen Adelspalazzo mit Park.

✉ Via Passeggiata Archeologica 33 ☎ 0922 59 62 88; www.hotelvillaathena.it

Pensione Aliai €

Die komfortable *pensione* mit Blick über den Hafen steht beispielhaft für die zunehmend auf hohem Niveau angebotenen B & B-Unterkünfte Siziliens. Die Zimmer sind mit schmiedeeisernen Betten und dicken Matratzen traditionell eingerichtet, haben moderne Badezimmer, schöne alte Holzbalkendecken und viel Stauraum. Alle Zimmer haben Meerblick, einige zusätzlich winzige Terrassen. Ins nahe Stadtzentrum können Sie einen Abendspaziergang unternehmen.

✝ 203 E2 ✉ Via Gaie di Garaffe 60 ☎ 0925 90 53 88; www.aliai.com

Rocco Forte Verdura Golf & Spa Resort €€€

Das Resort erstreckt sich über ein weitläufiges Areal zwischen Oliven- und Zitronenhainen. Alle Zimmer haben eine eigene Terrasse und Meerblick. Ausgestattet ist die Anlage mit allen erdenklichen Annehmlichkeiten, zu denen ein modernes Spa, Meisterschafts-Golfplatz und Privatstrand gehören. Sciacca ist 15 Minuten entfernt und auch die Tempel von Agrigento sind ebenfalls leicht zu erreichen (40 km).

✝ 203 E2 ✉ SS115, bei Km 131, Sciacca ☎ 0925 99 80 01; www.verduraresort.com

Wohin zum ...
Essen und Trinken?

Preise
für ein Drei-Gänge-Menü mit Wein:
€ unter 20 €   €€ 20–35 €   €€€ über 35 €

PIAZZA ARMERINA

Al Fogher €€€
Etwa 3 km stadtauswärts, in einem alten Lagerschuppen der Bahn, erwartet Sie eine kreative sizilianische Küche in einem der bekanntesten Restaurants Siziliens: Traditionelle Gerichte aus regionalen Zutaten werden modern und spannend interpretiert. Gerichte mit Fenchel, Radicchio und wild wachsenden Kräutern, die fantasievollen Nachspeisen, die Weinkarte und der Service erfüllen alle Erwartungen an ein Restaurant dieser Kategorie. Reservierung erforderlich.
✚ 210 A4 ✉ Contrada Bellia ☎ 0935 68 41 23; www.alfogher.net
🕐 Di–Sa 12–14.30, 19.30–21.30 Uhr, So 12–14.30 Uhr; Jan. u. Juli 1 Woche geschl.

Trattoria la Ruota €€
Die hübsche Trattoria in einer alten Mühle lädt Touristengruppen nach Besuch der Villa Romana zum Mittagessen im Freien oder im schattigen Lokal ein. Kosten Sie die Küche des Inselinneren, die von hausgemachter Pasta, Kaninchen und Kalb geprägt ist. Probieren Sie *caponata*, die guten *contorni* oder gemischtes Gemüse mit Oliven und Kapern.
✚ 210 A4 ✉ Contrada Paratore Casale ☎ 0935 68 05 42; www.trattorialaruota.it
🕐 tägl. 12–14.30 Uhr

ENNA

Caffè Belvedere €
Ein Bijou zeitgenössischer Innenarchitektur, 2013 vom lokalen Designerteam Omphalos entworfen. Die charmante Panoramaterrasse macht den manchmal nachlässigen Service wett. Ein für Enna gehobenes Preisniveau, z.B. Snacks und Cocktails für ca. 7 €.
✚ 209 E4 ✉ Piazza Francesco Crispi 20
☎ 0935 50 01 83 oder 338 6 14 04 14
🕐 tägl. ab 7 Uhr bis abends

Centrale €€ / €€€
Das Buon-Ricordo-Restaurant wird seit über 100 Jahren von der gleichen Familie geführt. Hier genießen Sie besser Fleisch- statt Fischgerichte. Das Centrale ist berühmt für sein Antipasti-Buffet. Wählen Sie aus den allein mehr als 20 Gemüsezubereitungen. Guter Service, gute Weinkarte und zahlreiche Reisegruppen.
✚ 209 E4 ✉ Piazza VI Dicembre 9
☎ 0935 50 09 63; www.ristorantecentrale.net
🕐 Juni–Aug. tägl. 12–14.30, 19.30–22 Uhr, Sept.–Mai So–Fr 12–14.30, 18.30–22 Uhr

AGRIGENTO

Kokalos € / €€
Das Gartenlokal mit aufmerksamen Service und Tempelblick wird mittags eher von Reisegruppen, abends eher von Einheimischen frequentiert. Spezialität sind die *cavatelli*, ein Nudelgericht im Tontopf mit Auberginen und *grigliata mista*. Abends knusprige Holzofenpizza.
✚ 208 B3 ✉ Viale Cavaleri Magazeni 3
☎ 0922 60 64 27; www.ristorante-kokalos.net
🕐 im Sommer tägl. 12.30–15.30, 19–23 Uhr

Le Caprice €€
Spezialität des stylishen Restaurants ist der frische, einfach und

perfekt zubereitete Fisch. Die Küche verwendet ausschließlich saisonale Zutaten. Sie sind gut beraten, wenn Sie als *Antipasto*, *primo* und *secondo* stets Fisch und Meeresfrüchte wählen. Das große Restaurant bietet innen wie auf der Terrasse mit Blick ins Grüne viel Platz. Aufmerksamer und professioneller Service, gute Weine.
🕂 208 B3 ✉ Via Cavaleri Magazeni 2, San Leone ☎ 0922 41 13 64; 🕘 Di–So 12–14.30, 19.30–21 Uhr; Nov.–März Mo geschl.

Osteria del Cacciatore €

Zu jagen gibt's im einstigen Jägertreff in diesem verschlafenen Ort (12 km östl. Agrigent) nicht mehr viel. Dafür serviert Antonia Cammalleri mitsamt ihren fünf Töchtern authentische Hausmannskost wie *focaccia* mit sizilianischer Bratwurst und weißen Zwiebeln, Saubohnensuppe oder mit Leber und Pecorino gefüllte Zickleininnereien. Sonntagmittags Reservierung dringend empfohlen. Zu Kaninchen, Stockfisch oder Hammelrippchen trinkt man offenen Landwein.
🕂 208 B3 ✉ Via Puglia C0922 82 98 24 🕘 Do–Di 19.30–22, So auch 13–16 Uhr

Trattoria dei Templi €€

Die Terracotta-Böden und Gewölbedecken unterstreichen den Charme des zwischen Stadt und Tempeltal gelegenen Restaurants. Wie überall am Meer wird vor allem Fisch angeboten, u. a. raffiniert zubereitete *fettuccine all'aragosta* (frische Pasta mit Hummer) oder *tagliolini con gamberoni rossi e pistacchio*. Dazu passen die hervorragenden sizilianischen Weißweine.
🕂 208 B3 ✉ Via Panoramica dei Templi 15 ☎ 0922 40 31 10; www.trattoriadeitempli.com 🕘 Juli–Sept. Mo–Sa 12.30–15, 19.30–23 Uhr, Okt.–Juni Sa–Do 12.30–15, 19.30–23 Uhr

SCIACCA

Bar Scandaglia €

Auf der Piazza überblicken Sie in Sciaccas vornehmstem Café den Hafen und das Meer. Eine gute Gelegenheit für eine Erfrischung, einen *caffè* mit *dolce*, ein Frühstück oder ein leichtes Mittagessen mit *pizzette* oder herzhafter Tarte. Probieren Sie das hausgemachte Eis – besonders zu empfehlen: Schokolade, Pistazie und die Fruchtsorten.
🕂 203 E2 ✉ Piazza Scandaliato 5 ☎ 338 2 09 48 77 🕘 tägl. 8.30–23 Uhr (schließt manchmal früher)

Hostaria del Vicolo €€ / €€€

Dieses zentral gelegene Restaurant ist Mitglied der Slow-Food-Bewegung und hat sich seinen guten Ruf mit der Zubereitung traditioneller sizilianischer Speisen unter Verwendung regionaler Zutaten redlich verdient. Dabei werden auch ernährungswissenschaftliche Erkenntnisse berücksichtigt. Die durchdachten Gerichte sind sorgfältig zubereitet. Machen Sie sich selbst ein Bild und probieren Sie das schmackhafte Menü. Obwohl alle sizilianischen Weine auf der Karte zu empfehlen sind, sollten Sie sich ruhig bei der Auswahl eines passenden Weins beraten lassen.
🕂 203 E2 ✉ Vicolo Sammaritano 10 ☎ 0925 2 30 71; www.hostariadelvicolo.it 🕘 Di–So 12.30–14.30, 19.30–21.30 Uhr

Ristorante Mates € / €€

Sicilia povera – das alte arme Sizilien der mühseligen Plackereien, aber auch der bäuerlichen Zufriedenheit mit den Früchten der Erde wird in dieser Trattoria in Caltabellotta (20 km nordöstlich von Sciacca) lebendig. Der Putz blättert in der Gaststube, die zugleich ein Bauernhofmuseum mit Ölmühle und Tonkrügen ist, von der Wand: In diesem »Museo delle antiche tradizioni enogastronomiche« gibt's alles, was der Feinschmecker begehrt: von Hülsenfrüchtensuppen bis zu geschmortem Lamm und Orangenmarmelade.
🕂 203 E2 ✉ Vicolo Storto 3 ☎ 338 4 13 37 63; www.matesonline.it 🕘 Mo–Sa 12.30–21.30, So 12.30–15 Uhr

Wohin zum ... Einkaufen?

Die Geschäfte sind fast ausschließlich auf die Bedürfnisse der einheimischen Kundschaft zugeschnitten. In **Enna** finden Sie im **Di Bella** (Via Roma 357, Tel. 0935 50 05 75) die größte Auswahl an Accessoires, Bekleidung und Schmuck. Die Pasticceria **Il Dolce** (Piazza Sant'Agostino 40, Tel. 0935 2 40 18) verkauft perfekte *cannoli*, **Russo Fernando** (Via Mercato Sant'Antonio 16, Tel. 0935 50 10 31) die beste Auswahl einheimischer Käsesorten und sizilianischer Spirituosen. Ganz in der Nähe hat sich **Salumi Formaggi di Dio** (Nr. 34; Tel. 0935 2 57 58) auf sizilianischen Käse spezialisiert – kosten Sie den zwölf Monate gereiften *piacentu ennese*. **Agrigent** ist bekannt für die besten regionalen, kunsthandwerklichen Erzeugnisse, u. a. Körbe und Teppiche. Wer es gerne süß mag, findet in der **Abbazia di Santo Spirito** (Via S Spirito, neben Museo Civico, Tel. 0922 2 06 64) himmlisches Mandelkonfekt, das hier auch heute noch von den Benediktinerinnen hergestellt wird. Wer Keramik sucht, sollte unbedingt in **Sciacca** einen Stopp einlegen, das für seine traditionell bemalten Töpferwaren berühmt ist. Bei **Gaspare Cascio** (Corso Vittorio Emanuele 115, Tel. 0925 8 28 29) oder **Montalbano** (Via Figuli 2; Tel. 0925 2 41 24) werden Vasen, Platten und Teller mit klassischen Mustern angeboten. **Carlino Antonino** (Corso V. Emanuele 46, www.carlinoceramiche.it) bietet eine hervorragende Sammlung von Tellern und Figuren an. Die **Salumeria del Buon Sapore** (Via Cappuccini 20, Tel. 0925 2 65 62) ist eine Oase für sizilianische Spezialitäten, von Salamis und Käse bis hin zu Öl und guten Weinen.

Wohin zum ... Ausgehen?

Vom 12. bis 14. August findet in **Piazza Armerina** eines der größten Mittelalterfeste Siziliens statt. Beim **Palio dei Normanni** treten kostümierte Ritter aus allen Teilen der Insel gegeneinander an. Um einen guten Platz bei den hitzigen Wettkämpfen und sehenswerten Umzügen zu ergattern, sollten Sie früh dran sein. Im Mai wetteifern die Einwohner beim Dekorieren ihrer Innenhöfe und Balkone und schmücken die Stadt mit Blumen. Außerhalb dieser Zeit müssen Sie sich mit der *passeggiata* und einem Absacker in einem Café zufrieden geben. Auch **Enna** bietet nicht viel mehr, die besten Ausgehmöglichkeiten sind das **Caffè Italia** an der Piazza Garibaldi oder das **Gran Caffè Roma** (Via Roma 312).

In **Agrigent** konzentriert sich das abendliche Leben in den Cafés und auf den Plätzen im Freien rund um die Piazzale Aldo Moro und die Via Atenea. In Richtung Viale della Vittoria können Sie einen schönen Sonnenuntergang erleben. Es lohnt sich auch, zu den bei Nacht herrlich angestrahlten Tempeln zu schlendern. Das größte Fest im Februar, das **Sagra del Mandorlo in Fiore** (Mandelblütenfest), kündigt mit viel Folklore, Tanz, Umzügen und Musik den Frühling an – Musiker aus ganz Europa musizieren dann zusammen mit den Einheimischen. Bis 3 Uhr nachts versammeln sich die jungen Agrigentini in der **Baraka Lounge** in der Altstadt (Via Cavaleri Magazeni 5, Tel. 347 7 18 76 52). Am Strand von **San Leone** öffnen im Sommer Discos. Die antike griechische Stätte **Eraclea Minoa** (Tel. 0922 84 60 05) ist im Juli und August spektakulärer Aufführungsort klassischer Dramen und Konzerte.

Der Westen

Kleine Erlebnisse

Feiner Tropfen

Wann sonst hat man einmal die Möglichkeit, direkt beim Erzeuger auserlesene **Marsala-Weine** (➤ 169) zu kosten?

Spurensuche bei knatterndem Bootsmotor

Wer entdeckt sie, die antike Straße nach **Mozia** (➤ 164), die auf dem Lagunengrund errichtet wurde?

Antiker Steinbruch

Klettern Sie dort, wo einst Sklaven ihr mühsames Tagwerk verrichteten: in der Cave di Cusa bei **Selinunt** (➤ 156).

Erste Orientierung

Westlich von Palermo nähert sich Italien Nordafrika. Die Berge laufen nach Süden und Westen flach aus. Im Gegensatz zur Nordküste mit ihren steilen Klippen dominieren hier die kahl gefegten Salzflächen. Vereinzelte weiße Häuser und stattliche Palmen bestimmen das Bild. Die Namen der Ortschaften klingen arabisch und statt Pasta wird Couscous gegessen.

Vor den Griechen, Römern und Arabern siedelten in diesem Teil der Insel Phönizier und Karthager. Die Ruinen ihrer Inselstadt Mozia gehören zu den Top-Sehenswürdigkeiten dieses Küstenabschnitts. Landeinwärts in Segesta sind ein märchenhaft gelegener, griechischer Tempel und ein Theater zu sehen. Im äußersten Westen thront das malerische Erice hoch über den Salzfeldern von Trapani und weiter im Süden liegt die Küstenstadt Selinunte mit ihrer antiken Stätte.

Von Erice in Richtung Nordküste erwartet Sie der legere Charme von Urlaubsorten wie Castellammare del Golfo und die herrlichen, ins Meer abfallenden Klippen der Riserva Naturale dello Zingaro. Nördlich des Zingaro findet sich auf einer Halbinsel das abgelegene San Vito lo Capo mit einem der schönsten weißen Sandstrände Siziliens unterhalb von steil abfallenden Kalksteinfelsen. Die Straßen nach Süden bringen Sie ins historische Trapani, von wo aus Fähren zu den Egadischen Inseln führen, und weiter nach Marsala, das für seinen Likörwein bekannt ist. Fahren Sie schließlich weiter südostwärts über flaches Land und durch die Weinanbaugebiete nach Mazara del Vallo. Diese historische Stadt hat sich zu einem der größten Fischereihäfen Italiens entwickelt und verdient es, entdeckt zu werden.

Griechischer Tempel bei Segesta

TOP 10

⭐ **8** Selinunte &
Marinella ➤ 154

Nicht verpassen!

41 Segesta ➤ 157
42 Erice ➤ 159
43 Mozia ➤ 163

Nach Lust und Laune!

44 Castellammare del Golfo & Riserva
Naturale dello Zingaro ➤ 166
45 San Vito lo Capo ➤ 167
46 Trapani ➤ 167
47 Marsala ➤ 168
48 Mazara del Vallo
➤ 170

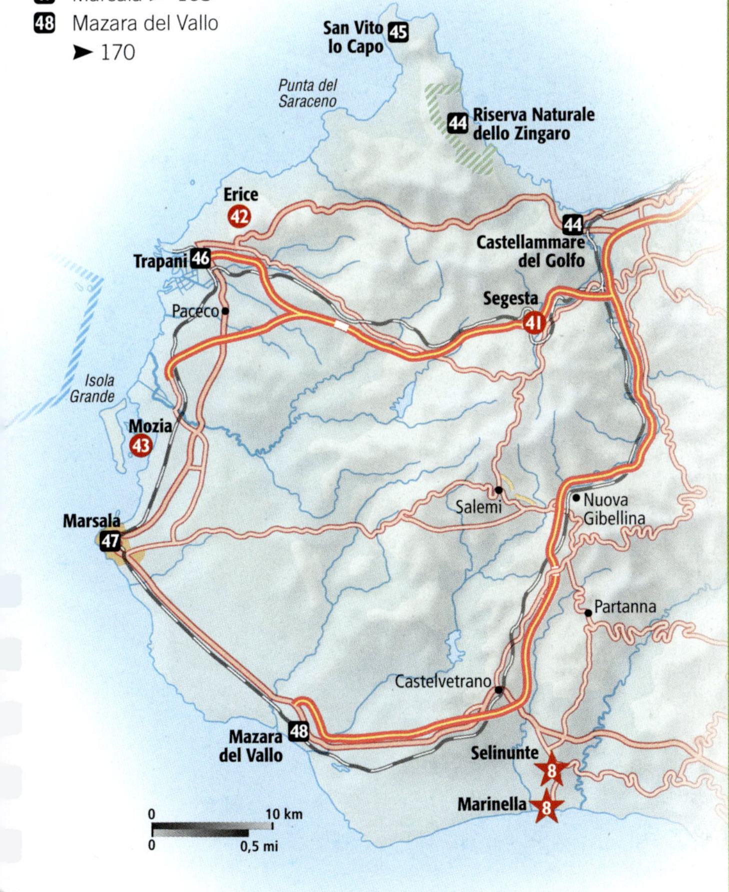

Im Theater von
Segesta

In vier Tagen

Wenn Sie den Westen Siziliens erkunden möchten, sollten Sie dafür vier Tage einplanen. Folgen Sie unserem Tagesplan, damit Sie kein Highlight verpassen. Weitere Informationen finden Sie unter den Haupteinträgen (► 154ff).

Erster Tag
Vormittags
Von Palermo aus nach Westen nehmen Sie die Autostrada A29 und fahren bei **44 Castellammare del Golfo** (links; ► 166) ab. Ausflügler zur **44 Riserva Naturale dello Zingaro** (► 166) finden hier eine große Auswahl an Unterkünften. Sie können auch auf der A187 und auf kleineren Straßen westwärts bis nach **45 San Vito lo Capo** (► 167) weiterfahren und dort übernachten. Wenn Sie den Nordwesten auslassen wollen, fahren Sie auf die A29 und nehmen die Abzweigung nach Segesta.

Nachmittags
Verbringen Sie den Nachmittag in **41 Segesta** (► 157), steigen Sie zum Tempel (gegenüber, unten) hoch und besichtigen Sie das Theater, bevor es auf der *autostrada* in Richtung Westen weitergeht.

Abends
Übernachten Sie entweder in Erice oder Trapani.

Zweiter Tag
Vormittags
Machen Sie vormittags einen Stadtbummel durch das reizvolle **42 Erice** (► 159) und genießen Sie die herrliche Aussicht über die Nord- und Westküste.

Nachmittags
Fahren Sie weiter nach **46 Trapani** (gegenüber, oben; ► 167) und machen Sie

eine Stadtbesichtigung. Alternativ bringt Sie die Fähre nach **Favignana** (➤ 181) auf den **Egadischen Inseln**.

Abends
Verbringen Sie den Abend in Trapani oder bleiben Sie im Sommer zum Abendessen in Favignana und nehmen Sie eine spätere Fähre.

Dritter Tag
Vormittags
Nach frühem Start in den Tag nehmen Sie die Fähre nach **43 Mozia** (➤ 163). Wer den ganzen Tag auf der Insel verbringen will, sollte ein Picknick mitnehmen – alternativ kann man nach einem kürzeren Besuch weiter nach **47 Marsala** (➤ 168) fahren.

Nachmittags
Nach der Besichtigung von Marsala und eventuell dem Besuch eines **Weinguts** (➤ 169) nehmen Sie die N115 über **48 Mazara del Vallo** (➤ 170) nach **Selinunte**. Wer die A29 nimmt, muss bei Castelvetrano auf die N115 nach Selinunte abfahren.

Abends
Übernachten Sie an der Küste in Marinella.

Vierter Tag
Vormittags
Nehmen Sie sich ausreichend Zeit für die Besichtigung der Ausgrabungsstätten von **★ Selinunte** (➤ 154).

Nachmittags und Abends
Genießen Sie den Strand von **★ Marinella** (➤ 156) und runden Sie den Tag in einem der Fischrestaurants dieses legeren Badeorts ab.

⑧ Selinunte & Marinella

Die Griechen errichteten Selinus (Selinunt) auf den Hügeln mit Blick aufs Meer. Die von Mauern geschützte, wohlhabende Stadt besaß großartige Tempel und war eine der prächtigsten griechischen Kolonien. Von seiner Zerstörung 409 v. Chr. erholte sich Selinus nie wieder. Immer noch wächst hier der wilde Sellerie, *selinon*, nach dem es seinen Namen bekam. Östlich der Ausgrabungsstätte liegt das kleine Fischerdorf Marinella, das mit seinem Sandstrand der wohl charmanteste Urlaubsort dieses Küstenabschnitts ist.

Selinunt, die westlichste der griechischen Kolonien, wurde um 650 v. Chr. von Griechen aus Megara Hyblea in Ostsizilien gegründet, die wegen der fruchtbaren Ebene hier siedelten. Die meisten der Tempelanlagen und die Stadt selbst stammen aus dem 5. Jh. v. Chr. Ihr Dauerkonflikt mit dem benachbarten Segesta eskalierte Ende des 5. Jhs. v. Chr.: Im Jahr 409 v. Chr. rückten die mit Segesta verbündeten Karthager mit 100 000 Mann gegen Selinunt an. Nach neuntägiger Belagerung wurden die Bewohner getötet; die Stadt wurde zerstört und für die nächsten rund 150 Jahre von Karthagern bewohnt. Erdbeben im Mittelalter vernichteten die Stadt endgültig. In den 1920er-Jahren des 19. Jhs. begann man mit systematischen Ausgrabungen, die bis heute fortgesetzt werden.

Der prachtvolle Tempel E ist der am besten erhaltene der östlichen Tempel

Rechts: Die weitläufige Akropolis erstreckt sich über die Hügel von Selinunt

Die Osttempel

Nördlich vom Eingang stößt man auf die Gruppe der mit E, F und G bezeichneten **Osttempel**. Tempel E wurde 1958 rekonstruiert und ist am vollständigsten erhalten. Die gewaltige dorische Anlage war vermutlich der Aphrodite gewidmet und wirkt heute noch überwältigend. Der dahinter liegende, um 550 v. Chr. errichtete Tempel F ist der älteste Selinunts. Tempel G war Zeus gewidmet und nach dem Olympieion (Tempel des olympischen Zeus, ▶ 130) das größte Heiligtum Siziliens. Von ihm steht nur noch eine einzige Säule in den Trümmern der umher liegenden Steinbrocken.

Die Akropolis und die Westtempel

Folgen Sie dem Pfad bergab am versandeten Hafen vorbei zur **Akropolis**. Hier finden sich gut erhaltene Straßen, Mauerreste und die Ruinen der fünf Westtempel: Tempel C, der gewaltigste, stand ganz oben auf dem Hügel und war vermutlich Apollo geweiht. Seine herrlichen Metopen (der Raum zwischen zwei Triglyphen im dorischen Fries) sind heute im Museum in Palermo (➤ 66) ausgestellt. Die 14 Säulen, die wieder aufgerichtet wurden, vermitteln einen Eindruck seiner früheren Dimension. Von hier erstreckten sich rechtwinklige Straßen mit Häusern und Läden zum Nordtor. Dahinter liegt ein riesiges antikes Stadtviertel, das noch nicht ausgegraben worden ist.

Marinella

Marinella, ein typischer, lockerer, italienischer Badeort mit Müßiggängern, einer bunten *passeggiata* und einem reichen Angebot an hervorragenden Fischrestaurants, liegt auf den Hügeln östlich von Selinunt. Der moderne Ort mit seinem beliebtem 👫 **Strand** reicht im Westen bis an die Ruinen heran. Die Hauptstraße schlängelt sich zum Hafen, in dem die Fischerboote dümpeln. Mehrere gute Hotels blicken über den Hafen, aufs Meer und die Hügel.

KLEINE PAUSE

Gegenüber dem Eingang zu den Ausgrabungen gibt es ein Bar-Restaurant (€). Weitere Bars und Restaurants (€–€€) finden Sie in Marinella.

✚ 202 C2

🛈 IAT Castelvetrano, Piazza Carlo D'Aragona e Tagliavia; ☎ 0924 90 20 04; www.selinunte.net 🕐 Mo–Sa 10–13 Uhr

Archäologische Stätte
✉ Selinunte ☎ 0924 4 62 77 od. 0924 4 65 40; 🕐 Sommer tägl. 9–18, Winter Mo–Sa 9–17, So 9–13.30 Uhr ✋ 6 €

Eine erfrischende Abwechslung von den antiken Ruinen: die Strände von Marinella

BAEDEKER TIPP

- Selinunte ist groß (270 ha); wer alles besichtigen will, sollte sich mindestens drei bis vier Stunden Zeit nehmen und sich auf einen längeren Fußmarsch einstellen. Ab ca. 4 € fährt Sie ein Elektrotaxi über einen Teil der Stätte. Die Fahrt über die ganze Anlage kostet etwa 12 €. Schatten ist rar – denken Sie an einen Sonnenschutz und ausreichend Wasser. Pläne sind z. B. im Laden am Eingang erhältlich.
- Oft unbeachtet und doch spannend: Die 👫 **Cave di Cusa**, ein antiker Steinbruch rund 12 km nordwestlich von Selinunte, ist ein großer Abenteuerspielplatz, den es zu entdecken lohnt. Hier kamen also die Steine für die riesigen Tempel her!

41 Segesta

Von den antiken Sehenswürdigkeiten Siziliens ist das einsame Segesta eine der fesselndsten. Auf einem Hügel mitten im Grünen finden sich ein beeindruckender dorischer Tempel und ein wunderbares Theater, die von der einst so prachtvollen Stadt zeugen.

Egesta, das heutige Segesta am Monte Barbaro, war die erste Stadtgründung der Elymer. Deren genaue Herkunft ist ungeklärt; laut dem antiken Geschichtsschreiber Thukydides sollen sie den Trojanern angehört haben, die mit Aeneas aus Troja flohen. Um 580 v. Chr. waren sie oberflächlich hellenisiert, im 5. Jh. v. Chr. bildeten sie mit Athen eine Allianz gegen ihre Nachbarn in Selinunt, mit denen sie in ständiger Feindschaft lebten. Möglicherweise wurde der große Tempel unter attischer Leitung gebaut. Nach der Niederlage Athens gegen Syrakus 409 v. Chr. ging Egesta ein Bündnis mit den Karthagern ein. Später wurde die Stadt von Syrakus eingenommen und erneut von Griechen besiedelt; 260 v. Chr. unterwarf sie sich schließlich als erste sizilianische Stadt Rom. Die Römer änderten den Namen in Segesta, dessen Niedergang 73–71 v. Chr. mit den Plünderungen durch den römischen Prätor Verres begann.

In unmittelbarer Nähe liegt die arabische Gründung **Calatafimi Segesta** mit Resten eines normannischen Kastells aus dem 13. Jh. und einer mittelalterlichen Kirche.

Der Tempel

Dieses wunderbare Meisterwerk wurde um 426–416 v. Chr. von einem großen attischen Architekten errichtet. Von unten betrachtet, wirkt er mit seinen 36 Säulen, dem Hauptgesims und dem Giebeldreieck vollkommen – nur das Dach fehlt. Sobald Sie jedoch die Stufen hoch gegangen sind, werden Sie feststellen, wie unvollständig er ist:

Der griechische Tempel von Segesta in herrlicher Alleinlage

An den Säulen fehlen die für den dorischen Stil typischen Rillen, die Cella und das Dach wurden nie errichtet, die Hebebossen am Stufenbau, die zum Transport der Steine dienten, ließ man stehen. Es wird daher vermutet, dass der Bau abgebrochen wurde, nachdem sein Zweck – Athen mit einem griechischen Tempel zu schmeicheln – erfüllt war. Und als sich das geschlagene Athen aus Sizilien zurückzog, wurde der Tempel dem Verfall überlassen.

Eine Besucherin genießt Theater und Aussicht ganz für sich allein

Das Theater

Das Theater liegt hoch oben auf einem Hügel dem Tempel gegenüber und bietet eine freie Sicht auf die Ebene und das ferne Meer. Wie Ausgrabungsfunde zeigen, lag es einst mitten in der Stadt. Es wurde im 3. oder 2. Jh. v. Chr. erbaut und gehört mit einem Durchmesser von 63 m zu den am besten erhaltenen klassischen Anlagen. Auf den 20 Sitzreihen, die nach Norden zum Meer hin ausgerichtet sind, fanden bis zu 3200 Zuschauer Platz.

KLEINE PAUSE

Im Besucherzentrum am Eingang gibt es eine Bar (€), in der man Getränke und Snacks bekommt.

✚ 202 C4 ☎ 0924 952 356 🕑 Sommer tägl. 9–19.30, März, Okt. 9–18, Nov.–Feb. 9–17 Uhr; letzter Eintritt jeweils 1 Std. vor Schließung der Anlage 🎫 6 € 🚌 ab Piazza Ciaccio in Trapani: Mo–Sa 8, 10, 14 Uhr; Rückfahrt 13.10 und 16.10; Infos unter www.tarantolabus.com

BAEDEKER TIPP

- Vom Eingang führt der Weg zum Theater 20 Minuten steil bergauf. Im Sommer fährt halbstündlich ein Shuttle-Bus. Der Tempel ist nur über eine Reihe flacher Stufen zugänglich (für Menschen mit eingeschränkter Mobilität nicht zu empfehlen).
- In Jahren mit ungerader Jahreszahl findet ein Sommerfestival mit Konzerten und klassischen Theaterstücken statt (**Le notti di Segesta**). Näheres erfahren Sie bei der Touristeninformation in Trapani (► 168).

㊷ Erice

Hoch oben auf einem Kalkfelsen liegt Erice. Die Hänge fallen steil nach Trapani und zum Meer hin ab. Kopfsteingassen, lauschige, mit Blumen geschmückte Innenhöfe, eine großartige Kathedrale und zahlreiche Kirchen, eine historische Burg, antike Stadtmauern, stille Parks und vor allem fantastische Aussichten – im Westen bis zum Cap Bon in Tunesien, im Osten bis zum Ätna – machen es zu einem der schönsten Städtchen der Insel. Im Sommer überfüllt, im Winter kalt, ist Erice nicht nur Wahrzeichen Siziliens, sondern des ganzen westlichen Mittelmeers.

Erice ist ein heiliger Ort. Die Elymer gründeten es um 1200 v. Chr. und nannten es Eryx. Auf dem gleichnamigen Berg befand sich ein bedeutender antiker Tempel der Göttin der Liebe – der phönizischen Astarte, der griechischen Aphrodite bzw. der römischen Venus –, der selbst vom römischen Dichter Vergil erwähnt wurde. Seefahrer diente er gar als Orientierungspunkt auf dem Rückweg aus Afrika.

Die Elymer und Griechen wurden von den Römern verdrängt, ihr Heiligtum aber blieb erhalten und wurde unter Tiberius und Claudius erneuert. Auch die arabischen Herrscher spürten die Aura des Ortes und gaben ihm den Namen Gebel-Hamed, Berg Mohammed. Die Normannen nannten Erice zu Ehren des hl. Julian, der ihnen angeblich zum Sieg über die Mauren verhalf, Monte San Giuliano. 1934 erhielt es unter Mussolini seinen ursprünglichen Namen zurück.

Eingangstür der Kirche San Martino

Links: Erice unterhalb des Castello di Venere

Streifzug durch Erice

Erice ist in Form eines gleichseitigen Dreiecks angelegt. Die **Porta Trapani** liegt in der südwestlichen Ecke. Von hier sind es nur wenige Meter zur Kathedrale **La Matrice**, deren Innenausstattung aus dem 19. Jh. der wunderschönen Gotikfassade nicht gerecht wird. Auf einer Seite erhebt sich ein **separater Glockenturm**, den Friedrich III. um 1315 als Wehrturm errichten ließ. Von hier führt die **Via Vittorio Emanuele** hoch zur **Piazza Umberto I**, dem einzigen offenen Platz des Städtchens. Bergauf kommen Sie an zahlreichen *pasticcerie* vorbei, die Erices berühmtes Konfekt verkaufen.

Direkt bei der Kirche San Pietro, etwas südöstlich der Piazza Umberto, beherbergt das Ex-Kloster San Rocco den Polo Umanistico, in dem das **Museo Cordici** eine repräsentative Heimstatt fand. Die Sammlung zeigt u. a. einen Kopf der Aphrodite aus dem 5. Jh. v. Chr., punische und griechische Münzen und Bronzestücke sowie eine Verkündigung aus Marmor von Antonello Gagini. Lassen Sie sich auch durch die unzähligen *vanelle* (Gassen) von einer winzigen Piazza zur nächsten treiben, genießen Sie hier und da einen Blick in die **Hinterhöfe** oder in eine der kleinen **Kirchen** – irgendwann gelangen Sie ganz von allein zum Castello di Venere, dem Ort des ursprünglichen Tempels.

Castello di Venere

Als normannische Truppen Erice eroberten, hatten sie den Auftrag, alle Spuren des **heidnischen Tempels** zu zerstören. Die Trümmerstücke recycelten sie im Bau

Der Turm des Castello di Venere

ihres **Castello di Venere**. Der heutige Betrachter erkennt Fragmente des Heiligtums und einige Überreste der Kolonnaden im Mauerwerk. Die Aussicht von hier oben ist umwerfend. Unterhalb der Burg, im Garten eines wieder aufgebauten normannischen Schlösschens, das sich in Privatbesitz befindet, können Sie noch den **Torre Pepoli** aus dem 15. Jh. entdecken.

Einige der Leckereien von Maria Grammatico

KLEINE PAUSE

Genießen Sie das köstliche Mandelgebäck in der **Pasticceria di Maria Grammatico** (€; Via Vittorio Emanuele 14).

✚ 202 B4

ℹ️ www.comune.erice.tp.it ☎ 0923 50 23 71

Chiesa Matrice
✉ Via Carvini 🕐 tägl. 10–13, 15–18 Uhr ✋ frei

Museo Cordici
✉ Via S. Rocco ☎ 346 5 77 35 50; www.fondazioneericearte.org 🕐 April–Okt. 10–18/19/20, sonst Sa und So 10–16 Uhr ✋ 5 € (Museo und Castello 6 €)

Castello di Venere
✉ Via Conte Pepoli ☎ 366 6 71 28 32 🕐 wie Museo Cordici ✋ 5 € (Castello und Museo 6 €)

BAEDEKER TIPP

- Eine Übernachtung in Erice lohnt sich. Wenn die Touristenbusse weg sind, kommen die Reize des Städtchens richtig zur Geltung. Und: Die Sonnenuntergänge sind schlicht überwältigend.
- Im Winter kann die Sicht wolkenverhangen sein. Versuchen Sie, Ihren Besuch dann auf den nächsten Tag zu verschieben – Nebel und Wolken verziehen sich hier selten vor Einbruch der Dunkelheit.
- Das Kopfsteinpflaster ist sehr uneben, tragen sie festes Schuhwerk.
- Sogar im Sommer kann es in dieser Höhe kühl sein: Der Temperaturunterschied zu Trapani kann bis zu 10 °C betragen.
- Eine 🚡 Seilbahn (Ostern–Okt. ab 7.45–20/22/24/1 Uhr; www.funiviaerice.it) verkehrt halbstündlich zwischen Erice und der Via Fardella in Trapani.
- Die Aussicht von der Villa Balio, einem reizenden öffentlichen Park unterhalb des Castello, ist überwältigend.
- Besichtigen Sie Stadtmauern zwischen Porta Spada und Porta Trapani: Das 2500 Jahre alte Mauerwerk wurde von Elymern, Karthagern, Römern und im Mittelalter gebaut.

(43) Mozia

In flachen und geschützten Gewässern auf der winzigen Insel San Pantaleo befindet sich das im 8. Jh. v. Chr. von den Phöniziern gegründete Mozia. Der verzauberte Ort inmitten der fruchtbaren Ebene bewahrt Überreste einer Siedlung, die in der Antike zu den einflussreichsten Städten Siziliens zählte. Die Insel gehörte einst dem Engländer Joseph »Pip« Whitaker, der hier die ersten Ausgrabungen durchführte. Seine Sammlung ist im Museum auf Mozia untergebracht, darunter eine rätselhafte griechische Statue, die hier auf der Insel gefunden wurde.

Mozias großer Trumpf war seine außerordentlich geschützte Lage

Eine antike Siedlung

Mozia verband Karthago mit den Elymern, den einheimischen sizilianischen Verbündeten, und den Etruskern im Gebiet der heutigen Toskana und wurde dadurch schnell zum wichtigsten Handelshafen der Phönizier in Italien. Durch die Westexpansion der Griechen bedroht, befestigten sie die Insel, verlagerten ihre Totenstadt auf die Hauptinsel und bauten eine heute noch sichtbare, befestigte Straße auf dem Lagunengrund. Den ersten Rückschlag erlitten die Karthager, als sie sich in einen Konflikt zwischen zwei griechischen Tyrannen hineinziehen ließen und 480 v. Chr. bei Himera von **Gelon von Syrakus** vernichtend geschlagen wurden. 398 v. Chr. obsiegten abermals die Griechen in der Person des Tyrannen Dionysius von Syrakus über die Karthager, die nun Mozia größtenteils verließen und ihren Hauptsitz nach Lilybaeum, dem heutigen Marsala, verlegten. Im 20. Jh. begann **Joseph (Pip) Whitaker**, ein Weinhändler aus Marsala, mit Ausgrabungen auf Mozia, die die Geschichte der Insel ans Tageslicht beförderten.

Der Westen

Die Ausgrabungen

Die Fähre legt in der Nähe der **Villa Whitaker** an, in der sich heute ein Museum befindet. Über Fußwege gelangt man zu den faszinierenden und zugleich unspektakulären Fundorten. Beachten Sie den **Kothon**, den kleinen künstlichen Hafen, der sich innerhalb der ehemaligen Stadtmauern verbirgt. Die Stadtmauern selbst sind an der **Porta Nord** (Nordtor) besonders eindrucksvoll. Hier beginnt auch der **unter der Wasseroberfläche verlaufende Weg**, der einst zur Nekropole der Karthager führte. In der Nähe gibt es eine Opferstätte (Tofet), wo die Phönizier der Göttin Tanit ihre Erstgeborenen opferten. Beim Spaziergang über die Insel entdecken Sie in der Nähe des Museums die Ruinen der **Casa dei Mosaici**; die erhaltenen Bodenmosaiken zeigen Löwen im Kampf mit einem Stier.

Oben: Pip Whitaker

Unten: Villa Whitaker

Das Museum

Das **Museo Whitaker** befindet sich in der von Pip Whitaker (1850–1936) errichteten Villa. Die Sammlung besteht aus Funden der Insel und Ankäufen, darunter über **1000 Stelae** (Grabsteine) sowie eine riesige Anzahl an **Tonwaren, Masken und Götterbildern** aus Terrakotta. Halten Sie u. a. Ausschau nach der lächelnden Maske der Gottheit Bes. Einige Vitrinen zeigen phönizische **Schmuck- und Glaswaren**: Anhänger und Halsketten aus Gold oder Bronze sowie kleine Pfannen und Geräte zum Verbrennen duftender Kräuter. Das Prunkstück der Sammlung ist allerdings der sogenannte **Wagenlenker** bzw. **Giovanetto di Mozia** (Jüngling von Mozia). Diese 1978 gefundene, meisterhafte Skulptur wird ins zweite Viertel des 5. Jhs. v. Chr. datiert. Sie zeigt einen jungen, selbstbewusst wirkenden Mann, dessen Muskeln sich unter den Falten seiner eng anliegenden Tunika abzeichnen. Bei der Interpretation der Statue wurde u. a. an einen hohen Magistrat, Priester oder eine Gottheit (z. B. Herakles/Melkart) gedacht.

Der *Giovanetto di Mozia* in der Villa Whitaker

KLEINE PAUSE

Im Museumscafé (€) bekommen Sie kleine Erfrischungen. Empfehlenswert ist auch **Mamma Caura** (€–€€), das Restaurant am Parkplatz auf dem Festland.

✝ 202 B3

Museo Whitaker
✉ Mozia ☎ 0923 71 25 98 🕓 April–Okt. 9.30–18.30 Uhr, Nov.–März 9–15 Uhr; die Öffnungszeiten können sich kurzfristig ändern
✋ 9 €

BAEDEKER TIPP

- Auf Mozia kann man gut und gern einen halben Tag verbringen. Wer wenig Zeit hat, sollte wenigstens die Ausgrabungen besichtigen und sich eine Dreiviertelstunde dem Museum widmen. Die Überfahrt mit der Fähre dauert rund zehn Minuten.
- Auf Mozia ist Schatten rar. Für einen Inselspaziergang im Hochsommer sollten Sie eine Kopfbedeckung tragen und ausreichend Wasser mitnehmen.
- Besorgen Sie sich im Museum eine Karte der Insel, bevor Sie losgehen; es gibt gute Wegweiser und – englische – Informationstafeln.
- In der Enoteca neben dem Museum können Sie regionale Weine kosten.

Nach Lust und Laune!

Castellammare del Golfo ist ein friedlicher Ort mit einem geschäftigen Fischereihafen

44 Castellammare del Golfo & Riserva Naturale dello Zingaro

Castellammare del Golfo war im Altertum der Hafen der antiken Stadt Segesta (➤ 157) und liegt zwischen den Hügeln, die die große Bucht vom Golfo del Castellammare umgeben. Der bezaubernde Ort unterhalb der Ruine eines aragonesischen Kastells ist noch heute ein quirliger Fischereihafen mit breiten Ufermauern. Kaum vorstellbar, dass das friedliche Städtchen einst eine Hochburg der Mafia war und angeblich jeder dritte Einwohner unter Mordverdacht stand. Die Geschichten inspirierten Mario Puzo zu seinem Roman *Der Pate*. In letzter Zeit hat sie sich zum Hotspot internationaler Prominenz entwickelt und zieht Berühmtheiten wie Brad Pitt und Catherine Zeta-Jones an.

Westlich von hier liegt die **Riserva Naturale dello Zingaro** an einer 7 km langen, unberührten Küste mit steil ins Meer abfallenden Hügeln, kleinen idyllischen Buchten und kristallklarem Wasser. 1981 protestierten die Sizilianer gegen ein Vorhaben der Regierung, die mit dem Bau einer Küstenstraße die Mafia daran hindern wollte, an den kleinen versteckten Buchten zu schmuggeln. Bis heute blieb die Küste unverbaut. An den östlichen Parkeingang gelangt man über das alte Örtchen **Scopello**, das für seine Thunfischjagd berühmt ist. Von hier führen Wege in die verschiedenen Regionen des Zingaro. Sie wandern auf 1, 3 und 7 km langen Wegen zu den 🏊 **Stränden** von Capreria, Marinella und Uzzo oder in die abwechslungsreichen höher gelegenen Gebiete. Außerdem im Schutzgebiet zu finden ist die Grotta dell'Uzzo. Die vor 10 000 Jahren bewohnte Höhle ist eine wichtige archäologische Stätte.

✚ 203 D4

🛈 Pro Loco, Corso Bernardo Mattarella 31
☎ 0924 3 51 75; www.prolococastellamare.it
🕐 Di–So 9–13, Do, Sa auch 15–18 Uhr

Riservo Naturale dello Zingaro
✉ Parkbüro, Via Salvo d'Acquisto 1, Castellammare del Golfo
☎ 0924 3 51 08; www.riservazingaro.it

45 San Vito lo Capo

Von Westen aus erreichen Sie den Zingaro über San Vito lo Capo, einen 🏖 **Badeort** am Fuß des Monte Monaco. Der hl. Vitus, der Schutzheilige der Epileptiker, soll hierher geflohen sein. Die ihm geweihte Kirche in der Mitte des Ortes geht auf eine ehemals maurische Burg zurück, die in christlichen Zeiten die kleine, San Vito geweihte Kirche beherbergte. Sie stand an der Stelle, an der er gelebt haben soll. Mit der Zeit wurde sie zu klein für die große Zahl von Pilgern, die hierher kamen, weshalb sie immer weiter vergrößert wurde, bis sie schließlich das Gebäude umschloss, in dem sie einst lag. Jahrhundertelang lebte man hier vom Thunfischfang und der Verarbeitung von Korallen. Zu Beginn des 20. Jhs. entdeckte der Tourismus die herrlichen, breiten und glitzernden Sandstrände San Vitos, die ihre Farbe in der Dämmerung zu wechseln scheinen. Im Hochsommer kommen die Urlauber in Scharen, flanieren durch die schmucken Straßen aus dem 18. Jh. und besichtigen die Ausstellungen im **Museo del Mare** (zzt. geschlossen) In der Nebensaison haben Sie die charmante Stadt mit ihren quadratischen, mit Bougainvilleen und Geranien geschmückten Häuschen praktisch für sich alleine. Ihre einzige Sorge wird die Auswahl des passenden Fischrestaurants sein. Es gibt ausgezeichnete Spazierwege. Sie können entweder den Berg emporsteigen, um die weite Aussicht zu genießen, einen Spaziergang zum Capo San Vito oder zu den Buchten im Zingaro machen.

✚ 202 C5 ℹ Via Savoia 57; ☎ 0923 97 43 00; www.sanvitoweb.com 🕐 Sommer tägl. 10–13, 17.30–20.30 Uhr

46 Trapani

Trapani kommt aus dem Griechischen und bedeutet Sichel (*drepanon*). Der Name passt zu dieser schmalen Landzunge, auf der die Altstadt steht. Der Legende nach bildete sie sich aus der Sichel, die Demeter (Ceres), die Göttin der Fruchtbarkeit, fallen ließ, als sie verzweifelt nach ihrer Tochter Persephone suchte, die vom Gott der Unterwelt entführt worden war. Nach Süden erstrecken sich kilometerweit die Salinen und die Windmühlen, deren Bild im heißen Dunst des Sommers wie eine Fata Morgana flimmert. Trapani lebte ursprünglich von der Salzgewinnung, den Korallen und dem Fischfang; hier wurde der Dosenthunfisch erfunden. Überlebt hat nur die Salzindustrie.

Der Strand von San Vito lo Capo ist für sein Farbenspiel bei Dämmerung bekannt

Der Westen

Der Hafen ist dank des Fährverkehrs zu den Egadischen Inseln (▶ 181) und nach Tunesien weiterhin in Betrieb.

Wenn auch von langweiligen Vororten umgeben, ist Trapani eine der attraktivsten Städte Westsiziliens. Elegante Architektur, stattliche Kirchen und der Hafen verströmen eine angenehme Atmosphäre. Die 200 m breite »Sichel« wird durch den Corso Vittorio Emanuele seit dem 13. Jh. in zwei Hälften geteilt. Am einen Ende steht der prächtige barocke **Palazzo Cavaretta** (1701). Hinter ihm befindet sich eine kleine Piazza mit der **Fontana di Saturno** (1342). Am Corso steht das **Collegio del Gesuiti** (1636), ein Jesuitenkloster, dessen harmonische Fassade mit barocken Akzenten geschmückt ist, und die Kathedrale **San Lorenzo** (1635) mit einem von Giovanni Biagio Amico um 1683 entworfenen Portal. Er schuf auch die **Chiesa del Purgatorio** im Süden, in der sich die *misteri* befinden, eine Mysteriengruppe des Kreuzwegs. Während der Karfreitagsprozession werden die 21 lebensgroßen Holzfiguren durch die Stadt getragen. Die zweite Attraktion der Stadt ist das etwas außerhalb gelegene Kloster **Santuario dell'Annunziata** (Heiligtum der Verkündigung; Bus 25 ab Piazza Umberto), das eine wunderschöne Marmorstatue der Madonna aus der großen Meisterschule von Pisano aus dem 14. Jh. sein Eigen nennt. Es wird erzählt, dass sie einem Kreuzritter aus Pisa gehörte, der auf dem Rückweg vom Heiligen Land in einen Sturm geriet und in Trapani strandete, wo sie ihm dann von den Einheimischen geraubt wurde. Im Klosterkomplex befindet sich auch das **Museo Regionale Agostino Pepoli**. Die einst private Sammlung umfasst Ausgrabungsfunde, Silberschmuck und Gemälde. Verpassen Sie nicht das außergewöhnliche Schnitzwerk aus Korallen, für die Trapani früher bekannt war.

✚ 202 B4

ℹ Piazza Saturno ☎ 0923 54 45 33; www.trapaniinfopoint.it, www.comune.trapani.it/turismo 🕐 Sommer tägl. 9–13, 17–21 Uhr

Museo Regionale Pepoli
✉ Via Conte Agostino Pepoli ☎ 0923 55 32 69 🕐 Mo–Sa 9–13, 15–19.30, So 9–12.30 Uhr ✋ 6 €

47 Marsala

Am äußersten westlichen Punkt von Sizilien liegt Marsala. Im Altertum siedelten hier Griechen, Karthager und Römer, die unter Scipio Africanus Marsala als Stützpunkt zur Eroberung Karthagos nutzten. Die

SALZIGE LUFT

Am gesamten Küstenabschnitt zwischen Trapani und Marsala finden sich flache, im Sonnenlicht glitzernde Salinen. Das Meerwasser der künstlichen Becken verdunstet im Lauf von 80 bis 100 Tagen – zurück bleibt das angeblich geschmacksintensivste Salz Europas. Es wird zu großen Haufen zusammengerecht, gereinigt und verpackt. Die preiswerte **Trattoria del Sale Culcasi** (Paceco, Fraz. Nubia, Via Chiusa, Mo. geschl., Tel. 338 3 91 59 67, 0932 86 71 42) betreibt mitten in den Salinen ein **Salzmuseum**.

MARSALA-WEIN

Um Wein für den Transport aus Portugal nach England haltbarer zu machen, wurde Ende des 17. Jhs. erstmals der Gärprozess mit Alkohol gestoppt. Der Portwein war erfunden. Nach dessen Vorbild versetzte der englische Händler John Woodhouse in Marsala den einheimischen Wein mit Alkohol und verschiffte ihn 1773 erstmals nach Liverpool – mit großem Erfolg, der 1798 mit einer Bestellung von Admiral Nelson höchstpersönlich bestätigt wurde. Weitere Unternehmen wurden gegründet und Wein aus Marsala wurde bald in die ganze Welt exportiert. Heute tragen die Weine zwar noch englische Namen, die Betriebe sind aber meist in italienischer Hand. Marsala, der trocken (»secco«), lieblich (»abboccato«) und süß (»dolce«) ausgebaut wird, gilt als hervorragender Dessertwein. Weitere Infos unter www.consorziovinomarsala.it.

Stabilimento Florio
✉ Lungomare Mediterraneao
☎ 0923 78 11 11; www.duca.it
🕐 Führungen Mo–Fr 11, 15.30 Uhr, Juli bis Sept. (nach Voranmeldung) auch 17.30 und Sa 10.30 Uhr (Winter nur nachmittags)

Pellegrino
✉ Via del Fante 39 ☎ 0923 71 99 11;
www.carlopellegrino.it
🕐 Mo–Fr 9.30–13, 15–18, Sa 9–13 Uhr

Donnafugata
✉ Via Lipari 18 ☎ 0923 72 42 45;
www.donnafugata.it
🕐 Mo–Sa 11, 13, 16, Di–Sa auch 17.30 Uhr

Araber nannten es Marsah-al-Allah, den »Hafen Gottes«. Der ursprüngliche Name der Stadt war Lilybaeum (»Lily« für Wasser; »baeum« bezog sich auf die Eubei, die hier vor den Phöniziern lebten). Obwohl der arabische Name Marsala hängen blieb, ist Lilibeo immer noch der Name der Landzunge, auf der die Stadt liegt. Zwar florierte die Stadt bereits im Mittelalter, richtig ins Rampenlicht trat sie aber erst, als der Engländer John Woodhouse 1773 seinen Weinhandel aufnahm und 1860 der italienische Unabhängigkeitskämpfer Garibaldi mit dem »Zug der Tausend« hier landete, der Marsala zur ersten »befreiten« Stadt im vereinigten Italien machte. Heute spielt die wohlhabende Stadt im Handel mit Afrika eine bedeutende Rolle.

In das historische Zentrum gelangt man durch die Stadttore in der alten Stadtmauer. Gen Westen, einst das Herz der römischen Siedlung, erstreckt sich eine weite Brachfläche bis zum Meer. Hier finden Sie einige archäologische Ausgrabungen, z. B. einen antiken Wohnblock *(insula)* und das in einem alten *baglio*, einer ehemaligen Weinmanufaktur untergebrachte **Museo Archeologico**. Dessen Ausstellung zeigt Funde aus Marsalas Vergangenheit, u. a. die Reste einer phönizischen Galeere, die in den 1980er-Jahren auf dem Meeresboden vor Mozia (➤ 163) gefunden wurde. Nicht vollständig erhalten, beeindruckt sie dennoch durch ihre Länge von 31,5 m. Einst setzten 68 Ruderer die Galeere in Bewegung; in ihrer Nähe fand man Cannabisblätter, mit denen sich die Ruderer möglicherweise stimulierten. Durch die östliche Porta Gari-

Der Westen

Typisch für Mazara del Vallo ist die arabisch-normannische Architektur

baldi gelangen Sie zur Piazza della Repubblica und zur **Kathedrale**, die Thomas von Canterbury geweiht ist. Dahinter liegt das **Museo degli Arazzi**, in dem acht vornehme flämische Wandteppiche aus dem 16. Jh. zu sehen sind. Beenden Sie Ihren Rundgang mit Besuch eines Weinguts und versäumen Sie es nicht, ein Gläschen Marsala zu kosten.

✝ 202 B3

ℹ Via XI Maggio 100 ☎ 0923 71 40 97 u. 0923 99 33 38; www.lagunablu.org
🕓 Mo–Sa 9–19, So 9–12 Uhr

Museo Archeologico Baglio Anselmi
✉ Lumgomare Boéo ☎ 0923 95 25 35
🕓 Di–So 9–20, Mo 9–13.30 Uhr ✋ 4 €

Museo degli Arazzi
✉ Via Giuseppe Garraffa
☎ 0923 71 13 27 🕓 Di–So 9–13, 16–18 Uhr
✋ 4 €

48 Mazara del Vallo

Früher war Mazara del Vallo die bedeutendste maurische Stadt Westsiziliens. Ein schattiger *lungomare* und Parkanlagen führen an der Küste entlang zum Hafen, wo die größte Fischereiflotte Italiens beheimatet ist. Der urig-geschäftige Hafen, prächtige barocke Kirchen und die Profanbauten der Altstadt verleihen der Stadt ihren eigentümlichen Charme. Nirgendwo sonst in Italien ist der nordafrikanische Einfluss stärker zu spüren als hier: Im tunesischen Viertel (**Casbah**) leben viele nordafrikanische Werftarbeiter. Wandern Sie durch ein Gassengewirr, das an einen arabischen Souk erinnert – das bekannte Sizilien wird Ihnen weit entfernt scheinen. Südöstlich finden Sie an der Piazza della Repubblica den **Duomo**, der harmonisch in ein Ensemble von Barockbauten mit hübschen Portalen und Arkaden eingebunden ist. Und im **Museo del Satiro** ganz in der Nähe können Sie die über 2,4 m hohe Bronzestatue des *Tanzenden Satyr* bewundern, die 1998 in der Nähe von Pantelleria aus dem Meer geborgen wurde.

✝ 202 B2

ℹ Pro Loco, Via XX Settembre 5 (Piazza della Republica) ☎ 0923 94 46 10; www.prolocomazara.it
🕓 tägl. 9–13, 16–19 Uhr

Museo del Satiro
✉ Sant'Egidio, Piazza Plebiscito
☎ 0923 93 39 17 🕓 tägl. 9–18 ✋ 6 €

Wohin zum …
Übernachten?

ERICE

Elimo €/€€
An der malerischen Hauptstraße mit wunderschöner Aussicht auf Trapani gelegen, laden die hübschen Zimmer mit Holzbalkendecken, historischen Kacheln und Marmorbädern sowie die kuschelige Bar, eine Terrasse und der Innenhof zum Entspannen ein. Das Frühstücksbuffet ist hervorragend, das Restaurant bietet delikat arrangierte Gerichte. Mit Privatparkplatz.
✝ 202 B4 ✉ Via Vittorio Emanuele 75 ☎ 0923 86 93 77; www.hotelelimo.it

Moderno €
Wählen Sie zwischen modernen Zimmern mit legerer Atmosphäre und eher traditionellen Unterkünften mit Antiquitäten und Teppichen. Es gibt eine gute Bar sowie eine Terrasse mit überwältigender Sicht. Hauptattraktion ist jedoch das Dachrestaurant, das beste saisonale Erzeugnisse und Gerichte der Region serviert. Spezialität des Hauses ist Fisch-Couscous.
✝ 202 B4 ✉ Via Vittorio Emanuele 67 ☎ 0923 86 93 00;
www.hotelmodernoerice.it

MARINELLA DI SELINUNTE

Miramare €
Das direkt gegenüber vom eigenen Strand gelegene Miramare ist eine sehr gute und günstige Wahl. Die Zimmer auf der Vorderseite haben Balkone mit Meerblick und sind mit Rattan-Möbeln eingerichtet. Das alteingesessene Restaurant serviert fangfrischen Fisch. Im Hochsommer kann es spätabends recht laut werden.
✝ 203 D2 ✉ Via Pigafetta 2 ☎ 0924 4 66 66;
www.hotelmiramareselinunte.com

MARSALA

Villa Favorita €
2 km außerhalb von Marsala liegt in einem reizvollen Park mit Blick aufs Meer diese umgebaute Villa aus dem 19. Jh., die ihrem Namen alle Ehre macht. Die hübsch dekorierten Zimmer sind mit bequemen Sitzgelegenheiten und guten Badezimmern eingerichtet. Die Villa verfügt über einen eigenen Pool und einen Tennisplatz. Das Restaurant zählt zu den besseren in der Umgebung.
✝ 202 B3 ✉ Via Favorita 27 ☎ 0923 98 91 00; www.villafavorita.com

MAZARA DEL VALLO

Giardino di Costanza €€€
Das Hotel steht am Rande von Mazaro del Vallo inmitten von Olivenhainen, Weinbergen, Palmen und blühenden Gärten mit Springbrunnen. Es war das erste Fünf-Sterne-Hotel in diesem Teil der Insel. Die schön dekorierten Zimmer haben große Bäder und sind mit viel Liebe zum Detail eingerichtet. Zur Anlage gehören Swimmingpools, Tennisplätze und ein Spa, außerdem haben die Gäste Zugang zum Privatstrand.
✝ 202 B2 ✉ Via Salemi ☎ 0923 67 50 00;
www.giardinodicostanza.it

SAN VITO LO CAPO

Mira Spiaggia €€ / €€€
Der flache, weiß getünchte Bau
»Strandblick« liegt dem Ufer genau
gegenüber. Die Zimmer mit geho-
benem Komfort in der ersten Etage
bieten Meerblick und Balkone, die
Standardzimmer sind geräumig
und bequem. Das zugehörige
Fischrestaurant dehnt sich über die
ganze Terrasse aus. Hoteleigener
Strand mit Service, Sonnenliegen
und -schirmen, Apartments für
Selbstversorger und Shuttle zum
Flughafen.
✚ 202 C5 ✉ Via Litoranea Lungomare 6
☎ 0923 97 23 55; www.miraspiaggia.it
◷ geschl. Dez.–Feb.

TRAPANI

Ai Lumi €
Eine elegante und freundliche
B & B-Unterkunft abseits der
Hauptstraße mit grünem Innenhof.
Die einfachen, bunten, aber eleganten Zimmer sind mit antiken
Möbeln, alten Kacheln und Töpferwaren eingerichtet. Das Restaurant
ist eines der besten der Stadt,
Hausgäste bekommen 15 % Nach-
lass. Selbstversorger finden voll
ausgestattete Apartments vor.
✚ 202 B4 ✉ Corso Vittorio Emanuele 75
☎ 0923 54 09 22;
www.ailumi.it

Nuovo Albergo Russo € / €€
Zwar sterben die guten, klassischen
Hotels Siziliens mehr und mehr
aus, hier jedoch wurden die ange-
staubten 1950er-Jahre konserviert.
Das familiengeführte Hotel residiert
in einem Palazzo aus dem 18. Jahrhundert gegenüber der Kathedrale.
Die schlichten Zimmer wirken ein
bisschen altmodisch, bieten aber
modernen Komfort. Die Gemein-
schaftsbereiche repräsentieren das
alte Sizilien. Frühstück kostet extra.
✚ 192 A4 ✉ Via Tintori 4
☎ 0923 2 21 63;
www.nuovorusso.altervista.org

Wohin zum ...
Essen und Trinken?

Preise
für ein Drei-Gänge-Menü mit Wein:
€ unter 20 €   €€ 20–35 €   €€€ über 35 €

ERICE

Maria Grammatico €
Erice ist berühmt für seine *dolci*.
Probieren Sie hier federleichte
Kekse, mit Ricotta und kandierten
Früchten gefüllte *cannoli*, ein Stück
der *cassata* oder die zahllosen
Mandelkonfekte. Sie können sich
Ihre Auswahl als Geschenk einpa-
cken lassen.
✚ 202 B4 ✉ Via Vittorio Emanuele 14
☎ 0923 86 93 90; www.mariagrammatico.it
◷ tägl. 10–20 Uhr (im Sommer länger)

Monte San Giuliano €€ /€€€
Das feine Restaurant mit Plätzen
im Innenhof verarbeitet Erzeugnisse aus der Region zu traditionellen
Rezepte mit moderner Note. Die
kreative Küche ist auf Vegetarier
eingestellt. Es gibt geräucherten
Fisch, Berge von Meeresfrüchten,
Pasta mit Sardinen und Couscous.
Heben Sie sich noch etwas Appetit
für die *cassata* auf.
✚ 202 B4 ✉ Vicolo San Rocco 7
☎ 0923 86 95 95; www.montesangiuliano.it
◷ Di–So 12–14.30, 19.30–21.30 Uhr

MARINELLA DI SELINUNTE

Pierrot €€

In dem hellen und luftigen Restaurant mit Blick über den Strand genießen Sie superfrische Meeresfrüchte und Fisch. Spezialitäten sind u. a. *ricci* (Seeigel), Pasta mit Schwertfisch und Kapern und ein leckerer Couscous. Das exzellente Mittagsmenü ist sein Geld wert. Sonntags oft von Einheimischen bevölkert.

✚ 203 D2 ✉ Via Marco Polo 108 ☎ 092 44 62 05; www.ristorantepierrot selinunte.it ◷ Mai–Okt. tägl. 12–14.30, 19.30–22 Uhr; Nov.–April Mi–Mo 12–14.30, 19.30–21.30 Uhr

MARSALA

Trattoria Garibaldi €€

Das alteingesessene Restaurant im Herzen der Stadt, legt Wert auf Fisch und frische Produkte. Freuen Sie sich auf Pasta mit Hummer oder Sardinen, Fisch-Couscous, leichtes und knuspriges *fritto misto* (gemischter frittierter Fisch) oder die im Fischsud geköchelte Brasse. Wer sich nicht entscheiden kann, wählt die *Antipasti*, um so viel wie möglich von den Geschmacksrichtungen der Küche zu probieren.

✚ 202 B3 ✉ Piazza dell'Addolorata 35 ☎ 0923 95 30 06 ◷ Mo–Fr 12–14.30, 19.30–21.30, Sa 19.30–21.30, So 12–14.30 Uhr

MAZARA DEL VALLO

La Bettola dal 1972 €€

Das bei den Einheimischen sehr beliebte Restaurant hat sich auf hervorragendes Seafood spezialisiert. Chefkoch Pietro Sardo bespricht Ihr sizilianisches Festmahl vor der Zubereitung persönlich mit den Gästen – versuchen Sie, für die himmlische *cassata siciliana* etwas Platz zu lassen. Weinkarte mit über 200 sizilianischen Sorten.

✚ 202 B2 ✉ Via F Maccagnone 32 ☎ 0932 94 64 22; www.ristorantelabettola.it ◷ Do–Di 12.30–14.30, 20–22.30 Uhr

SAN VITO LO CAPO

Da Alfredo €€

Auf der Terrasse genießen Sie den Blick aufs Meer und köstlich zubereitete Spezialitäten wie *busiate alla sanvitese* (hausgemachte Pasta mit Thunfischrogen). Sie können *bottarga* (Thunfischrogen) auch auf *bruschetta* (geröstetem Brot) probieren. Der Service erscheint manchmal überfordert.

✚ 202 C5 ✉ Contrada Valanga, 1km südlich von San Vito ☎ 0923 97 23 66 ◷ Di–So 12–14.30, 19.30–22 Uhr; Ende Okt.–Ende Nov. und im Juli mittags geschl.

TRAPANI

Cantina Siciliana €€

Auf das Essen legt Inhaber Pino Maggiore großen Wert. Als geborener Trapanese bietet er in der belebten Cantina regionale Erzeugnisse – Fisch wie Produkte aus der *terra* – an. Hausgemachte *busiate* (Pasta) werden mit *pesto all trapanese* (Pesto aus Tomaten, Basilikum, Knoblauch und Mandelpaste) serviert. Frischer Schwertfisch kommt in Begleitung winziger Tomaten und Kapern von der Insel Pantelleria. Mit Wein- und Lebensmittelverkauf sowie Kochschule.

✚ 202 B4 ✉ Via Giudecca 36 ☎ 0923 2 86 73; www.cantinasiciliana.it ◷ tägl. 12–14.30, 19.30–21.30 Uhr

Vultaggio €

Der Agriturismo im Familiengut, das mit einem arabischen Wort Baglio genannt wird, produziert Olivenöl und Nero d'Avola. Die Küche brilliert mit Traditionsrezepten wie Hammelschmorfleisch, *busiate*-Nudeln mit Kohl und Bratwurst oder Pasta mit Saubohnen und Minze, die 2015 auf der EXPO in Mailand vorgestellt wurden.

✚ 202 B4 ✉ Fraz. Guarrato, Via Quartana, Contrada Misiliscemi ☎ 0923864261 und 3476696059; www.agriturismovultaggio.it ◷ tägl. 13–15, 19.30–22 Uhr

Wohin zum ... Einkaufen?

Als Touristenmagnet bietet **Erice** einige besondere Geschäfte, die zum Stöbern einladen. Bei **Pina Parisi Tappeti** (Viale Pepoli 55, Tel. 0923 86 90 49) finden Sie klassische Teppiche mit geometrischen Mustern oder charmanten Szenen des Landlebens. Im Zentrum der Stadt verkauft **Altieri 1882** (Via Cordici 14, Tel. 0923 86 97 91) Schmuckunikate aus Gold und Korallenskeletten sowie leuchtend bunte Keramik. Zwei Türen weiter, in Haus Nr. 16, befindet sich das Geschäft **Bazar del Miele** (Tel. 0923 86 91 81), ein Ort für Honigfans mit einer riesigen Auswahl an Honigsorten, Käse, Olivenöl und Eingemachtem. Wer sich für Keramikartikel interessiert, geht zu **Caterina Catalano** (Via Guarnotta 15, Tel. 0923 86 91 26) oder zu **Ceramica Ericina** (Via Guarnotta 42, Tel. 0923 86 94 40); beide haben ein reichhaltiges Sortiment.

In **Marinella** wie in **Castellamare** finden Sie die für Küstenorte typischen Geschäfte. Ausgefallenere Dinge finden Sie in **Trapani**, etwa das aromatisierte, grobe Meersalz der Region. Hier wird auch noch der traditionelle Korallenschmuck hergestellt; am besten kauft man diesen bei **Platimiro Fiorenza** (Via Osorio 36) und bei **Saverio D'Angelo** (Via Cuba 19), wo es auch antiken Korallenschmuck gibt. Bei **Perrone Ceramiche** (Corso Vittorio Emanuele 106, Tel. 0923 2 96 09) finden Sie reizvolle Keramikfiguren. In **Marsala** sollten Sie Wein einkaufen, entweder direkt vom Erzeuger (▶ 169) oder im Laden **Alimentari Gerardi** (Piazza Mameli 11–14, Tel. 0923 95 22 40), der verschiedene Hersteller im Sortiment führt.

Wohin zum ... Ausgehen?

Fast das ganze Jahr über werden in **Erice** die Bürgersteige früh hochgeklappt, nur im Sommer werden die Straßen bis spätabends von Touristen bevölkert. Ein Event, das Schaulustige aus ganz Sizilien anzieht, ist der **Carnevale**, der meist im Februar in **Valderice** gefeiert wird (www.comunevalderice.it). Eine Woche lang gibt es Feuerwerke, Konzerte und Umzüge mit allegorischen Karren. Die Figuren aus Pappmaschee sind Karikaturen prominenter Politiker und Lokalgrößen. In **Selinunte** werden zwischen Mitte Juli und Ende August klassische Tanz-, Musik- und Theaterstücke zwischen den Ruinen der archäologischen Ausgrabungsstätten aufgeführt. In **Trapani** lockt im Juli die Oper im Rahmen des **Luglio Musicale Trapanese** (www.lugliomusicale.it) in die Villa Margherita zu einigen Freilichtaufführungen.

Sowohl in **Castellammare** wie in **San Vito** finden Sie die üblichen Angebote der Küstenorte: die *passeggiata*, einige gut frequentierte Bars und Wochenend-Discos. Im September lädt das **Couscous Fest** (www.couscousfest.it) mit unzähligen Couscousvarianten nach San Vito (▶ 21). Das wohlhabende **Marsala** hat eine Handvoll Nachtlokale mit Livemusik und DJs an den Wochenenden zu bieten. Gönnen Sie sich einen Cocktail im **Juparanà** (Piazza Francesco Pizzo 11, Tel. 0932 95 37 58, tägl. 6–22 Uhr, www.juparana.it), im **Divino Rosso** (Largo Di Girolamo 43/V, Tel. 0923 71 17 70) oder in der stimmungsvollen **Russurisira Wine Lounge** (Via Garibaldi/Antico Mercato di Porta Marina, Tel. 349 6 40 07 73).

Spaziergänge & Touren

1 PALERMO

Spaziergang

LÄNGE: 3,5 km **DAUER:** mit Besichtigungen 2 Stunden
START/ZIEL: Piazza G. Cesare
BESTE ZEIT: Vormittags zur Marktzeit ✚ 212 D3

Dieser Spaziergang durch die Hauptstraßen und Seitengassen im Zentrum Palermos bietet Ihnen unterschiedlichste Einblicke: Auf Ihrem Weg liegen zahlreiche Märkte, prächtige Barockkirchen, die Oper und viele Einkaufsmöglichkeiten.

1–2

Los geht's am Haupteingang der **Stazione Centrale**. Sie überqueren die Piazza G. Cesare und gehen geradeaus in die **Via Roma**. Die belebte Geschäftsstraße im historischen Viertel Kalsa wurde 1922 angelegt, um die Altstadt an das Viertel um die Via della Liberta anzubinden. Überqueren Sie die Kreuzung an der **Corso Vittorio Emanuele** und nehmen Sie die Treppe hinunter zu den Marktständen **La Vucciria** (➤ 66).

2–3

Folgen Sie der Marktstraße, der Via Maccheronai, linker Hand, gelan-

Ein Standbild vor dem Teatro Massimo

gen Sie zur **Piazza San Domenico**. Die dortige **Colonna dell'Immacolata**, eines der Wahrzeichen der Stadt, überragt die imposante Fassade von **San Domenico**, einer Kirche aus dem 18. Jahrhundert.

Biegen Sie links in die **Via Bandiera** ein und gehen Sie bis zur Via Maqueda. Überqueren Sie diese und gehen Sie auf der **Via Sant'Agostino** entlang, an der sich das reizende Kloster Sant'Agostino aus dem 14. Jahrhundert befindet. Die Klosterkirche besitzt eine elegante Fensterrosette sowie am Hauptportal Mosaiken aus Lavasteinen.

Vor allem an der Via Porta Carini und der Via Beati Paoli spielt sich morgens der faszinierende, lang gestreckte Straßenmarkt **Il Capo** (➤ 66) ab, dessen belebtes, buntes Gassengewirr an einen arabischen Souk erinnert.

3–4

Biegen Sie am Kopfende der Sant'Agostino rechts ab und gehen Sie an der Madonna della Merce vorbei in Richtung **Via Volturno**. Wenn Sie wieder rechts abbiegen, steuern Sie auf das **Teatro Massimo** zu, (Piazza Verdi, 1875–97, Besichtigung: Di–So 9.30–17/18 Uhr bzw. 1 Std. vor der Vorstellung; www.teatromassimo.it), Palermos erste Adresse für Oper und Ballett. Der monumentale Bau wurde nach einem Entwurf von Giovanni Battista Basile 1897 fertiggestellt und mit der Aufführung von Verdis *Falstaff* eingeweiht. Auf der Piazza Verdi rundum stehen einige Jugendstil-

Kioske, die
einst als Theater-
kassen dienten. Sie
wurden von Basiles
Sohn Ernesto ent-
worfen.

4–5

Gehen Sie auf der **Via Maqueda**, einer der geschichtsträchtigsten Straßen Palermos, weiter bis zur symbolträchtigen Kreuzung **Quattro Canti** (►67), an der die vier histo-rischen Viertel der Stadt auf-einandertreffen. Die Fassaden an der südwestlichen Seite des Quattro Canti verdecken zum großen Teil die riesige Kirche **San Giuseppe dei Teatini** (Mo–Sa 7.30–12, 17.30–20.15, So 8.30–13, 18–20.30 Uhr). Ihre barocke Ausstattung aus dem 17./18. Jh. mit reich vergoldeten Stuckarbeiten ist überwältigend.

5–1

Folgen Sie danach weiter der Via Maqueda. Gegenüber des Ein-gangs der Juristischen Fakultät der **Universität** liegt linker Hand die **Piazza Pretoria** (►67). An deren Nordwestseite steht die üppig mit *Trompe-l'oeil*-Fresken ausgeschmückte Dominikaner-kirche **Santa Caterina** aus dem 16. Jahrhundert. Sie bildet einen bemerkenswerten Kontrast mit dem Innenhof der Universität, der mit seinen klaren Linien und seiner Ruhe nach diesem anregenden Sightseeing und dem lärmenden Verkehrschaos ringsum wie eine

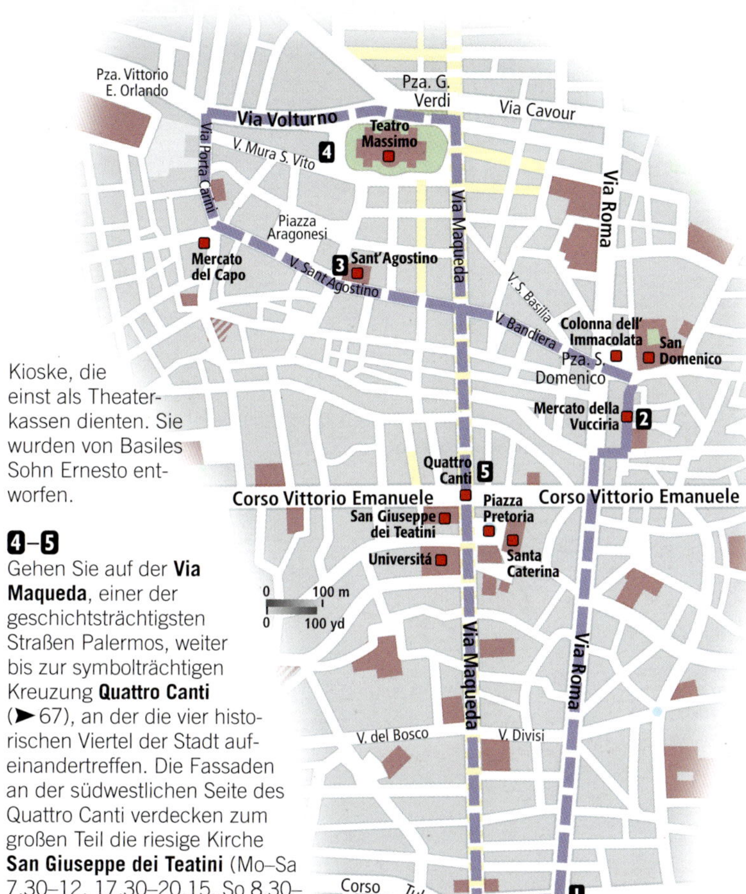

Oase erscheint. Auf der Via Maque-da gelangen Sie schließlich zurück zum Ausgangspunkt an der Piazza G. Cesare am Bahnhof.

KLEINE PAUSE

Gönnen Sie sich die beste Steinofenpiz-za der Stadt in der **Antica Trattoria del Monsu'** (€–€€; Via Volturno 41, Tel. 091 32 77 74).

2 DURCH DIE BERGWELT DER MADONIEN

Autotour

LÄNGE: 135 km **DAUER:** 7 Stunden (mit Pausen) **START/ZIEL:** Cefalù
BESTE ZEIT: Frühling oder Herbst (Achtung: im Winter können die Straßen vereist oder verschneit sein!) ✚ 205 D4

Auf dieser abwechslungsreichen Fahrt von der Nordküste inseleinwärts durch eine der schönsten Bergregionen Siziliens entdecken Sie in wunderbarer Umgebung gelegene einsame Bergdörfer und -städtchen.

❶–❷
Starten Sie vom Bahnhof in **Cefalù** (▶ 88) und fahren Sie in Richtung Centro, bis Sie die grünen Schilder in Richtung Autostrada sehen. Zunächst geht es bergauf und Sie entfernen sich von der Küste, dann – nach einer Linkskurve – geht es wieder zum Meer bergab. Auf der SS113 nach Messina fahren Sie 8 km parallel zur Küste, bis der **Parco Naturale Regionale delle Madonie** mit einem braunen Schild ausgewiesen ist. Biegen Sie rechts ab und folgen Sie 13 km dem blauen Schild **Castelbuono**. Der attraktive Ort am Fuß des Gebirges bezeichnet sich selbst als Hauptstadt der Madonien. Seine Silhouette wird von der strengen **Festung** (Tel. 0921 67 12 11; Di–So 9.30–13, 15.30–19 Uhr;

4 €) dominiert. Sie wurde 1438 erbaut und war Sitz des mächtigen Ventimiglia-Clans. Die kleine barocke Kapelle besitzt ansprechende Stuckarbeiten von Giacomo Serpotta. Auch die wunderbare alte Kirche **Matrice Vecchia** aus dem 14. Jh., die einige schöne Fresken aufweist, lohnt eine Besichtigung. Die Stadt wurde 2007 international berühmt, als ihr Bürgermeister von

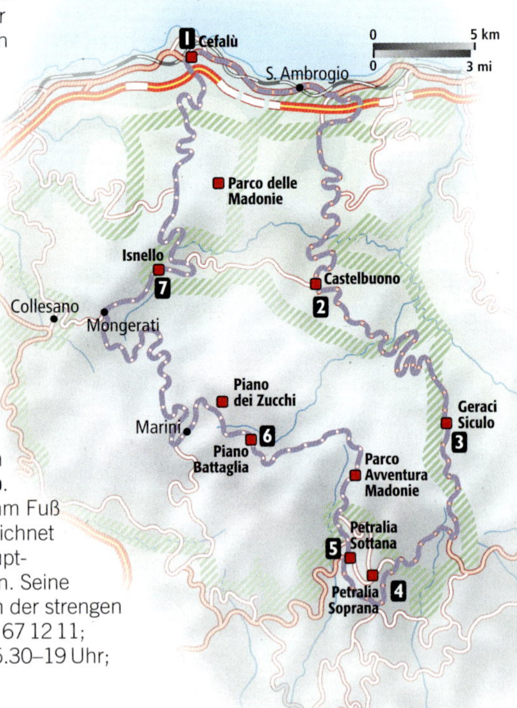

Petralia Soprana thront majestätisch auf einer Bergkuppe der Madonien

den »Grünen« die städtische Müll-
abfuhr mit Eselskarren ausstatten
ließ. Die Einheimischen waren nicht
sehr begeistert, fühlten sie sich
doch zu sehr an ihre ärmliche Vergangenheit erinnert.

2–3

Sie verlassen die Stadt auf der
SS286 und folgen den Schildern
nach **Geraci Siculo** entlang der
als Strada dei Castelli bekannten
Strecke nach Geraci mit einem
von Sarazenen erbauten Kastell.
Der Aufstieg im Ort ist steil, die
Aussicht macht die Mühen jedoch
allemal wett.

3–4

Nun geht es 5,5 km immer weiter
in die Berge bis zur *bivio* (An-
schlussstelle) Geraci. Hier biegen
Sie rechts ab auf die SS120 in
Richtung **Petralia** und fahren noch
knapp 5 km bis zum Stadtrand
von **Petralia Soprana** (➤ 91). Wer
den Ort besichtigen will, sollte die
Hauptstraße verlassen, den Berg
hinauffahren und sein Fahrzeug
am Stadtrand parken. Die Straßen
im Ort sind steil und eng.

4–5

Kehren Sie wieder zurück auf die
Hauptstraße in Richtung **Petralia
Sottana** und parken Sie Ihr Auto
auf dem Parkplatz links vor dem
Ortseingang, wenn Sie die Stadt
mit ihren steilen Straßen und ihren
hohen Häusern besichtigen wollen.

Die Chiesa Madre in Petralia Soprana

Die Hügellandschaft der Madonien präsentiert sich im Frühjahr in saftigem Grün

Der Einfluss der Ventimiglias aus Castelbuono reichte bis in diesen schönen, verschlafenen Bergort. Er wurde im 13. Jh. als Außenposten zur Verteidigung Sopranas gegründet. Im Ort gibt es mehrere Kirchen, unter ihnen die elegante **Chiesa Madre** in der Nähe des höchsten Punkts. Wenn Sie mehr über den 1989 gegründeten **Madonien-Naturpark** erfahren möchten, können Sie der Zentrale des Parks am Corso Paolo Agliata 16 (Tel. 0921 68 40 11; www.parcodellema donie.it) einen Besuch abstatten, u. a. gibt es Informationen zum Programm für die Rettung der vom Aussterben bedrohten Sizilianischen Tanne. Heute wird sie in großem Maßstab wieder aufgeforstet.

5–6

Verlassen Sie Petralia Sottana und biegen Sie an der Weggabelung in Richtung **Piano Battaglia, Piano Zucchi** und **Collesano** ab. Diese Strecke führt Sie immer höher in die Bergwelt und seinen Mischwald, an den Straßenrändern wächst Heidekraut. Nach knapp 5 km gelangen Sie zu einer Attraktion, die vor allem (aber nicht nur) größere Kinder und Jugendliche begeistern wird: Der **Parco Avventura Madonie** bietet Kletterparcours, Eselsritte und Bogenschießen an (www. parcoavventuramadonie.it; Juli–Mitte Sept. 8.30–19 Uhr, sonst meist nur So, 2 €, Parcours kosten extra). An anderen Stellen im Park ernten Bauern den erhärteten Saft der Manna-Esche *(fraxinus ornus)*. Der natürliche Süßstoff, dem verschiedenste Heilwirkungen zugeschrieben werden, wird in den Madonien seit Jahrhunderten genutzt. Heute interessiert sich die moderne Medizin für seine Inhaltsstoffe.

Ihr Weg führt Sie weiter nach **Piano Battaglia**, eine der höchsten

Siedlungen der Madonien (1865 m) und Zentrum eines winzigen Skigebiets mit Chalets im alpenländischen Stil. Die Schneeverhältnisse sind zwar recht bescheiden und dennoch kommen die Bewohner Palermos an den Winterwochenenden zu Tausenden hierher. Doch auch im Frühling und Sommer hat die Region ihre Reize – die frische Höhenluft ist eine willkommene Abwechslung zur Hitze an der Küste. Im Juni verwandeln zudem Wildblumen die Berge in ein Farbenmeer. Parken Sie Ihr Auto und machen Sie eine Stippvisite in die Natur und Sie werden Dutzenden von Arten begegnen – Orchideen, Enzian und himmlisch blauen Vergissmeinnicht und Kugelblumen.

6–7

Folgen Sie der Umgehung rechts um Piano Battaglia und den braunen Schildern nach Piano dei Zucchi bzw. den blauen nach Isnello. Piano Zucchi (1105 m) ist ein weiteres Wintersportzentrum, obgleich die Saison wegen der niedrigeren Lage hier wesentlich kürzer ist. Der Ort bezaubert mit seinen verstreuten Häusern, einer Handvoll Hotels und den herrlichen Wanderrouten in der Umgebung. In Piano dei Zucchi fahren Sie geradeaus weiter in Richtung Isnello. Von hier aus fällt die Straße nordwärts entlang bewaldeter Hänge rasch ab. Fahren Sie vorsichtig, es gibt hier viele Wildschweine, die manchmal im Gefolge ihrer gestreiften Frischlinge die Straße überqueren. Nach 7 km biegen Sie rechts ab nach Isnello. Wer es besichtigen will, folgt der Beschilderung zum *centro*.

Isnello liegt nur wenig abseits der Hauptstrecke und ist einen Abstecher wert. In dem ursprünglichen sizilianischen Bergdorf scheint die Zeit stehen geblieben zu sein. Klassische Sehenswürdigkeiten sind rar, dafür aber bekommen Sie bei einem Spaziergang durch den Ort einen Eindruck vom

traditionellen Dorfleben Siziliens. Mitunter sind auch junge Frauen im typischen Schwarz gekleidet, während die alten Männer am Brunnen ein Schwätzchen halten.

7–0

Auf der Straße nach Castelbuono biegen Sie etwa 3 km hinter Isnello nach links ab und folgen der steil absteigenden Straße nordwärts. Nach dieser eindrucksvollen Strecke und hinter dem spektakulär gelegenen Santuario di Gibilmanna kommen Sie wenig später zurück nach **Cefalù**.

Cefalù: das Tor zu den Madonien

3 RUNDGANG DURCH ENNA

Spaziergang

LÄNGE: 3 km **DAUER:** 1,5–2 Stunden **START:** Piazza San Cataldo
ZIEL: Piazza Vittorio Emanuele **BESTE ZEIT:** Vormittags und in der
Nachmittagssonne (mit den besten Lichtverhältnissen) ✚ 205 E1

Diese Tour führt Sie durch das Zentrum von Ennas Altstadt mit ihren Denkmälern. Genießen Sie das umwerfendste Panorama Siziliens. Doch nehmen Sie einen Pullover mit – es kann kühl werden!

Von Piazza zu Piazza

Den Auftakt des Spaziergangs macht **San Cataldo** an der gleichnamigen Piazza. Die im 18. Jh. neu aufgebaute Kirche hat ein schön verziertes Taufbecken (1473), ein Werk von Domenico Gagini, Bildhauer aus Florenz, der bei Brunelleschi lernte, dann in den Süden kam und eine ganze Dynastie von Bildhauern auf der Insel begründete.

Mit **San Cataldo** im Rücken gehen Sie zur Hauptstraße, überqueren die **Piazza Matteotti** diagonal und gehen nach rechts über die **Via Roma** zur **Piazza Vittorio Emanuele** (➤ 137). Diese wird dominiert von der Kirche **San Francesco** – ihr eleganter Turm aus dem 16. Jh. war früher einer der Wehrtürme. Die Kirchen der Stadt standen einst alle mit dem Castello in Verbindung. Der **Brunnen** ist jüngeren Datums, seine Bronzefigur ist eine Kopie von Berninis *Raub der Persephone* in der Galleria Borghese in Rom und erinnert an Ennas sagenumwobenen Ursprung (➤ 138).

Gehen Sie die Via Roma weiter bergauf, links vorbei an San Marco und der Piazza Umberto I auf der rechten Seite, einem der zahlreichen Plätze entlang der Via Roma. Links steht eines der wenigen Überbleibsel aus arabischer Zeit, der im maurischen Stil erbaute **Campanile** der Kirche **San Giovanni Battista**. Weiter bergauf, an **San Giuseppe** vorbei, sehen Sie rechter Hand die **Piazza Colaianni**. An deren linken Seite steht ein wuchtiges mittelalterliches Gebäude mit einem Innenhof. Mit seiner Außentreppe ist der **Palazzo Policarini** ein typischer Vertreter der katalanischen Gotik. Das Standbild von Napoleone Colaianni, einem sizilianischen Politiker aus dem

Die schöne Aussicht auf das benachbarte Calascibetta während eines Spaziergangs durch Enna

Blick über die Ruinen des Castello

19. Jh., beherrscht den Platz und die Fassade von **Santa Chiara**. Falls die Kirche geöffnet ist, sollten Sie einen Blick auf die Majolikafliesen ihres Bodens werfen.

Herrliche Aussichten

Die Via Roma führt am **Duomo** (➤ 138) mit seiner fantastischen Holzdecke und dem Museum (➤ 138) an der **Piazza Mazzini** vorbei. Sobald sich die Straße verengt, befinden Sie sich in der Via Lombardia. Die Straße endet auf einer offenen Piazza vor dem **Kastell** (➤ 137).

Gehen Sie um das Kastell links herum und an der Treppe zum Eingang vorbei, bis Sie das Felsmassiv der **Rocca di Cerere** vor sich sehen. Diese ist nach Ceres, dem römischen Pendant der Demeter, benannt und zählt zu den ältesten Heiligtümern Siziliens. An ihm wurde zuerst Magna Dea und später die griechische Göttin der Fruchtbarkeit verehrt. Gelon erbaute hier im 4. Jh. v. Chr. einen prächtigen Tempel. Die Aussicht von dieser Felsnase gehört zu den schönsten der Stadt, wenn nicht ganz Siziliens.

Gehen Sie zurück zum Kastell, dann rechts in der **Viale Caterina Savoca** bergab und achten Sie dabei auf die schönen Aussichten, die sich zwischen den Bäumen eröffnen. Folgen Sie der Straße am Postamt vorbei bis zur **Piazza Garibaldi** (➤ 138).

Verlassen Sie den Platz an der nordwestlichen Ecke und gehen Sie auf der **Viale Marconi** zum Park am Aussichtsturm auf der Piazza Crispi, einem weiteren Aussichtspunkt von Enna, der der Rocca ins nichts nachsteht. Wenn Sie sich satt gesehen haben, geht es zurück zur Piazza Vittorio Emanuele, dem Ziel dieses Spaziergangs.

Das Innere von Ennas Duomo ist ganz im Barockstil gehalten, u. a. mit herrlichen Gemälden von Guglielmo Borremans und Filippo Paladini

KLEINE PAUSE
Erholung von allzu viel Historie bietet die 2013 vom Architektenteam Omphalos designte Bar **Belvedere** (€, Piazza Francesco Crispi 10).

4 FAHRT DURCH DIE VALLE DELL'ANAPO

Autotour

LÄNGE: 207 km **DAUER:** 8 Stunden (mit Pausen) **START/ZIEL:** Syrakus
BESTE ZEIT: während der Frühjahrsblüte; im Sommer muss mit extremer
Hitze gerechnet werden ✚ 211 E3

Die Tour führt von Syrakus zur reizenden Barockstadt Palazzolo Acreide und zum westlich gelegenen Fluss Anapo. Unterwegs sehen Sie Schluchten, das Hochland, den Ätna und das Meer.

❶–❷

Von **Syrakus** (➤ 107) geht es auf der SS124 in Richtung Solarino. Bleiben Sie auf der 124, die im Nordwesten zunächst durch das wenig attraktive Floridia führt. Dahinter öffnet sich im Norden die Sicht auf die hellen Klippen der Monti Climiti. In Solarino folgen

Oliven wachsen überall um Syrakus

Sie der Ortsdurchfahrt bergauf in Richtung Palazzolo Acreide. Für die nächsten 25 km fahren Sie über Felder und durch Olivenhaine – in den höheren Lagen wachsen Johannisbrotbäume. Nach etwa 6,5 km liegt links das wunderschöne Tal **Cava Monasterello**, während

im Norden der **Ätna** erscheint. Sie fahren erst ins Tal hinunter und auf der anderen Seite wieder hinauf nach **Palazzolo Acreide**. Die zauberhafte, leicht baufällige Barockstadt auf der Bergkuppe wurde unweit von **Akrai,** der ersten Kolonie des antiken Syrakus im Binnenland, errichtet. Besuchen Sie das **Casa-Museo Antonino Uccello** (Via Machiavelli 19, Tel. 0931 88 14 99; www.casamuseo. it; tägl. 9–19 Uhr; 2,50 €). Es besitzt die beste Sammlung traditioneller Artefakte und Volkskunst im Osten der Insel. Der Gründer des Museums hat in mehr als 30 Jahren über 5000 Gegenstände gesammelt, die in nachgebauten Zimmern und Bauernstuben präsentiert werden. Von hier aus erreichen Sie in etwa 20 Minuten zu Fuß die Ausgrabungen von Akrai (tägl. 9–18.30 Uhr; 4 €), das von Syrakus im 7. Jh. v. Chr. gegründet wurde. Am besten erhalten ist das **Teatro Greco** (ca. 300 v. Chr.), dessen vollendeter Halbkreis 600 Zuschauern Platz bot und das noch für Aufführungen genutzt wird.

Fahrt durch die Valle dell'Anapo

Sitzreihen im Teatro Greco von Akrai

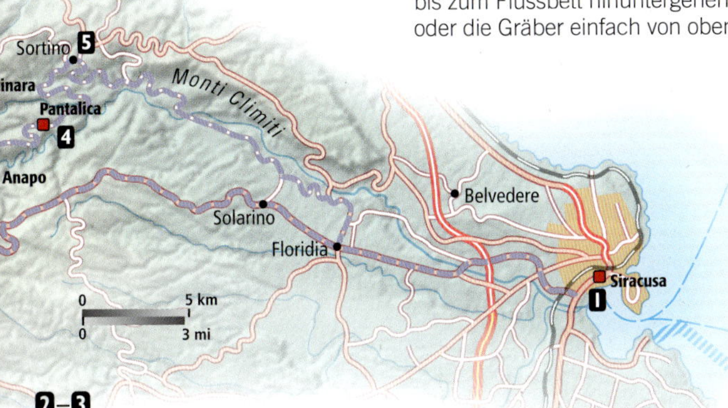

Bronzezeit (Tel. 331 1 52 44 24; Eintritt frei) in den Monti Iblei (Hybläischen Berge). Die Spuren reichen zurück bis ins 13.–10. Jh. v. Chr. Parken Sie am Eingang zum Castello del Principe (9,5 km außerhalb Ferlas) und folgen Sie dem Fußweg in die Schlucht des Anapao zu Siziliens größter Nekropole. Sie können bis zum Flussbett hinuntergehen oder die Gräber einfach von oben

2–3

Sie verlassen den Ort auf der SS124 (Beschilderung nach Caltagirone) und überqueren die Oberläufe des Anapo. Sie durchqueren den Ort Buscemi und fahren nach 8 km an der Kreuzung von der SS124 ab in Richtung **Ferla**. Die Straße führt an Kalksteinklippen und Olivenhainen vorbei nach Cassaro (6,5 km). Fahren Sie durch den Ort und folgen Sie der SP10 nach Ferla, das ungefähr auf der Hälfte der Strecke liegt und ein guter Zwischenstopp fürs Mittagessen ist.

3–4

Folgen Sie in Ferla den braunen Schildern bergauf nach **Pantalica**, einer großen **Nekropole aus der**

aus betrachten. In vielen der in den Kalkfelsen gehauenen Höhlen fanden sich Siedlungsreste und Skelette der prägriechischen Sikuler, die zwischen 1250 v. Chr. bis zum 8. Jh. v. Chr. hier lebten. Der **Anapo** und die **Calcinara** gruben zwei tiefe Schluchten in den Kalkstein der Monti Iblei, die hier mit ihren Weiden und Steineichen verzaubern. Im Frühling säumen wilde Orchideen, Iris, Minze und Kresse das Flussbett. In den oberen Hängen der Schluchten öffnen sich wunderbare Ausblicke, die zu einer Fortsetzung der Wanderung einladen.

4–5

Von der Schlucht aus gibt es keine Durchfahrtmöglichkeit nach Sorti-

Die antike Nekropole Pantalica

no. Um also mit dem Auto zurück nach Ferla zu gelangen, fahren Sie zunächst auf der SP13 Richtung Südwesten. Dann folgen Sie der gewundenen Panoramastraße nach Nordosten, vorbei an Monte Santa Venere und Richtung Sortino. Von hier aus können Sie einige Blicke auf die Schluchten des Anapo-Tals und die tiefen, vom Wasser geformten Spalten erhaschen. Fahren Sie nach **Sortino** hinein, das auch als La Città del Miele (Stadt des Honigs) bekannt und für sein jährliches Festival Sagra del Miele am ersten Wochenende im Oktober berühmt ist. Zudem lohnt hier das **Museo Civico dell'Opera dei Pupi** (Chiesa del Carmine, Voranmeldung unter Tel. 333 8 92 11 82 oder 333 1 77 05 23; 2 €) einen Besuch. Es informiert über die Geschichte des traditionellen sizilianischen Marionettentheaters, einer Kunst, deren Wurzeln vermutlich bis in die griechische Zeit zurückreichen.

Das wunderbare Museum ist berühmt für seine Sammlung – einige Marionetten sind 1,5 m groß und wiegen über 35 kg. Mit etwas Glück können Sie eine Vorführung sehen. Auf humorvolle und romantische Art werden folkloristische und mythologische Geschichten sowie historische Ereignisse wie die Kämpfe Karls des Großen und seiner Ritter gegen die Sarazenen nachgespielt. Sortino besitzt mehrere bezaubernde Kirchen, allen voran die **Chiesa Madre** aus dem 16. Jahrhundert.

5–1

Verlassen Sie Sortino über die Abzweigung nach rechts und fahren Sie auf die SP28 in Richtung Syrakus. Die Straße folgt dem Lauf des Anapo und überquert ihn mehrfach. Nach 18 km erreichen Sie die SS114, der Sie bis zur Kreuzung mit der SS124 folgen. Von hier gelangen Sie entweder zum **Parco Archeologico della Neapolis** (► 109) oder zurück nach Syrakus.

5 KOSTPROBE DER EGADISCHEN INSELN
Tour

LÄNGE: Favignana ist 17 km von Trapani entfernt **DAUER:** Tagestour, wenn Sie baden und die Insel kennenlernen wollen; für eine Stippvisite auf Favignana reicht ein halber Tag **START/ZIEL:** Stazione Marittima, Trapani **BESTE ZEIT:** Mai–September (wenn das Wetter mitspielt) ✚ 202 A3/4

Nehmen Sie von Trapani aus eine Fähre nach Favignana, der nächsten und am leichtesten zu erreichenden der Egadischen Inseln. Entdecken Sie die Insel auf eigene Faust, wandern und baden Sie und lassen Sie die Atmosphäre der Insel auf sich wirken.

Anreise
Sie können entweder per *traghetto* (Fähre) oder *aliscafo* (Tragflächenboot) nach **Favignana** übersetzen, die von Siremar (Tel. 0923 2 49 68; www.siremar.it) bzw. Ustica lines (Tel. 0923 87 38 13; www.ustica lines.it) betrieben werden. Beide verkehren ganzjährig **mehrmals täglich**. Weitere Verbindungen existieren ab Marsala. *Traghetti* legen bei der Stazione Marittima ab, *aliscafi* vom Landungssteg an der Via Ammiraglio Staiti, etwa 200 m weiter östlich. Sie können die Fahrkarten im Büro im Hafen und in der Via Ammiraglio Staiti kaufen. Kaufen Sie nur die Fahrkarte für die Hinfahrt, um Zeit und Schiff der Rückfahrt frei wählen zu können. Auf die *traghetti* kommen Sie durch das Gebäude der Stazione, das Tragflächenboot können Sie direkt vom Kai aus besteigen.

Die **Überfahrt von Trapani nach Favignana** dauert mit dem Tragflächenboot etwa 20 Minuten und mit der Fähre eine Stunde. Die Boote legen manchmal auf dem Hin- oder Rückweg an der Insel **Levanzo** an. Auf der Überfahrt kommen Sie an dem Inselchen **Formica** (Ameisen) mit den Resten

Die Piazza Matrice in Favignana in der Abenddämmerung

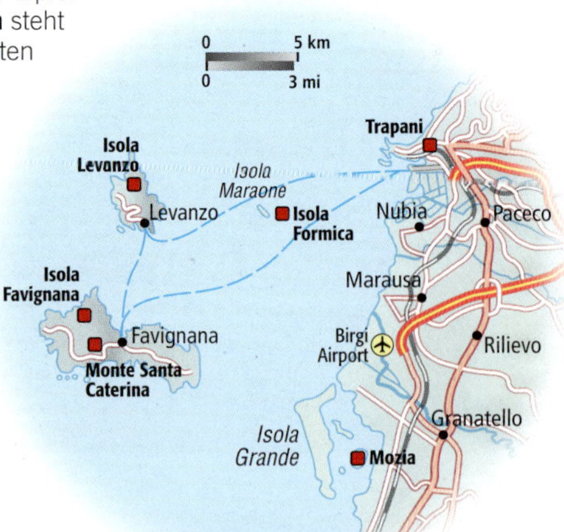

Von Wind und Wellen erodiert – Tuffsteinfelsen bei Cala Azzura

einer alten Thunfischfabrik vorbei. Auf der Steuerbordseite im Norden liegt **Levanzo**, die abgelegenste Insel der Egaden, Marettimo, liegt geradeaus.

Spaziergang durch Favignana

Favignana gleicht einem Schmetterling, in der schmalen »Taille« zwischen den Flügeln liegt der **Ort Favignana**, in dem die meisten Inselbewohner leben. Der Westen der Insel ist hügelig. Auf dem 300 m hoch aufragenden Gipfel des **Monte Santa Caterina** steht eine Burgruine. Nach Osten flacht die Insel ab, die Tuffstein-Landschaft wird landwirtschaftlich genutzt und ist voller Steinbrüche aus der Zeit, als die Insel Travertin exportierte.

Machen Sie nach der Landung einen Spaziergang durch **Favignana**. Am Hafen stehen die verlassenen Gebäude der ehemaligen Thunfischkonservenfabrik; einst war Favignana für die blutige *mattanza* berühmt-berüchtigt, bei der mit Stellnetzen auf die Fische Jagd gemacht wurde. Vom Hafen nach oben kommen Sie an einer alten Villa vorbei, der **Stabilimento Florio**. Sie gehörte einst dem Fabrikanten, der um 1870 die Konservenfabriken errichtete. Nach einem etwa zehnminütigen Spaziergang sind Sie im Ort. Gehen Sie über die **Piazza Europa** zum zweiten Platz, der lang gestreckten **Piazza Matrice**. Am einen Ende des Ortes steht die Inselkirche, am anderen Ende das **Forte San Giacomo**, die 1120 erbaute und 1498 erneuerte Festung. Seit 1837 ein Gefängnis, gehört sie heute zu den Hochsicherheitseinrichtungen Italiens. Machen Sie einen Stadtbummel; wer mag, kauft etwas *bottarga*, getrockneten Thunfischrogen, der herrlich mit Pasta schmeckt.

Bustour über die Insel

Wenn Sie mehr von der Insel sehen wollen, bieten sich drei Busrouten über – größtenteils – asphaltierte Straßen an. Die Busse fahren in der Nähe des Hafens ab, jede Fahrt dauert etwa eine halbe Stunde. Wer mehr Sightseeing machen will, bleibt einfach für die nachfolgende Route im Bus. Wenn Sie jedoch lieber baden wollen, lassen Sie sich vom Fahrer an einem der Strände absetzen. Für einen 🎎 **Strandtag** besorgen Sie sich am besten ein Picknick in der Stadt. Strandbars und Snacks gibt es bei **Cala Azzurra** in der Nähe des Leuchtturms und am Strand von Burrone, im Süden der Insel. In der Stadt können Sie auch Fahrräder und Roller leihen.

Es gibt viele Bademöglichkeiten, entweder an Felsküsten oder an

Sandstränden. Beliebt sind der **Lido Burrone** und im Osten **Cala Azzurra** mit tiefblauem Wasser und weißen Felsen. Im Westen ist **Miramare** sehr einladend. Es lohnt sich aber auch, weiter zum Strand von **Cala Rotonda** zu gehen, wo der Sage nach Odysseus landete, bevor er dem Zyklopen begegnete. In diesem Teil der Insel wachsen vereinzelte Bäume. In kleinen, mit Mauern aus Tuffstein begrenzten Feldern halten die Inselbewohner im Winter ihre Herden. Überall werden Ihnen die quadratischen weißen Tuffstein-Häuschen auffallen. In dieser Region blühen im Frühling besonders viele Wildblumen. Die Felder sehen dann aus wie bunte Blütenteppiche, die bis zum Meer reichen. Im Norden Favignanas liegt am Fuße eines Tufffelsens **Cala Rossa** – ideal für ein Bad zwischen Klippen. Wenn Sie lieber im Ort bleiben wollen, bietet sich der **Stadtstrand** an, der aber im Sommer überfüllt sein kann.

Pause nach getaner Arbeit – Fischerboot im Hafen von Favignana

6 LIPARI UND DIE ÄOLISCHEN INSELN

Insel-Tour

LÄNGE: Vulcano ist ca. 31 km, Alicudi ca. 98 km von Milazzo entfernt.
DAUER: ca. 1 Woche für den Besuch aller Inseln
START/ZIEL: Porto di Milazzo ✚ 207 E4 **BESTE ZEIT:** April bis Oktober

Weiß gekalkte Bauernvillen, Blütenmeere von Bleiwurz und Bougainvillea, Wanderpfade durch duftende Macchia und atemberaubende Fernblicke aufs azurblaue tyrrhenische Meer: Die vulkanischen Eilande Lipari, Vulcano, Panarea, Stromboli, Salina, Filicudi und Alicudi, die seit dem Jahr 2000 zum UNESCO-Weltnaturerbe zählen, bieten spektakuläre Naturerlebnisse und schwarze Badestrände. Gourmets rühmen die Fisch- und Gemüserezepte der *cucina eoliana* mit den Aromen von Kapern und Wildfenchel.

Anreise

Von Milazzo verkehren täglich zahlreiche Tragflügelboote *(aliscafo)* der Kompanien Ustica Lines (www.usticalines.it) und Siremar (www.siremar.it, Tel. 090 9 22 16 39 oder Tel. 090 9 24 00 81) Richtung Lipari (Fahrtdauer ca. 1 Std.). Seltener sind Verbindungen von Messina, Reggio di Calabria oder Neapel sowie Autofähren *(navi)*. Ohnehin ist auf den meisten Inseln das Mitnehmen von Autos untersagt oder lohnt sich angesichts kaum vorhandener Fahrstraßen nicht. Im Winter wird das Fährnetz ausgedünnt – Alicudi und Filicudi werden dann meist nur einmal täglich angesteuert.

Die äolische Metropole – Lipari

Wie ein griechisches Inselstädtchen schmiegt sich der Hauptort Lipari mit seinen Flachdächern und bonbonbunt getünchten Fassaden in eine weite, macchia-

Liparis pittoreske, von Straßencafés gesäumte Marina Corta

überwucherte Bucht. Überragt wird das Ensemble vom mächtigen **Burgberg**, der schon in der Jungsteinzeit besiedelt war und als Fluchtburg bei Piratenüberfällen diente. Die pittoreske, von Ufercafés gesäumte **Marina Corta** lädt ebenso zum Verweilen ein wie die verwinkelte Altstadt mit ihren individuellen Lädchen, in denen Obsidianschmuck, Segelaccessoires und Mandelgebäck feilgeboten werden.

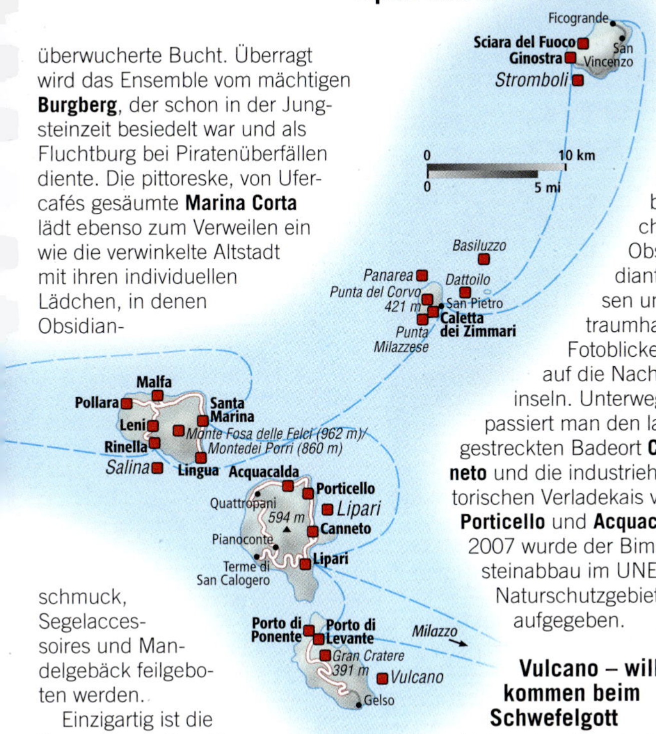

Einzigartig ist die Sammlung antiker Theatermasken aus Terrakotta im **Archäologischen Museum** auf dem Burgberg (Mo–Sa 9–19.30, So 9–13.30 Uhr, 6 €). Der benachbarte **Dom** ist dem allgegenwärtigen Inselpatron Bartholomäus geweiht und birgt eine silberne Prozessionsstatue des gehäuteten Apostels. Vom Kirchenschiff erreicht man den normannischen Kreuzgang (1 €), der aus antiken Säulen zusammengesetzt wurde.

Ein Muss ist eine Inselrundfahrt (z.B. mit Mirko & Bartolo, Tel. 338 196 63 78 oder Tel. 368 67 54 00) mit Stopps bei Bimssteinbrüchen, Obsidianflüssen und traumhaften Fotoblicken auf die Nachbarinseln. Unterwegs passiert man den lang gestreckten Badeort **Canneto** und die industriehistorischen Verladekais von **Porticello** und **Acquacalda**: 2007 wurde der Bimssteinabbau im UNESCO-Naturschutzgebiet aufgegeben.

Vulcano – willkommen beim Schwefelgott

Suhlen im ebenso heilsamen wie geruchsintensiven Schwefeltümpel wenige Schritte vom Kai entfernt (ca. 9–17/19 Uhr, 2 €/Dusche 1 €) oder auf Schusters Rappen (auf offensichtlich nur theoretisch gesperrtem Pfad) den Rand des 391 m hohen **Gran Cratere** mit seinen dampfenden Fumarolen erklimmen. Charmantere Perspektiven als die gesichtslos modernen Hafendörfer **Porto di Levante** und **Porto di Ponente** gewährt eine Inselrundfahrt zu Panoramaterrassen, der ausgezeichneten Inselkäserei und dem Badestrand von **Gelso**.

KLEINE PAUSE

Geschüttelt, nicht gerührt! Dafür mit Kapern statt Oliven. Die Hafenbar **Gabbiano** (Tel. 090 981 14 71) an Liparis Marina Corta zelebriert den Kapern-cocktail *Jenny Bond* im Martinikelch.

Capperi, Capperi – Salinas grünes Gold

Am 1. Juni-Sonntag feiert Salina das **Kapernfest** mit Musik und Verkostungen. Die eingesalzenen Knospen und Früchte *(cucunci)* der Kapernbüsche, die von Mai bis August im Krater von **Pollara**

Für Viele ist sie die schönste der sieben Inseln: Salina

geerntet werden, gelten Gourmets als die feinsten der Welt! Hochgeschätzt wird auch der sherryartige Malvasia-Wein Salinas. Erdbeerbäume, gelb blühender Stechginster und rot geflammte Kapernblüten erfreuen das Auge beim schweißtreibenden Anstieg auf die vulkanischen Zwillingsberge **Monte Fossa delle Felci** (962 m) und **Monte dei Porri** (860 m). Als Standquartier bietet sich der Hafenort **Santa Marina** mit seiner schmucken Einkaufsstraße an. Der Inselbus tuckert zur einstigen Saline von **Lingua**, nach **Malfa** mit Adelsvillen und Auswanderermuseum, dem Bergdorf **Leni** und dem zweiten Fährhafen **Rinella**.

Dolce Vita a Panarea

Einst Piratennest, heute sommerlicher Hotspot der Mailänder Schickeria. Man gleitet in Elektrotaxis zur Badebucht **Caletta dei Zimmari**, erkundet die bronzezeitlichen Mauerreste auf dem Plateau der **Punta Milazzese**, checkt die Boutiquen und isst bei *Pina* Auberginengnocchi (€€/€€€, Tel. 090 98 30 32, www.dapina.com). Alternativen:

eine anspruchsvolle Tour zur 421 m hohen **Punta del Corvo**, Kajakpaddeln oder ein Tauchgang zu den vorgelagerten Inselchen **Dattilo** oder **Basiluzzo**.

Feuerspeiendes Stromboli

Als Roberto Rossellini mit Ingrid Bergman 1949 den Film *Stromboli* drehte, waren die wenigen Insulaner noch bettelarm. Heute betreiben sie Boutiquen, Fischrestaurants und Gartenweinbars wie das *Pardès* (€€ Piscità, Tel. 33 86 71 43 83), in denen sie nicht nur Tagestouristen vom kalabresischen Tropea bewirten.

Hauptattraktion ist der anstrengende, staubige Aufstieg zum Kraterrand des über 900 m hohen aktiven Vulkans, der nur in Begleitung eines Bergführers erlaubt ist. Mit Helmen und Atemschutzmasken werden die Trekkingteilnehmer gegen die gefährlichen Eruptionen und Aschewolken geschützt.

Ein unvergessliches Erlebnis ist eine nächtliche Bootstour zur Nordflanke Strombolis, wo man mit etwas Glück die Lavaglut der **Sciara del Fuoco** (»Feuerrutsche«) leuchten sieht. Nur per Boot zu erreichen ist das noble Aussteigerdorf **Ginostra**, das angeblich den kleinsten Hafen der Welt besitzt.

Maultiere und Meeresgrotten – Alicudi und Filicudi

1991 kam die Moderne nach Alicudi: die 130 Einwohner des abgeschiedenen Eilands erhielten elektrisches Licht! Statt Straßen gibt's hier steile Treppen, statt Vespas warten Mulis für den Warentransport am Hafen.

Auf Filicudi lohnt die serpentinenreiche Taxirundfahrt zur Kirche von **Vallechiesa** und zum Fischerhafen **Pecorini** sowie der reizvolle Spaziergang zu den bronzezeitlichen Ausgrabungen auf **Capo Graziano**. Nicht verpassen sollte man eine Bootsfahrt zur spektakulären **Grotta del Bue Marino**.

Praktisches

Praktisches

WICHTIGE PAPIERE

- ● Erforderlich
- ○ Empfohlen
- ▲ Nicht erforderlich

	Deutschland	Österreich	Schweiz
Pass/Personalausweis	●	●	●
Visum (Aufenthaltsdauer unter drei Monaten)	▲	▲	▲
Weiter- und Rückflugticket	▲	▲	▲
Reiseversicherung (➤ 198)	○	○	○
Führerschein (national)	●	●	●
Grüne Versicherungskarte	●	●	●
Fahrzeugschein/Kfz-Haftpflichtversicherung (eigener Wagen)	●	●	●

REISEZEIT

Hauptsaison   Nebensaison

JAN	FEB	MÄRZ	APRIL	MAI	JUNI	JULI	AUG	SEPT	OKT	NOV	DEZ
7°C	8°C	12°C	14°C	18°C	25°C	28°C	32°C	23°C	18°C	13°C	9°C

Sonnig   Regnerisch   Wechselhaft   Bedeckt

In Sizilien herrscht mediterranes Klima mit heißen Sommern und Niederschlägen im Winter. Die schönste Reisezeit ist der Frühling (März/April), wenn alles grünt und die Wildblumen blühen; mit Niederschlägen ist dann allerdings auch zu rechnen. Im Mai und Juni steigen die Temperaturen schnell an, die Wassertemperaturen laden schon zum Baden im Meer ein. Von Juli bis September ist die Hauptreisezeit. Es wird sehr heiß, die Landschaft färbt sich braun und trocknet aus. Wenn dann noch der Schirokko einsetzt, erstickt dieser heiße Wüstenwind aus der Sahara oft tagelang die Insel. Im Oktober gibt es den ersten Herbstregen, es wird wieder angenehmer und das Meer ist immer noch warm genug zum Baden. An den Küsten herrschen vorwiegend milde Temperaturen, das Inselinnere liegt aber oft im Nebel und in den Bergen fällt schon der erste Schnee.

INFORMATION VORAB

Tourismusbüro der Region Sizilien
www.regione.sicilia.it

Italienische Zentrale für Tourismus (ENIT)
www.enit.it

Italien (ENIT)
Via Marghera 2/6
00185 Rom
☎ 06 4 97 11

ANREISE

Mit dem Flugzeug: Die beiden wichtigsten internationalen Flughäfen Siziliens sind Palermo (www.gesap.it) und Catania (www.aeroporto.catania.it). Trapani hat sich im Inselwesten als Billigflugdestination (Ryanair) etabliert, Ryanair fliegt auch den 2013 offiziell eingeweihten Aeroporto di Comiso an. Messina erreicht man auch über den Flughafen bei Reggio di Calabria auf dem Festland. Die wichtigsten Fluggesellschaften sind Air Berlin, Air One, Alitalia, Germanwings, Lauda Air, Lufthansa, Ryanair und TU-Ifly. Die Flüge dauern zwischen zwei (Zürich) und zweidreiviertel Stunden (Hamburg). An Ostern, Weihnachten und während der Ferienzeit im Sommer kosten die Flugtickets am meisten.

Mit dem Auto: Die lange Anreise mit dem Auto ist zeitraubend (ca. 1700 km von München über den Brenner durch Italien bis Palermo) und aufgrund der italienischen Autobahnmaut auch teuer. Die Autofähren über die Straße von Messina (Villa San Giovanni–Messina, ca. 30 Min.). Im Hochsommer muss man dennoch mit längeren Wartezeiten rechnen. Eine bequeme Alternative ist die Anreise mit der Autofähre; dies ist ab Genua, Livorno oder Neapel möglich. Die Autofähren aus Norditalien legen an der Stazione Marittima in Palermo an.

Mit dem Zug: Es gibt keine Direktzüge. Die Anreise von München oder Basel dauert mit Umsteigen in Mailand oder Rom etwa 20 Stunden. Buchen Sie im Sommer frühzeitig (max. 30 Tage im Voraus möglich). In Italien gelöste Fahrkarten sind bei Entfernungen bis zu 200 km sechs Stunden, über 200 km 24 bis 48 Stunden gültig. Fahrkarten müssen am Abfahrtsbahnhof in orangefarbenen Automaten abgestempelt werden.

ZEIT

In Sizilien gilt die Mitteleuropäische Zeit (MEZ). Im März werden die Uhren um eine Stunde auf Sommerzeit vorgestellt, im Oktober werden sie auf reguläre MEZ zurückgestellt.

GELD

Währung: Offizielles Zahlungsmittel ist der Euro. Für die Schweiz gilt folgender Wechselkurs: 1 CHF = 0,93 €, 1 € = 1,08 CHF.

Geldautomaten, Bank- und Kreditkarten: An Geldautomaten (ital.: *bancomat*) kann man mit Kredit-, Maestro- und Bankkarten mit der persönlichen Geheimnummer Geld abheben. Viele Geldautomaten sind nachts allerdings abgeschaltet. Mit der Bankkarte erhält man maximal 500 € pro Tag und Konto; Kreditkarten unterliegen höheren Grenzen. Banken, Hotels, Autovermieter und Einzelhandelsgeschäfte, aber nur wenige Trattorien akzeptieren in der Regel die gängigen internationalen Kreditkarten. Im Fall eines Verlustes von Kredit-, Bank- oder Handykarten erreichen Sie den **Sperrnotruf** rund um die Uhr unter Tel. 0049 11 61 16.

Deutschland (ENIT)	Österreich (ENIT)	Schweiz
Barckhausstr. 10	Mariahilfer Str. 1 B	Reisende aus der Schweiz
60325 Frankfurt/Main	1060 Wien	werden von der Italienischen
☎ 069 23 74 34	☎ Tel. 01 5 05 16 39	Zentrale für Tourismus (ENIT)
www.enit.de	www.enit.at	in Deutschland betreut.

Praktisches

FEIERTAGE

1. Jan.	Neujahr
6. Jan.	Dreikönigstag
März / April	Ostern
25. April	Befreiungstag
1. Mai	Tag der Arbeit
2. Juni	Tag der Republik
15. Aug.	Mariä Himmelfahrt
1. Nov.	Allerheiligen
8. Dez.	Tag der Unbefleckten Empfängnis
25. Dez.	Weihnachten
26. Dez.	Santo Stefano

ELEKTRIZITÄT

Das Netz Italiens führt 220 Volt Wechselstrom. Allgemein passen nur Flachstecker, sonst sind Adapter (*spina di adattamento*) nötig.

ÖFFNUNGSZEITEN

○ Läden ● Postämter
● Büros ● Sehenswürdigkeiten
● Banken ● Apotheken

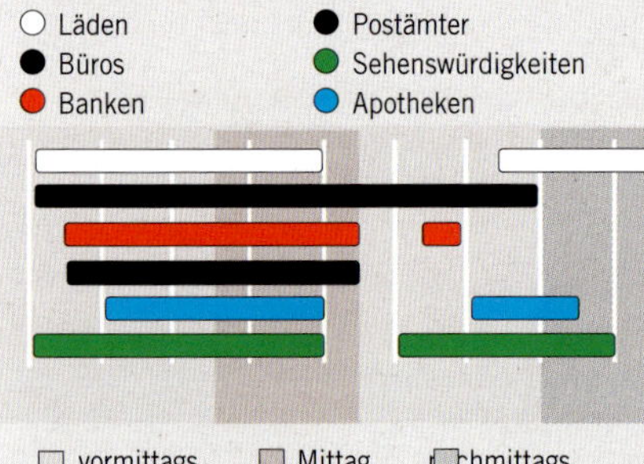

Läden: Variabel. Gewöhnlich Di–Sa 8–13, 16.30–20 Uhr; Lebensmittelläden auch Mo geöffnet. Viele Läden öffnen durchgehend (*orario continuato*) von 9.30/10–19/19.30 Uhr

Apotheken: Meist Mo–Sa 9–13, 16–20 Uhr.
Museen/Kirchen: Sehr unterschiedlich, häufig Di–So 9–13, 16–18 Uhr.
Kirchen: Gewöhnlich tägl. 7–12, 16.30–19 Uhr; während der Messen geschlossen.
Banken: Große Filialen sind oft auch samstags und abends länger geöffnet.
Postämter: Meist Mo–Fr 8.30–13.30 Uhr geöffnet.
Restaurants: Meist 13–15, 19.30/20–22.30 Uhr, oft sonntagabends Ruhetag (*riposo settimanale*).

TRINKGELD

Pizzeria	1–2,50 €	Taxis	aufrunden
Trattoria	2–5 €	Gepäckservice	1 €/Koffer
Ristorante	10 %	Zimmerservice	1 €/Tag
Bar	0,10–0,50 €		
Führungen	n. Ermessen		

NÜTZLICHE WEBSITES

www.addiopizzo.org Wegweiser zu Geschäften, die kein Schutzgeld (*pizzo*) zahlen.
www.walksicily.do Ausführliche Infos und Tipps

ZEITUNTERSCHIED

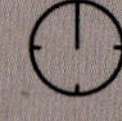

IN KONTAKT BLEIBEN

Post: Briefmarken (*francobolli*) gibt es in Postämtern und Bars. Rote Briefkästen haben Schlitze für innerstädtische Post (*per la città*) und für andere Bestimmungsorte (*tutte le altre destinazioni*), blaue Kästen sind für Eilpostsendungen (*posta prioritaria*). Vermeiden Sie den  Erwerb von Briefmarken privater Postdienste, die meist teurer sind und nur über sehr wenige zugelassene Briefkästen verfügen.

Telefonieren: Apparate der Telecom Italia (TI) finden Sie an der Straße, in Bars, Tabakgeschäften und Restaurants, sie funktionieren mit Münzen. Von öffentlichen Telefonen können Sie auch SMS verschicken. Telefonieren vom Hotelzimmer aus kann teuer werden. Wählen Sie für R-Gespräche 170, für Gespräche über Vermittlung die 12. 

Vorwahlen ins Ausland:

Deutschland:	0049
Österreich:	0043
Schweiz:	0041

Mobilfunkanbieter und -dienste: Italien hat drei Hauptanbieter: Vodafone (www.vodafone.it), TIM (www.tim.it) und Wind (www.wind.it). Alle bieten Prepaid-Karten ab 10–15 € an, die Sie in Handys ohne SIM-Lock verwenden können. Sie benötigen einen Ausweis, um ein Konto freizuschalten. Da die Gebühren für die Nutzung innerhalb der EU gedeckelt sind, unterscheiden sich die Roaming-Gebühren fast nicht.

WLAN und Internet: Viele öffentliche Bibliotheken haben Internet-Terminals, zudem gibt es zahlreiche öffentliche Hotspots. Internetcafés sind selten, hier werden Sie in der Regel nach Ihrem Ausweis gefragt. Die Preise betragen durchschnittlich ca. 5 € pro Stunde. In Bars und besseren Hotels wird ein Internetzugang per WLAN immer häufiger kostenlos angeboten.

SICHERHEIT

Sizilien ist ziemlich sicher, Taschendiebe stellen die größte Gefahr dar. Deshalb:

- Tragen Sie Geld in der Bauchtasche oder im Brustbeutel.
- Halten Sie Ihre Kamera immer fest.
- Lassen Sie Wertgegenstände im Hotelsafe.
- Lassen Sie keine Gegenstände sichtbar im Fahrzeug liegen.
- Nehmen Sie sich an Hauptsehenswürdigkeiten und in Cafés vor Taschendieben in Acht.
- Vermeiden Sie nachts schlecht beleuchtete Straßen.
- Tragen Sie Taschen quer über den Oberkörper.
- Melden Sie Diebstähle sofort. Sie erhalten dann eine Referenznummer für die Schadensmeldung bei der Versicherung.
- Bei Wanderungen in abgelegenen Gebieten sollten Sie ausreichend Getränke, Essen, Kleidung und im Idealfall ein Mobiltelefon für den Notfall mitnehmen.

Polizeinotruf:
113 von jedem Telefon

NOTRUF 113
POLIZEI 113 ODER 112
FEUERWEHR 113 ODER 115
KRANKENWAGEN 113 ODER 118

Praktisches

GESUNDHEIT

Krankenversicherung: EU-Bürger und Schweizer mit einer europäischen Krankenversicherungskarte (EHIC) bezahlen für medizinische Behandlungen nichts oder reduzierte Beträge – der Abschluss einer privaten Reisekrankenversicherung wird dennoch empfohlen.

Arzt: Fragen Sie im Hotel nach deutsch- oder englischsprachigen Ärzten.
Zahnarzt: Die Reisekrankenversicherung sollte auch zahnärztliche Behandlungen abdecken, die in Italien problemlos zu haben, aber teuer sind.

Wetter: Denken Sie daran, viel zu trinken, und schützen Sie sich im Sommer mit Sonnenhut und -creme vor Sonnenbrand, -stich und Dehydration. Auch ein Mückenschutz kann nützliche Dienste erweisen.

Medikamente: Rezeptpflichtige und andere Medikamente erhalten Sie in Apotheken (*farmacie*), am grünen Kreuz erkennbar. Sie sollten sich vor Reisebeginn mit notwendigen Medikamenten versorgen, es ist nicht garantiert, dass sie immer vorrätig sind.
Impschutz: Das Auswärtige Amt empfiehlt für Reisen nach Sizilien einen Impfschutz gegen Hepatitis A und B.

Trinkwasser: Sie können Wasser aus dem Hahn und aus Brunnen trinken, sofern es nicht mit den Worten *acqua non potabile* (»kein Trinkwasser«) gekennzeichnet ist.

ERMÄSSIGUNGEN

Am **1. Sonntag im Monat** ist der Eintritt zu allen staatlichen Museen frei.
EU-Bürger unter 18 Jahren erhalten ebenfalls Freikarten für die staatlichen Museen.
Für 18- bis 25-Jährige und Inhaber eines Internationalen Studentenausweises lohnt sich oftmals die Frage nach einem Jugendrabatt.

EINRICHTUNGEN FÜR BEHINDERTE

Sizilien ist kaum auf Menschen mit Handicap eingestellt, am wenigsten auf Rollstuhlfahrer, Verbesserungen werden nur zögerlich eingeführt. Informationen erhalten Sie beim Consorzio Cooperative Integrate (CO.IN; Roma, Via Enrico Giglioli, 54a; Tel. 06 7 12 90 11; www.coin sociale.it) oder bei CO.INtel (Tel. 06 2326 9231).

KINDER

Kinder sind in Hotels und Restaurants willkommen, spezielle Einrichtungen sind aber selten. Besondere Attraktionen für Kinder sind durch oben stehendes Logo gekennzeichnet.

TOILETTEN

Es gibt öffentliche Toiletten in Museen. In Bars wird erwartet, dass Sie etwas konsumieren. Fragen Sie nach *il bagno* oder *il gabinetto*.

ZOLL

Innerhalb der EU dürfen Waren des persönlichen Gebrauchs (Richtwert u. a. 800 Zigaretten, 10 l Spirituosen, 90 l Wein) frei ein- und ausgeführt werden.

BOTSCHAFTEN IN ROM

Deutschland
☎ 06 49 21 31
www.rom.diplo.de

Österreich
☎ 06 8 41 82 12
www.bmeia.gv.at/
botschaft/rom.html

Schweiz
☎ 06 80 95 71
www.eda.admin.ch/roma

IMMER ZU GEBRAUCHEN

Ja/nein **Sì/no**
Bitte **Per favore**
Danke **Grazie**
Bitte, gerne **Di niente/prego**
Entschuldigung **Mi dispiace**
Auf Wiedersehen **Arrivederci**
Guten Morgen **Buongiorno**
Guten Abend **Buona sera**
Wie geht's? **Come sta?**
Wie viel? **Quanto costa?**
Ich möchte gerne … **Vorrei …**
Geöffnet **Aperto**
Geschlossen **Chiuso**
Heute **Oggi**
Morgen **Domani**
Montag **Lunedì**
Dienstag **Martedì**
Mittwoch **Mercoledì**
Donnerstag **Giovedì**
Freitag **Venerdì**
Samstag **Sabato**
Sonntag **Domenica**

NACH DEM WEG FRAGEN

Ich habe mich verlaufen **Mi sono perso/a**
Wo ist …? **Dove si trova …?**
 der Bahnhof **la stazione**
 das Telefon **il telefono**
 die Bank **la banca**
 die Toilette **il gabinetto**
Biegen Sie nach links **Volti a sinistra**
Biegen Sie nach rechts **Volti a destra**
Gehen Sie geradeaus **Vada dritto**
An der Ecke **all'angolo**
Die Straße **la strada**
Das Gebäude **il palazzo**
Die Ampel **il semaforo**
Die Kreuzung **l'incrocio**
Wegweiser nach … **le indicazione per …**

IM NOTFALL

Hilfe! **Aiuto!**
Können Sie mir bitte helfen?
 Mi potrebbe aiutare?
Sprechen Sie Deutsch?
 Parla tedesco?
Ich verstehe nicht
 Non capisco
Könnten Sie bitte schnell einen Arzt rufen?
 Mi chiami presto un medico, per favore

IM RESTAURANT

Ich möchte einen Tisch reservieren
 Vorrei prenotare un tavolo
Einen Tisch für zwei Personen, bitte
 Un tavolo per due, per favore
Könnten wir bitte die Speisekarte haben?
 Ci porta la lista, per favore?
Was ist das? **Cosa è questo?**
Eine Flasche/ein Glas …
 Un bottiglia di/un bicchiere di …
Die Rechnung, bitte! **Il conto, per favore!**

ÜBERNACHTEN

Haben Sie ein Einzel-/Doppelzimmer?
 Ha una camera singola/doppia?
mit/ohne Bad/Toilette/Dusche
 Con/senza vasca/gabinetto/doccia
Ist das Frühstück inbegriffen?
 E'inclusa la prima colazione?
Ist das Abendessen inbegriffen?
 E'inclusa la cena?
Haben Sie Zimmerservice?
 C'è il servizio in camera?
Kann ich das Zimmer sehen?
 E' possibile vedere la camera?
Ich nehme dieses Zimmer **Prendo questa**
Vielen Dank für Ihre Gastfreundschaft
 Grazie per l'ospitalità

ZAHLEN

0	zero	12	dodici	40	quaranta	400	quattrocento
1	uno	13	tredici	50	cinquanta	500	cinquecento
2	due	14	quattordici	60	sessanta	600	seicento
3	tre	15	quindici	70	settanta	700	settecento
4	quattro	16	sedici	80	ottanta	800	ottocento
5	cinque	17	diciassette	90	novanta	900	novecento
6	sei	18	diciotto	100	cento	1000	mille
7	sette	19	diciannove	101	cento uno	2000	duemila
8	otto	20	venti	110	centodieci	10 000	diecimila
9	nove	21	ventuno	120	centoventi		
10	dieci	22	ventidue	200	duecento		
11	undici	30	trenta	300	trecento		

Sprachführer

SPEISEKARTE

acciuga Anchovis
acqua Wasser
affettati
 geschnittenes
 Räucherfleisch
affumicato
 geräuchert
aglio Knoblauch
agnello Lamm
anatra Ente
antipasti
 Vorspeisen
arista Schweine-
 braten
arrosto gebraten
asparagi Spargel
birra Bier
bistecca Steak
bollito gekochtes
 Fleisch
braciola
 Minutensteak
brasato
 geschmort
brodo Brühe
bruschetta
 getoastetes Brot
 mit Knoblauch und
 Olivenöl
budino Pudding
burro Butter
cacciagione
 Wild
cacciatore, alla
 herzhafte Tomaten-
 sauce mit Pilzen
**caffè corretto/
 macchiato**
 Kaffee mit Likör,
 Schnaps oder
 wenig Milch
caffè freddo
 Eiskaffee
caffellatte
 Milchkaffee
caffè lungo
 schwacher Kaffee
caffè ristretto
 starker Kaffee
calamaro
 Tintenfisch
cappero Kaper
carciofo
 Artischocke
carne Fleisch

carota Karotte
carpa Karpfen
casalingo
 hausgemacht
cassata
 sizilianische
 Schichttorte (auch
 Eisbombe)
cavolfiore
 Blumenkohl
cavolo Kohl
ceci Kichererbsen
cervello Hirn
cervo Reh
cetriolino
 Gewürzgurke
cetriolo Gurke
cicoria Chicorée
cinghiale
 Wildschwein
cioccolata
 Schokolade
cipolla Zwiebel
coda di bue
 Ochsenschwanz
coniglio Hase
contorni Gemüse
coperto
 Gedeckgebühr
coscia Keule
cotoletta
 Schnitzel
cozze Muscheln
crema Eiercreme
crostini Kanapees,
 u. a. mit Tomaten,
 Knoblauch und
 Olivenöl
crudo roh
digestivo Digestif
dolci Kuchen oder
 Desserts
erbe aromatiche
 Kräuter
facito gefüllt mit
fagioli Bohnen
fagiolini grüne
 Bohnen
faraona Perlhuhn
fegato Leber
finocchio Fenchel
formaggio Käse
forno, al aus dem
 Ofen
frittata Omelette

fritto gebraten,
 frittiert
frizzante mit
 Kohlensäure
frulatto verquirlt
frutti di mare
 Meeresfrüchte
funghi Pilze
gamberetto
 Garnele
gelato Eiscreme
ghiaccio Eis
gnocchi kleine
 Kartoffelklöße
granchio Krebs
gran(o)turco Mais
griglia, alla gegrillt
imbottito gefüllt
insalata Salat
IVA Mehrwert-
 Steuer
latte Milch
lepre Hase
lumache
 Schnecken
manzo Rind
merluzzo Kabeljau
miele Honig
minestra Suppe
molluschi
 Schalentiere
olio Öl
oliva Olive
ostrica Auster
pancetta Speck
pane Brot
panna Sahne
parmigiano
 Parmesankäse
passata passiert
 oder mit Sahne
 aufgeschlagen
pastasciutta
 getrocknete Pasta
 mit Sauce
pasta sfoglia
 Blätterteig
patate fritte
 Pommes frites
pecorino
 Schafskäse
peperoncino
 Peperoni
peperone rote/grüne
 Paprika

pesce Fisch
petto Brust
piccione Taube
piselli Erbsen
pollame Geflügel
pollo Huhn
polpetta
 Fleischbällchen
porto Portwein
prezzemolo
 Petersilie
primo piatto
 erster Gang
prosciutto
 Schinken
ragù Fleischsauce
ripieno gefüllt
riso Reis
salsa Sauce
salsiccia Wurst
saltimbocca
 Kalb mit Schinken
 und Salbei
secco trocken
secondo piatto
 Hauptgang
senape Senf
servizio compreso
 Service inklusive
spuntini Snacks
succa di frutta
 Fruchtsaft
sugo Sauce
tonno Thunfisch
uova strapazzate
 Rühreier
**uovo affrogato/
 in carnica**
 pochiertes Ei
uovo alla coque
 weich gekochtes Ei
uovo alla sodo
 hart gekochtes Ei
**uovo al tegamo/
 fritto** Spiegelei
vino bianco
 Weißwein
vino rosato
 Roséwein
vino rosso
 Rotwein
verdure Gemüse
vitello Kalb
zucchero Zucker
zuppa Suppe

Reiseatlas

Kapiteleinteilung: siehe Übersichtskarte auf der Umschlaginnenseite

Legende

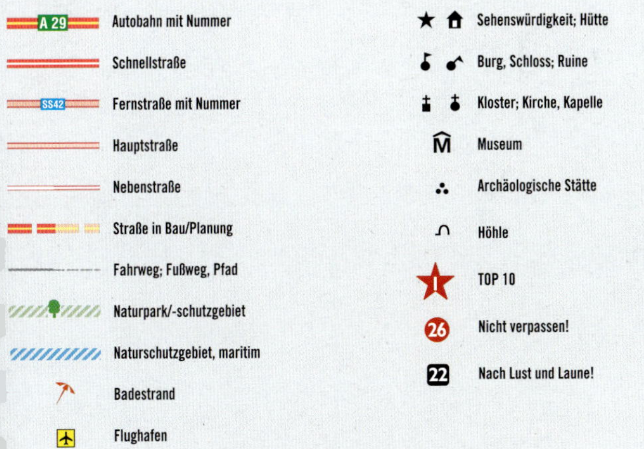

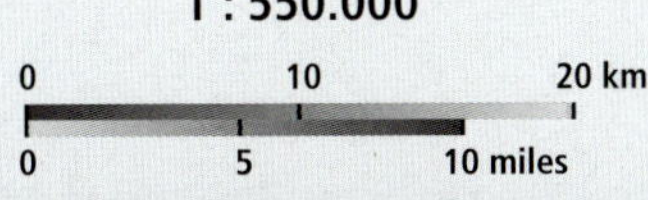

Mar Tirreno
Isole Egadi
Isola di Levanzo
Grotta del Genovese
Pzo. d. Monaco 278 m
Levanzo
Maraone
Ris. Nat. Marina Isole Egadi
Isola Favignana
Favignana
Case Tedesco
Tonnara Florio
Casa di Vita
Isola Grande
San Vito lo Capo
Tonnara del Secco
Grotta Racchio
Timpone
Macari
Torre dell' Impiso
Tonnarella dell'Uzzo
Cava di Tufo
Ficarella
Castelluzzo
Riserva Natur dello Zingaro
Scopello
Custonaci
Purgatorio
Sperone
Assieni
Visicari
Cas del
Sant' Andrea
Bonagia
Pizzolungo
Paparella
M. Sparagio 1110 m
Balata di Baida
Badia
Lido di S. Giuliano
Erice
Valderice
Buseto Palizzolo
Buseto Superiore
La Tussia
M. Inici 1064 m
Trapani
Milo
Chiesa Nuova
Napola
Murfi
Terme Segestane
Lenzi
Città Povera
Ballata
Baglio Rizzo
Borgo Casale
Bruca
Ris. Nat. Saline di Trapani e Paceco
Xitta
Paceco
Nubia
Dattilo
Fulgatore
Segesta
Seges
Seges
Marino
Pietretagliate
Ponte Binuara
Palma
Marausa
Loco-grande
Guarrato
La Pergola
Ummari
Aeroporto Trapani-Birgi
Rilievo
Mendola
Cantoniera
Birgi Novo
Ballottella
Ponte di Cuddia
Bordino
Ris. Nat. Isole dello Stagnone di Marsala
San Leonardo
Granatello
Borgo Zaffarana
Borgo Celso Fardella
Vita
Borgo Eredita
Mozia
Dara
Madonna della Cava
Casa Tafele
Filci
Santi Filippo Giacomo
Borgo Rinazzo
Borgo Fazio
Ulmi
San Ciro
Salemi
Isola Grande
Paolini
Matarocco
Borgo Ghitarra
MARSALA
Abate
Brugnone
Ciavolotto
Ciavolo
Chelbi
Calamita Vecchia
Aquila
Borgo di Buturro
Villapetrosa
Casale
Roccolino Soprano
Casa Agate
Lido Signorino
Cardilla
Terrenove
Palermo
Roccazzello
Petrosino
Strasatti
Mazzaro
Pizzolato
Rappareddi
Piano Mezzapelle
Borgata Costiera
Santissima Trinità di Delia
Vignale
Castelvetrano
Campobello di Mazara
Mazara del Vallo
Cave di Cusa
Rocch
Rocche di Cusa
Baglio Ingham
Seli
Triscina
Granitola-Torretta
Tre Fontane
Pantelleria 6 h
Trapani 6 h
I. di Pantelleria
Pantelleria
S. Chiara
S. Francesco
S. Vito
Tracino
M. Gibele 700 m
S. Michele
Scauri
C. Bono
45
44
46
42
43
47
48
41
8
202
SS187
SS113
SS11
SP21
SS115
A29dir
SS188
SS188A
SS188
SS115
E 933
E 90
E 931
SS115dir
E 5
A 4

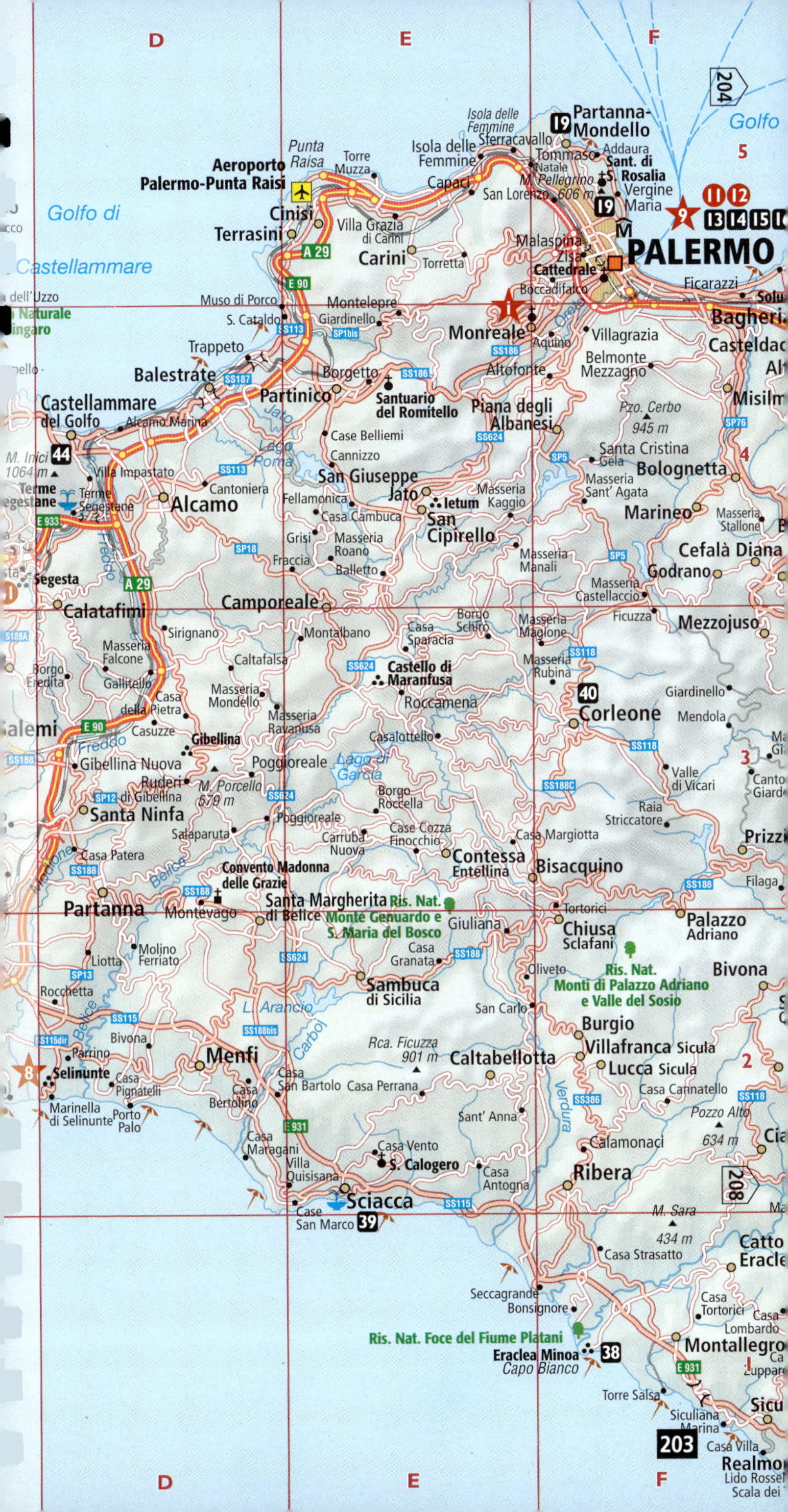

D
E
F
204
Golfo
Isola delle Femmine
Partanna-Mondello
19
Sterracavallo
Addaura
Sant. di Rosalia
Tommaso Natale
Punta Raisa
Torre Muzza
Isola delle Femmine
M. Pellegrino 606 m
Vergine Maria
Aeroporto Palermo-Punta Raisi
Capaci
San Lorenzo
19
M
11 12
9
13 14 15 16
Cinisi
Villa Grazia di Carini
Malaspina Zisa
PALERMO
Terrasini
Carini
Torretta
Cattedrale
A 29
Boccadifalco
Ficarazzi
E 90
Solu
Muso di Porco
Montelepre
Aquino
Bagheri
S. Cataldo
Giardinello
Monreale
Villagrazia
Casteldac
dell'Uzzo
SP1bis
Belmonte Mezzagno
Al
Naturale
Trappeto
SS113
Misilm
ingaro
Borgetto
Altofonte
Balestrate
SS187
SS186
SP76
Partinico
Santuario del Romitello
Piana degli Albanesi
Castellammare del Golfo
Alcamo Marina
SS186
Santa Cristina
4
Case Belliemi
SS624
Gela
Bolognetta
cco
M. Inici 1064 m
44
Villa Impastato
SS113
Cannizzo
Masseria Sant' Agata
Castellammare
Terme egestane
Terme Segeste
Cantoniera
San Giuseppe Jato
Masseria Kaggio
Masseria Stallone
Marineo
E 933
Alcamo
Fellamonica
Ietum
SP5
Cefalà Diana
ta
Segesta
Grisi
Casa Cambuca
San Cipirello
Masseria Manali
SP5
Godrano
A 29
SP18
Masseria Roano
Masseria Castellaccio
Calatafimi
Fraccia
Balletto
Camporeale
Masseria Castellaccio
Ficuzza
Mezzojuso
SS188A
Sirignano
Montalbano
Casa Sparacia
Borgo Schirò
Masseria Magione
Masseria Falcone
Caltafalsa
SS624
Masseria Rubina
SS118
Giardinello
Borgo Eredità
Gallitello
Castello di Maranfusa
Roccamena
40
Corleone
Mendola
lemi
E 90
Casa della Pietra
Masseria Mondello
Masseria Ravanusa
Casalottello
SS118
3
Valle di Vicari
Canto Giard
Casuzze
Gibellina
Lago di Garda
Borgo Roccella
SS188C
Raia Striccatore
Gibellina Nuova
Poggioreale
Prizz
SP12
Ruderi di Gibellina
M. Porcello 579 m
SS624
Poggioreale
Casa Margiotta
Santa Ninfa
Salaparuta
Carruba Nuova
Case Cozza Finocchio
Casa Patera
Contessa Entellina
Bisacquino
SS188
Convento Madonna delle Grazie
Filaga
SS188
SS188
Santa Margherita di Belice
Ris. Nat.
Tortorici
Partanna
Montevago
Monte Genuardo e S. Maria del Bosco
Giuliana
Chiusa Sclafani
Palazzo Adriano
Molino Ferriato
SS624
Casa Granata
SS188
Oliveto
Ris. Nat. Monti di Palazzo Adriano e Valle del Sosio
Bivona
Liotta
SP13
L'Arancio
Sambuca di Sicilia
San Carlo
Burgio
Rocchetta
SS115
SS188bis
Carboi
Rca. Ficuzza 901 m
Villafranca Sicula
Bivona
Parrino
Menfi
Caltabellotta
Lucca Sicula
8
Selinunte
Casa Pignatelli
Casa San Bartolo
Casa Perrana
Casa Cannatello
2
Marinella di Selinunte
Porto Palo
Casa Bertolino
E 931
Sant' Anna
Verdura
SS386
Pozzo Alto 634 m
Cia
Casa Maragani
Villa Quisisana
Casa Vento
S. Calogero
Casa Antogna
Calamonaci
Sciacca
Ribera
Case San Marco
39
SS115
M. Sara 434 m
Casa Strasatto
Catto Eracle
Seccagrande Bonsignore
Casa Tortorici
Casa Lombardo
208
Ris. Nat. Foce del Fiume Platani
38
Casa Zuppare
Montallegro
Ca
Eraclea Minoa
Capo Bianco
Torre Salsa
E 931
Siculiana Marina
Sicu
203
Casa Villa
Realm
Lido Rossel
Scala dei
D
E
F

A
B
C
5
Golfo di Palermo
Partanna-Mondello
Addáura
Sant. di S. Rosalia
Vérgine Maria
PALERMO
Capo Zafferano
Ficarazzi
Aspra
Solunto
Porticello
Santa Flávia
Solanto
Bagheria
Casteldáccia
Altavilla
Golfo di Términi Imerese
Castello di Roccella
Villagrázia
Belmonte Mezzagno
San Nicola l'Arena
A 19
E 90
Misilmeri
SP76
Sant' Onofrio
Trabía
Términi Imerese
Campofelice di Roccella
Pzo. Cerbo 945 m
203
Pzo. d. Leone 1119 m
Ris. Nat. Pizzo Cane, Pizzo Trigma e Grotta Mezzanuto
Buonfornello
A 20
Santa Cristina Gela
SS113
Imera
A 19
Bolognetta
Masseria Sant' Agata
Ris. Nat. Monte San Calógero
Cáccamo
Sciara
SP120
Cerda
E 932
Collesano
Marineo
Masseria Stallone
Baucina
Ventimíglia di Sicília
SP7
SP9
Portell Mare Cammi
Cefalà Diana
Godrano
Villafrati
Montemaggiore Belsito
Aliminusa
Firri
Scillato
Masseria Castelláccio
Fóndaco Tavolácci
Ciminna
Ris. Nat. Bosco d. Favare e Bosco d. Granza
Granza
Casa Cerrito
SP24
Ficuzza
Mezzojuso
SP76
Regalgiòffoli
Scláfani Bagni
Caltavuturo
Giardinello
Vícari
40
Corleone
Méndola
Campofelice di Fitália
Roccapalumba
Masseria Balate
SS118
Masseria Giardo
Ália
Grotta della Gulfa o dei Saraceni
Valle di Vícari
SP7
SS188C
Cantoniera Giardo
Masseria Pergole
SS188
Lercara Friddi
Valledolmo
Masseria Pucciato
Ráia Striccatore
2
Magazzinazzo
Regaleale Nuova
Prizzi
Casa Nicolosi
Lercara Bassa
Borgo Regalmici
Masseria Turrum
sacquino
Margiotta
SS188
Filaga
SS188
Castronuovo di Sicília
Vallelunga Pratameno
SS121
Villalba
Tortorici
Chiusa Scláfani
Palazzo Adriano
SS118
Casa Martinella
Cammarata
Chiappária
Polizzelló
Ris. Nat. Monti di Palazzo Adriano e Valle del Sosio
Bivona
San Giovanni Gémini
Ris. Nat. Monte Cammarata
Case Castiglione
Casa Schifani
Búrgio
Santo Stéfano Quisquina
SS189
Casa Salina
Scala Nuova
Villafranca Sícula
Monti Sicani
Acquaviva Plátani
Mussomeli
Lucca Sícula
Alessándria della Rocca
Cozzo Tre Monaci 970 m
Casa Véccini
Verdura
SS386
Casa Cannatello
SS118
Pozzo Alto 634 m
Cianciana
Casteltérmini
SP20
Magri
Casa Castiglioni
Sutera
Masseria Buonanotte
Campofranco
Bosco
Rabione
Calamónaci
San Biágio Plátani
Bompensiere
Milena
Montedoro
Ribera
204
43 m
Masseria Spoto
Sant' Ángelo Muxaro
Plataci
208
Masaniello
Masseria Bellavia
Serradifalco
Cattólica Eraclea
Casa Strasatto
SS118
Grotta Murata
B
C

D
E
F
5
Mar Tirreno
206
4
Sant'
di M
Acquado
Grotta di San Teodor
Marina di
Caronia
10
Cefalù
Sant'
Ambrógio
Finale
Castèl
di Tusa
21
Santo Stéfano
di Camastra
Canneto
Caronia
Nicetta
San Fra
stello
Roccella
E 90
Láscari
Halaesa
Tusa
Motta
d'Affermo
Póllina
Case Mar
A 20
Santuário di
Gibilmanna
Pizzo Sant' Angelo
1081 m
Pettineo
Reitano
Parco
ofelice
ella
Grátteri
Aquiléa
Castelbuono
San Máuro
Castelverde
Mistretta
SP0
Parco
Isnello
Munciarrati
Portella dell'Óbolo
1503 m
3
Piz
esano
SP9bis
delle
Le Madonie
Casa Siracusa
Monte Pomiere
1544 m
Portella di
Mare 582 m
Rifugio Marini
Cámmisini
Piano Battaglia
Geraci
Sículo
Castèl
di Lúcio
Api
SS117
Capizzi
Mo
Monte Múfara
1865 m
Casa
Cozzo Nobile
Colle del Contrasto
1107 m
Cerami
cillato
Firrione
SS643
Carpinelli
Madonie
SS286
Monte Sambughetti
Ris. Nat. 1558 m
Sambuchetti-Campanito
Pancallo
SP24
Petralia
Sottaná
Portelle
Portelle
SS120
Villa Marigo
altavuturo
Polizzi
Generosa
Calcarelli
20
SP29
Petralia
Soprana
Gangi
SP29
Sperlinga
Villa
Pietralunga
Musa Soprana
Masseria
Balate
SS120
Castellana
Sícula
Fasano
Pianello
Verdi
Nicosia
Gagliano
Castelferrato
Blufi
San Giovanni
Masseria
San Silvestro
Salso
Casa
Speciale
Masseria
Pucciatto
Locati
Bompietro
SS290
Casalgiordano
Mandre
SS117
Borgo Milletari
2
ileale Nuova
Alimena
Villadoro
Casuto
Case Tre
Fontane
Masseria
Turrume
Túdia
Resuttano
Granieri
Nissoria
A
Landro
San Giorgio
Leonforte
Casa Castro
Assoro
Vallone Salito
Sca
alba
Portella
Palermo
676 m
Recattivo
San Nicola
Villapriolo
San
Giovanello
SS290
Valle di Manna
Casa
Commenda
Lago
Nicoletti
Dittaino
ría
ello
íni
Garisi
Santa Caterina
Villarmosa
Gárcia
Calascibetta
Marianópoli
Barriera
Noce
Villarosa
A 19
E 932
34
Calderari
Casa Sant' Anna
SS192
scala
uova
SS121
SS122bis
Enna
Mutinello
Borgo Petília
Masseria
Pizzuto
Pergusa
Casa Vécchie
Xirbi
SS42
Masseria
Scioltabino
Lago di
Pergusa
SS117bis
Valguarnera
Caropepe
Cunazzo
I
36
Floristella-
Grottacalda
Casa
Cástani
Castello
di Cresti
Bosco
San Cataldo
CALTANISSETTA
Grottacalda
Gornalung
Rabione
SS191
Ris. Nat.
Monte Capodarso e
Valle dell' Imera
meridionale
M. Rossomanno
889 m
Ris. Nat.
Ro
Grottascura Belfia
205
Morg
lco
Giulfa
SS640
D
Pietraperzia
E
M. Polino
723 m
209
F
Piazza
Armorina
Aidone
Masseria

Ris. Nat. I. di Filicudi
Isola Filicudi
773 m
I. Canna
Grotta Bue Marino
Pecorini
Filicudi Porto
Villagio preistorico
Malfa
Isola Salina
Pollara
Santa Marina
Valdichiesa
Salina
Isola di Panarea,
Isola di Stromboli
Rinella (Arenella)
962 m
Lingua
Ris. Nat. le Montagne
delle Felci e dei Porri
Canale della Salina
Acquacalda
Quattropani
594 m
Isola Lipari
Pianoconte
Terme di San Calogero
Lipari
Isola Alicudi
Monte Vulcanello
123 m
Porto di
Ponente
Porto di
Levante
Gran Cratere
391 m
Isola Vulcano
Gelso
Mar Tirreno
Isole Eolie
Golfo di
Gioiosa
Marea
San Giorgio
Marina
di Patti
22
(Tindari)
Santuario di
Maria Santissima
Brolo
Piraino
Ba
Capo d'Orlando
Sorrentini
Montagnareale
Patti
Moreri
Forno Marina
SS113
Ol
Malvigino Piscittina
A 20
Malò
Naso
Ficarra
Sant'Angelo
Librizzi
Capri
Leone
Cagnano
Baracche
Sinagra
Nasidi
San Piero
Patti
Murmari
Santa
Barbara
Basicò
SS113
Torrenova
E 90
Mirto
Castell'
Umberto
Ucria
Raccuja
Monta
Sant'Agata
di Militello
Frazzanò
San Marco
d'Alunzio
San Salvatore
di Fitalia
Sfaranda
SS116
Santa
Margherita
Elicona
Acquadolci
Grotta di San Teodoro
Tiranni
Militello
Galati
Mamertino
Tortorici
205
Marina di
Caronia
Nicetta
Iria
Alcara
li Fusi
Longi
Floresta
Portella Zilla
1104 m
Po
11
Caronia
San Fratello
Casa
Batessa
Portella dello
Zoppo 1264 m
Ris. Nat.
Bosco di
Malabotta
Case Mamma
Casa Cicalda
Serra del Re
1754 m
Roccella
Valdemone
Moio
Alcantara
Casa Forestale
Santa Domenica
Vittoria
Parco
dei
Nebrodi
Monte Soro
1847 m
San
Teodoro
tretta
SS289
Portella dell'Obolo
1503 m
Casa Atanasio
Portella della
Miraglia 1464 m
Porticelle
Soprana
Randazzo
Passopiscia
iracusa
Pizzo Pilato
1567 m
Maniace
Murazzo
Rotto
SS1
Solie
Monte Pomiere
1544 m
Nebrodi
Abbazia
di Maniace
SS120
Rocca Calanna
976 m
SS117
Monti
San
Teodoro
Cesarò
SS284
M. La Nave
1273 m
Grotta de
Palombe
Capizzi
ughetti
Mulini
di Failla
SS120
Castello
di Bolo
Pzo. Rivoglia
1025 m
Maletto
Grotta di
Vanette
Rifugi
Cite
Cerami
Casa
Pacione
Parco
ampanito
Pancallo
SS120
Lercara
Troina
Masseria
Longhitano
Bronte
M. Ruvolo
1410 m
Monte Etna
Portelle
Villa Marigo
Casa
Fellauto
Capp.
Ciraldo
SS284
Grotta di
Intraleo
3350 m
de
Villa
Pietralunga
Musa Soprana
Casa
Squillaci
Masseria
Pietrerosse
SS575
Case
Andronico
M. Turchio
1265 m
M. Albano
1734 m
La Mo
2640
Nicosia
Gagliano
Castelferrato
Villaggio
Santa Margherita
Casa Marchesini
Casa
Reccella
Villa Cesareo
Timpone
Casa Battiati
Rifugi
Sapienz
Salso
Casa
Speciale
Chiesa di
Montalto
SS117
Lago di
Pozzillo
Sparacollo
Carcadi
Adrano
Ferrovia Circumetnea
Rocca
Ragalna
Case Tre
Fontane
Salso
Nissoria
San Giorgio
Agira
SS 21
Regalbuto
210
Centuripe
Renaria
Biancavilla
SS121
Nicolos
206
rte
Casa Castro
Assoro
A
Casa
Stancanelli
Rca. d'Aquila
Casa
samarina
B
Santa Mar
di Licodia
Belpasso
San Piet

D
E
F
5
Mar Tirreno
Golfo di Milazzo
Golfo di Patti
Golfo di Patti
Golfe o Lipari
Vulcano
Spartà
SS113dir
Castanea delle Furie
San Giorgio
Mortelle
Sindaro Marina
Faro
Ganzirri
Salice
Superiore
SS18
Villafranca Tirrena
Sant' Agata
4
A 20
Trivio
Grotta
Villa San G
Due Torri
E 90
Paradiso
Milazzo
Fondaconuovo
Bauso
Serro
Venetico Marina
Gallic
San Giovanni
Duomo
A 3
Giammoro
Valdina
Venetico
Saponara
MESSINA
E 45
SS113
Santa Marina
Torregrotta
Roccavaldina
23
Pace
Cumia
S. Lucia
22
Olivarella
del Mela
Monforte
Antennamare
Gazzi
Barcellona-Pozzo di Gotto
San Giorgio
SS114
Contesse
(Tyndaris)
Calderà
San Filippo
San Pier Niceto
1124 m
Pistunina
Tindari
del Mela
Larderia
Tremestieri
Lido Marchesana
Sicaminò
Pellegrino
Mili
Castroreale Terme
Santa Lucia
S. Pietro
Galati
REGGIO
Oliveri
Portosalvo
Acquaficara
del Mela
S. Stefano di Briga
Marina
DI CALABRIA
Falcone
Pezzolo
A 18
Furnari
Migliardo
Rodi
Monte Poverello
Briga
Giampilieri Marina
San Gregorio
Mazzarrà
Castroreale
1279 m
Altolia
Marina
Basicò
Sant'Andrea
Milici
Bafia
Ris. Nat.
Scaletta Zanclea
3
Fiumedinisi e
Itala
E 45
Guidomandri Inferiore
Pellaro
SS106
M. Scuderi
Marina d'Itala
Tripi
San Marco
Alì
Bocale
San
SS185
Fiumedinisi
Montalbano
Monte Fossazza
Mandanici
Alì Terme
Elicona
Novara
1245 m
Sciglio
Nizza di Sicilia
di Sicilia
Rubina
Misserio
Pagliara
Botteghelle
Portella Ceresa
Antillo
Roccalumera
1113 m
Fondachelli
Casalvecchio
Savoca
Furci Siculo
Ris. Nat.
Portella Mandrazzi
Ss. Pietro
Santa Teresa di Riva
Bosco di
1125 m
Limina
e Paolo
SS114
Malabotta
Borgo
Roccafiorita
Piano
Sant' Alessio Siculo
Borgo San Giovanni
Mongiuffo
Malvagna
Francavilla
Forza
Moio
di Sicilia
Graniti
d'Agro
Alcantara
SS185
Melia
Gola dell'Alcantara
Motta
Letojanni
Passopisciaro
Camastra
Mazzaro
2
guardia
Castiglione
Gaggi
Castelmola
SS120
di Sicilia
Teatro
Taormina
Solicchiata
Greco
Giardini-
24
Linguaglossa
Naxos
Naxos
Calatabiano
Rifugio
Piedimonte
tta delle Conti
Pasteria Lapide
Palombe
Etneo
S. Marco
M. Crisimo Vena
Rifugio
1354 m
Presa
Fiumefreddo
Citelli
di Sicilia
Fondachello
Puntalazzo
Nunziata
Mascali
Etna
Citelli
Sant' Alfio
dell'Etna
Fornazzo
Riposto
Mar Ionio
m
La Montagnola Milo
Macchia
Giarre
2640 m
Zafferana
Villa Calanna
Etnea
Dagala
Rifugio
SP92
Mangano
Sapienza
Santa Venerina
Pisano
Pozzillo
Cosentini
Pennisi
Stazzo
E 45
S. Alfio
S. Tecla
A 18
SP8
S. Maria la Scala
207
Pedara
Trecastagni
ACIREALE
Aci
olosi
SP10
Viagrande
S. Lucia
SS114
211
Tremestieri
S. Gi
Gazzena
San Pietro
Etneo
Torre S. Anna
E
F

Mezzojuso
Tavolácci
Montemaggiore
Belsito
Aliminusa
Scillato
Firrione
Carpinelli
Casa
Cerrno
P24
SS643
Giardinello
Méndola
Campofelice
di Fitália
Vicari
Regalgióffoli
204
B
Ris. Nat.
Bosco d. Favare
e Bosco d. Granza
Granza
Scláfani
Bagni
Caltavuturo
Polizzi
Generosa
Re.
Roccapalumba
SP76
Masseria
Giardo
Masseria
Balate
SS120
SS118
5
Valle
di Vicari
Cantoniera
Giardo
Masseria Pergole
SS188
Lercara
Friddi
SP7
Ália
Grotta della Gulfa o
dei Saraceni
Valledolmo
Masseria
Pucciatto
Prizzi
Casa
Nicolosi
Lercara Bassa
Magazzinazzo
Regaleale Nuova
Masseria
Turrume
Túdia
Landro
SS188
Filaga
SS188
Castronuovo
di Sicilia
Borgo
Regalmici
Vallelunga
Pratameno
SS121
Palazzo
Adriano
SS118
Casa
Martinellá
Cammarata
Villalba
Portella
Palermo
676 m
Gari
Nat.
zzo Adriano
el Sosio
Bivona
Santo Stéfano
Quisquina
San Giovanni
Gémini
Ris. Nat.
Monte Cammarata
Case
Castiglione
Chiapparia
Polizzello
Casa Schifani
Marianópo
ranca Sícula
ca Sícula
Alessándria
della Rocca
Monti Sicani
Casa
Salina
SS189
Scala
Nuova
SS121
Casa Cannatello
SS118
Cozzo Tre Monaci
970 m
Acquaviva
Plátani
Mussomeli
Casa Vécchie
SS42
Pozzo Alto
Casteltérmini
SP20
Sutera
Masseria
Buonanotte
San Catald
ónaci
634 m
Cianciana
Magri
Casa
Castiglion
Campofranco
Bosco
Rabione
San Biágio
Plátani
Plátani
Bompensiere
Serradifalco
Giulfe
SS64
M. Sara
434 m
Strasatto
Masseria
Spoto
Sant' Ángelo
Muxaro
Masaniello
Aragona
Milena
Montedoro
SS122
Cattólica
Eraclea
Grotta
Murata
M. Giafaglione
674 m
Santa Elisabetta
SP17
Masseria
Bellavia
Villanuova
SP1
Casa
Tortorici
Casa
Lombardo
Raffadali
Masseria
Pasciuta
Aragona
Vulcanelli di
Macalube
Grotte
Racalmuto
Villa Nallone
Cappellano
Montallegro
931
Casa
Zuppardo
Casa Baccarone
Ióppolo
Giancáxio
Qattro
Strade
SS189
SS640
Casa
Mattona
Canicatti
Délia
Somm
Gibbesi
vécchio
Giardina
Gallotti
San Michele
SS18
Castrofilippo
SP183
Siculiana
Marina
Siculiana
San
Leone
Villa Bagli
SP85
SS410
Casa Torricelli
SS410dir
Casa San
Silvestro
San Nicola
SS123
Tenutella
Casa Villa
AGRIGENTO
3
Favara
Naro
Campobello
di Licata
203
Realmonte
Lido Rossello
Scala dei Turchi
SS115
M
Malvizzo
Sant'
Agostino
Casa Must
Porto
Empédocle
Valle dei
Templi
SP3
Masseria
Borraiti
SS576
La Lóggia
SS410
Camastra
Casa
Contino
Cannatelle
Masseria
Mandrascava
Fattoria
Bancina
Casa Zarcaria
La Valpera
SS123
Passaret
Castellazzo di Montechiaro
Mortilli
SS115
Palma
di Montechiaro
la Presti
Casa Lombardo
Casa
Ripellino
2
Marina
di Palma
Castellazzo
di Palma
E 931
Sa
Grascuria
L
3
208
A
B
C
Mar Mediterraneo
1

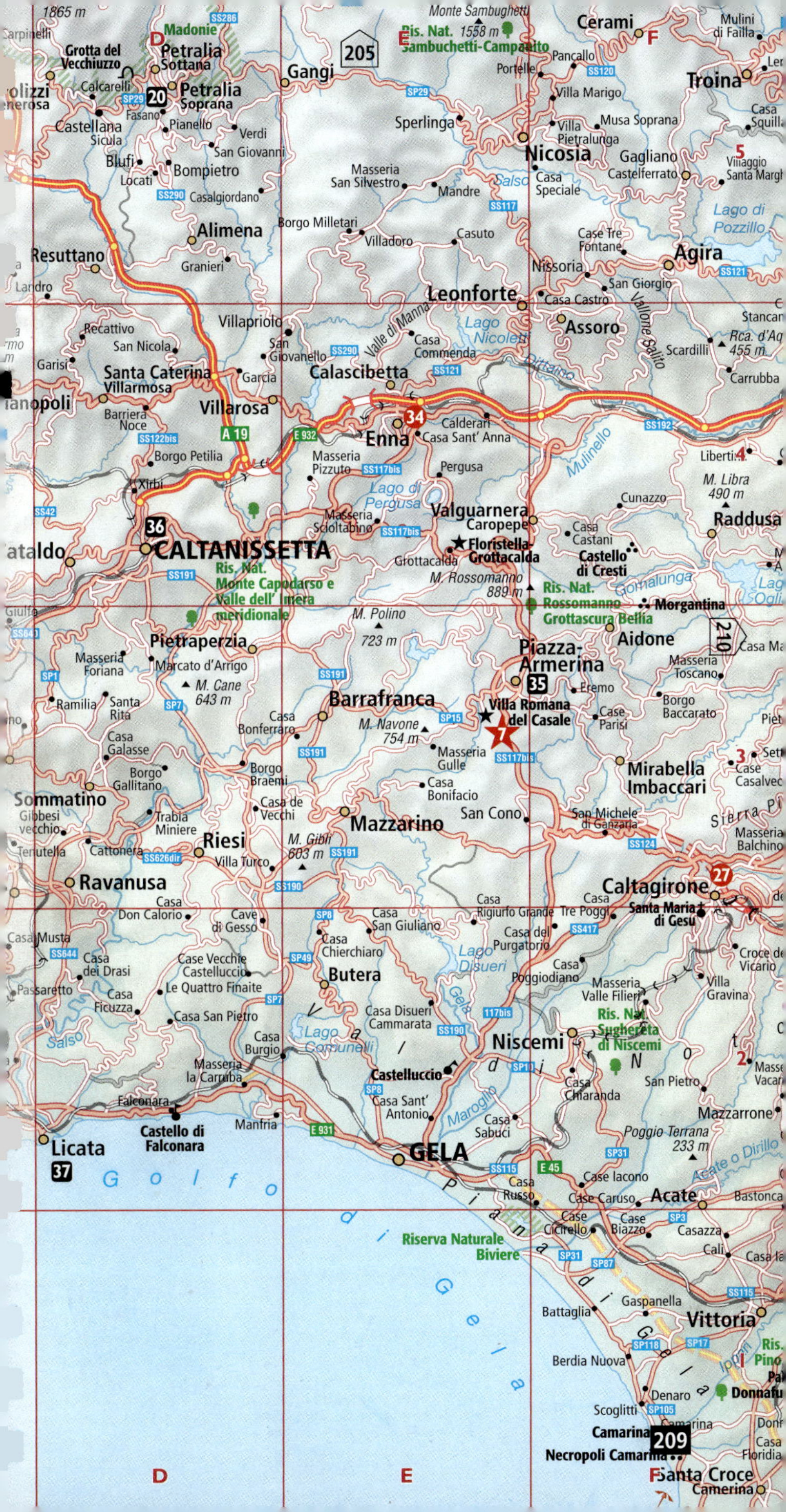

1865 m
Carpinelli
Grotta del Vecchiuzzo
Polizzi Generosa
Calcarelli
SS29
20
SP29
Fasano
Castellana Sicula
Blufi
Locati
SS290
Pianello
D
Madonie
Petralia Sottana
Petralia Soprana
Verdi
San Giovanni
Bompietro
Casalgiordano
Gangi
205
SP29
Sperlinga
Masseria San Silvestro
Mandre
Borgo Milletari
Villadoro
Casuto
Monte Sambughetti
Ris. Nat. 1558 m
Sambuchetti-Campanito
E
Portelle
Pancallo
Villa Marigo
SS120
Villa Pietralunga
Musa Soprana
Nicosia
Gagliano
Castelferrato
Cerami
Mulini di Failla
F
Troina
Casa Squilla
5
Villaggio Santa Margh
Salso
Casa Speciale
SS117
Case Tre Fontane
Agira
SS121
Resuttano
Granieri
Alimena
Nissoria
San Giorgio
Leonforte
Casa Castro
Recattivo
San Nicola
Garisi
Santa Caterina Villarmosa
Garcia
Villaprioto
San Giovanello
SS290
Valle di Manna
Casa Commenda
SS121
Lago Nicoletti
Assoro
Vallone Salito
Scardilli
Carrubba
Stancan
Rca. d'Aq
455 m
Barriera Noce
SS122bis
Villarosa
A 19
E 932
Calascibetta
Dittaino
SS192
Libertì
4
Borgo Petilia
Enna
34
Calderari
Casa Sant'Anna
Mulinello
M. Libra
490 m
Xirbi
Masseria Pizzuto
SS117bis
Pergusa
Cunazzo
Raddusa
SS42
36
Masseria Scoltabino
Lago di Pergusa
SS117bis
Valguarnera Caropepe
Casa Castani
Castello di Cresti
M
Cataldo
CALTANISSETTA
SS191
Ris. Nat.
Monte Capodarso e Valle dell' Imera meridionale
Grottacalda
Floristella Grottacalda
M. Rossomanno 889 m
Ris. Nat. Rossomanno Grottascura Bellia
Gornalunga
Morgantina
Lago Ogli
Giulfa
SS64
Pietraperzia
M. Polino 723 m
Piazza-Armerina
Aidone
210
Masseria Toscano
Casa Ma
Masseria Foriana
SP1
Marcato d'Arrigo
M. Cane 643 m
SS191
35
Eremo
Ramilia
Santa Rita
SP7
Barrafranca
Villa Romana del Casale
7
Case Parisi
Borgo Baccarato
Piet
Casa Galasse
Casa Bonferraro
M. Navone 754 m
SP15
Masseria Gulle
SS117bis
Mirabella Imbaccari
3
Set
Case Casalvec
Borgo Gallitano
Borgo Braemi
SS191
Casa Bonifacio
San Cono
San Michele di Ganzaria
Sierra pi
Sommatino
Casa de Vecchi
Mazzarino
SS124
Masseria Balchino
Gibbesi vecchio
Trabia Miniere
Riesi
M. Gibli 603 m
SS191
Tenutella
Cattonera
SS626dir
Villa Turco
Caltagirone
27
Ravanusa
SS190
Casa Rigiurfo Grande
Tre Poggi
Santa Maria di Gesu
Casa Don Calorio
Cave di Gesso
SP8
Casa San Giuliano
SS417
Croce de Vicario
Casa Musta
SS644
Casa dei Drasi
SP49
Casa Chierchiaro
Casa del Purgatorio
Masseria Valle Filieri
Villa Gravina
Passaretto
Casa Ficuzza
Case Vecchie Castelluccio
Le Quattro Finaite
SP7
Butera
Casa Poggiodiano
Casa San Pietro
Salso
Casa Burgio
Lago Comunelli
Casa Disueri Cammarata
SS190
117bis
Ris. Nat. Sughereta di Niscemi
t
2
Masseria Vacari
Masseria la Carruba
SP8
Castelluccio
Gela
SP11
Niscemi
N
Casa Chiaranda
San Pietro
Mazzarrone
Falconara
Manfria
Casa Sant' Antonio
Maroglio
Casa Sabuci
Poggio Terrana 233 m
Licata
37
Castello di Falconara
E 931
GELA
SS115
E 45
Casa Russo
SP31
Case Iacono
Acate o Dirillo
Golfo
di
Gela
Piana
di
Gela
Acate
Bastonca
Case Cicirello
Case Biazzo
SP3
Casazza
Riserva Naturale Biviere
SP31
SP87
Cali
Casa la
SS115
Gaspanella
Battaglia
Vittoria
SP118
SP17
Ris. Pino
Pa
I
Berdia Nuova
Donnafu
Scoglitti
SP105
Denaro
Camarina
209
Necropoli Camarina
Santa Croce Camerina
F
Camerina
Casa Floridia
Donf

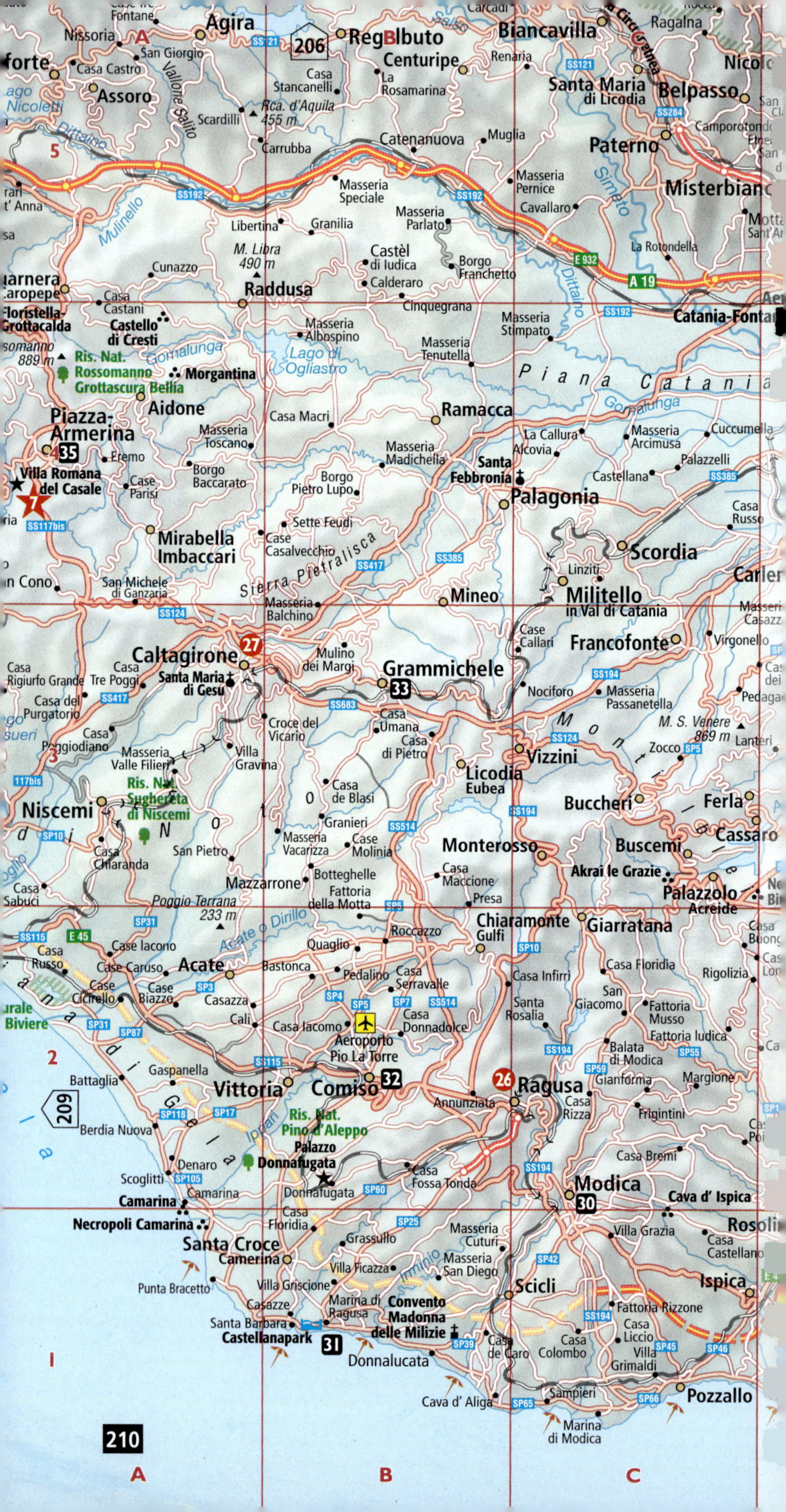
Nissoria
Agira
RegBlbuto
Centuripe
Biancavilla
Ragalna
Nicol
forte
San Giorgio
Casa Castro
Casa Stancanelli
La Rosamarina
Renaria
Santa Maria di Licodia
Belpasso
Assoro
Scardilli
Rca. d'Aquila 455 m
Carrubba
Catenanuova
Muglia
Paterno
Camporotondo
arnera aropepe
Masseria Speciale
Masseria Pernice
Cavallaro
Misterbianco
Libertina
Granilia
Masseria Parlato
Borgo Franchetto
La Rotondella
Motta Sant'Ar
Floristella-Grottacalda
M. Libra 490 m
Castèl di Iudica
Calderaro
Cinquegrana
Catania-Fontan
somanno 889 m
Ris. Nat. Rossomanno Grottascura Bellia
Castello di Cresti
Morgantina
Lago di Ogliastro
Masseria Albospino
Masseria Tenutella
Masseria Stimpato
Piana Catania
Piazza-Armerina
Aidone
Casa Macri
Ramacca
La Callura Alcovia
Masseria Arcimusa
Cuccumella
Villa Romana del Casale
Eremo
Masseria Toscano
Masseria Madichella
Santa Febbronia
Castellana
Palazzelli
Casa Russo
Case Parisi
Borgo Baccarato
Borgo Pietro Lupo
Palagonia
Mirabella Imbaccari
San Michele di Ganzaria
Sette Feudi
Case Casalvecchio
Scordia
Carler
Cono
Sierra Pietralisca
Masseria Balchino
Mineo
Militello in Val di Catania
Masseria Casazz
Caltagirone
Santa Maria di Gesù
Mulino dei Margi
Grammichele
Case Callari
Francofonte
Virgonello
Casa Rigiurfo Grande
Tre Poggi
Casa del Purgatorio
Croce del Vicario
Casa Umana
Casa di Pietro
Nociforo
Masseria Passanetella
Pedaga
Casa Peggiodiano
Masseria Valle Filieri
Villa Gravina
Casa de Blasi
Vizzini
M. S. Venere 869 m
Zocco
Lanteri
Niscemi
Ris. Nat. Sughereta di Niscemi
Granieri
Licodia Eubea
Buccheri
Ferla
Casa Chiaranda
San Pietro
Masseria Vacarizza
Case Molinia
Monterosso
Akrai le Grazie
Buscemi
Cassaro
Casa Sabùci
Mazzarrone
Botteghelle Fattoria della Motta
Casa Maccione
Presa
Palazzolo Acreide
Poggio Terrana 233 m
Roccazzo
Chiaramonte Gulfi
Giarratana
Casa Buong
Casa Russo
Case Iacono
Quaglio
Casa Floridia
Rigolizia
Case Lon
Acate
Bastonca
Pedalino
Casa Serravalle
Casa Infirri
San Giacomo
Fattoria Musso
Case Cicirello
Case Biazzo
Casazza
Cali
Casa Iacomo
Casa Donadolce
Santa Rosalia
Fattoria Iudica
urale Biviere
Aeroporto Pio La Torre
Balata di Modica
Margione
Battaglia
Gaspanella
Vittoria
Comiso
Ragusa
Gianforma
Berdia Nuova
Ris. Nat. Pino d'Aleppo
Annunziata
Casa Rizza
Frigintini
Ca Poi
Denaro
Palazzo Donnafugata
Casa Fossa Tonda
Casa Bremi
Scoglitti
Camarina
Donnafugata
Modica
Cava d' Ispica
Camarina
Necropoli Camarina
Casa Floridia
Grassullo
Masseria Cuturi
Masseria San Diego
Villa Grazia
Casa Castellano
Rosoli
Santa Croce
Camerina
Villa Picazza
Scicli
Ispica
Punta Bracetto
Villa Griscione
Marina di Ragusa
Fattoria Rizzone
Casazze
Santa Barbara
Castellanapark
Convento Madonna delle Milizie
Casa Liccio
Villa Grimaldi
Donnalucata
Casa de Caro
Casa Colombo
Pozzallo
Cava d' Aliga
Sampieri
Marina di Modica
210

S. Maria la Scala
ACIREALE
207
Pedara
Trecastagni
Aci
S. Lucia
SS114
Gazzena
Nicolosi
SP10
Viagrande
S. Giovanni
la Punta
San Gregorio
di Catania
Torre S. Anna
Tremestieri
Etneo
San Pietro
Clarenza
Mascalucia
Aci Trezza
Aci Castello
Gravina
di Catania
San Giovanni
di Galermo
Villa Caruso
bianco
Duomo Sant'Agata
Motta
Sant'Anastasia
CATANIA
28
Fontana
Rossa
Golfo di Catania
Mar Ionio
E 45
Aeroporto
Fontana Rossa
SP53var
Riviera dei Ciclopi
Riserva Naturale
Oasi del Simeto
Symaethus
Bonifiche
Corridore del Pero
Madonna dei Malati
SS194
Agnone
Bagni
SS114
A 18
Brucoli
Lentini
E 45
Casa
Russo
SP95
Saramico
Vignali
Scardina
Carlentini
Villasmundo
Masseria
Ogliastro
SS193
Masseria
Casazza
Borgo
Angelo Rizza
Augusta
gonello
SP23
Megara Hyblaea
Casa Piana
dei Monaci
Cozzo San Giorgio
510 m
Melilli
Golfo di Augusta
Pedaggi
SP9
Masseria
Spinelli
SP30
Thapsos
Penisola Magnisi
Priolo
Gargallo
Sortino
Ris. Nat. Pantalica
Valle dell' Anapo e Torrente
Cavagrande
La Villa
Maria di Melilli
SP25
Lanteri
Santa
Panagia
Necropoli di
Pantalica
Masseria
Morghella
Euryalos
Belvedere
Anapo
Casa
Melilli
Solarino
SS124
SIRACUSA
6
M. Grosso
695 m
Floridia
Villa Bibbia
Cifalino
Masseria
Roselli
SS124
Timparossa
Masseria
Quattropani
Ciane
Villa Bosco
Necropoli di
Bibbinello
Casa S. Alfano
Penisola della
Maddalena
Canicattini
Bagni
Casa
Buongiorno
Casa Monterosa
A 18
SS287
Casa
Sorvegliana
Monti Iblei
Villa del
Marchese
E 45
SS115
Lido Arenella
Case
Lombardo
Carpinteri
Cava
Grande
Ris. Nat.
Cavagrande del Cassibile
Cassibile
Ognina
Testa dell'
Acqua
Villa Vela
Fontane Bianche
Castelluccio
Convento
della
Scala
Convento di Avola Vecchia
Noto Antica
S. Corrado
di Fuori
Avola
SP18
S. Giovanni
4
Casa
Poidomani
Noto
Calabernardo
Casa Vasquez
Noto Marina
Tellaro
Golfo di Noto
San Paolo
Eloro
Rosolini
SS115
Case Fullo
Villa Romana del Tellaro
llano
Roveto
Riserva Naturale di Vendicari
Casale Modica
29
Isola Vendicari
E 45
ica
Villa
Modica
SP26
Casa
Maccari
Staz. S. Lorenzo Lo Vecchio
Fattoria San Lorenzo
SP49
SP19
Marzamemi
Roselle
Modica
Burgio
Pachino
Grotta Calafarina
SP22
Pant.
Marghella
SP67
Marza
SP6
Maucini
Casa
Lo Presti
Isola di Capo Passero
Casa
Gavarra
Portopalo di Capo Passero
211
Isola d. Correnti

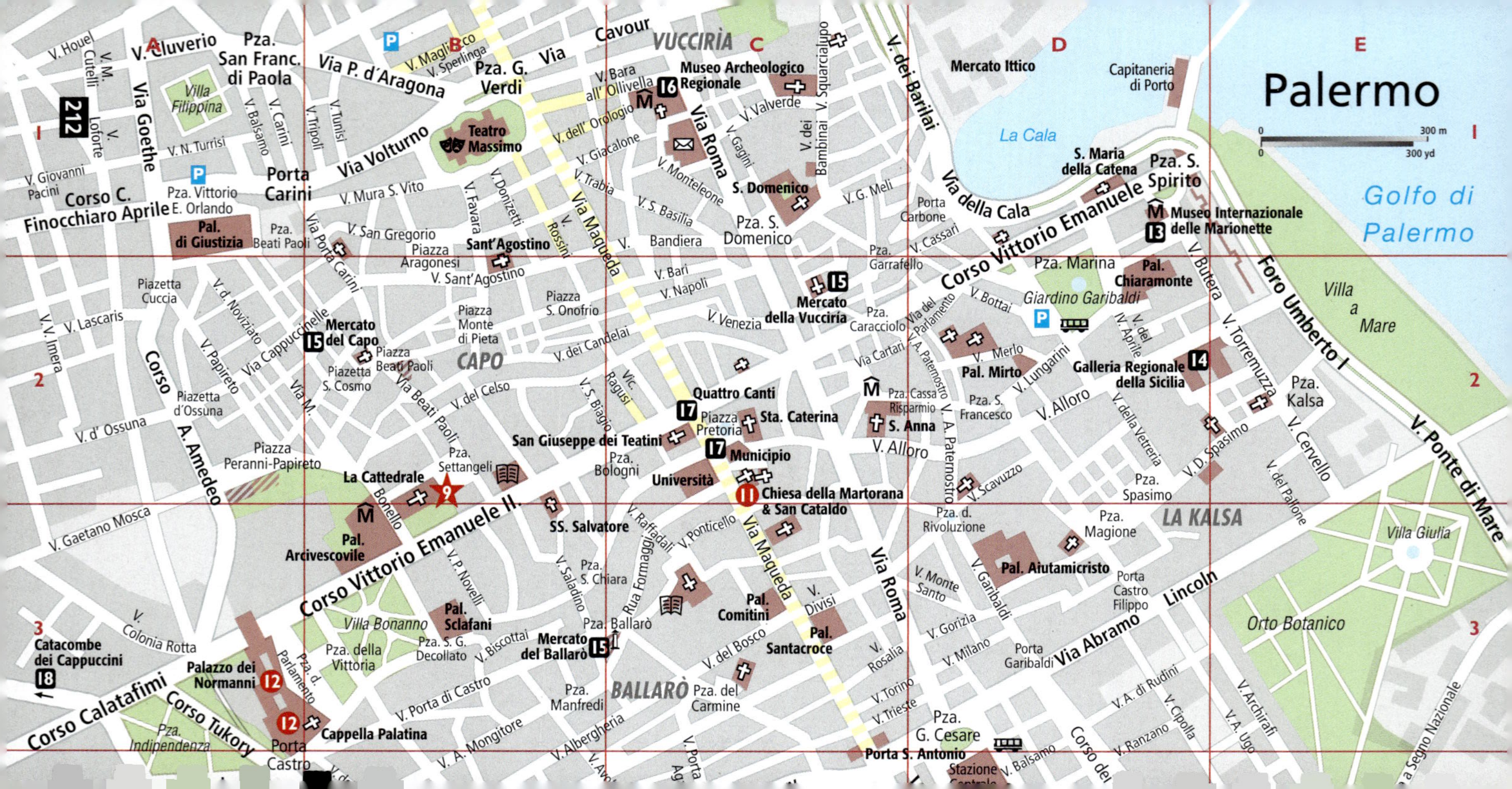

Palermo
Golfo di Palermo
La Cala
A
B
C
D
E
1
2
3
300 m
300 yd
212
V. Houel
V. M. Cutelli
V. Loforte
Aluverio
Via Goethe
V. Giovanni Pacini
Corso C. Finocchiaro Aprile
Pza. Vittorio E. Orlando
Pza. San Franc. di Paola
Via P. d'Aragona
Villa Filippina
V. Carini
V. Balsamo
V. Tripoli
V. Tunisi
V. N. Turrisi
Porta Carini
V. Magli B'co
V. Sperlinga
Pza. G. Verdi
Via Volturno
Teatro Massimo
V. Donizetti
V. Favara
V. Mura S. Vito
V. San Gregorio
Via
Cavour
VUCCIRÌA
V. Bara all'Ollivella
Museo Archeologico Regionale
V. Valverde
V. Gagini
Via Roma
V. Squarcialupo
V. dei Bambinai
V. dei Barilai
Mercato Ittico
Capitaneria di Porto
S. Maria della Catena
Pza. S. Spirito
Museo Internazionale delle Marionette
Corso Vittorio Emanuele
Via della Cala
Porta Carbone
V. Cassari
S. Domenico
Pza. S. Domenico
V. G. Meli
V. Monteleone
V. S. Basilia
Bandiera
Pza. Garraffello
V. dell'Orologio
V. Giacalone
V. Trabia
Rossini
Via Maqueda
V. Bari
V. Napoli
Pza. Marina
Giardino Garibaldi
Pal. Chiaramonte
V. Bottai
V. Butera
Foro Umberto I
Villa a Mare
Golfo di Palermo
V. del IV. Aprile
V. Torremuzza
Pza. Kalsa
V. Cervello
V. del Palfone
V. D. Spasimo
Pal. di Giustizia
Pza. Beati Paoli
Sant'Agostino
Piazza Aragonesi
V. Sant'Agostino
Piazza S. Onofrio
V. Venezia
Mercato della Vucciria
Pza. Caracciolo
Via del Parlamento
V. Cartari
V. A. Paternostro
Pal. Mirto
V. Lungarini
V. Merlo
V. S. Francesco
V. Alloro
Galleria Regionale della Sicilia
V. della Vetreria
Pza. Spasimo
Piazzetta Cuccia
V. Lascaris
V. V. Imera
V. d. Noviziato
V. Papireto
Via Cappuccinelle
Mercato del Capo
Piazza Beati Paoli
Piazzetta S. Cosmo
CAPO
Piazza Monte di Pieta
V. dei Candelai
Quattro Canti
Piazza Pretoria
Sta. Caterina
V. A. Paternostro
Pza. Cassa Risparmio
S. Anna
V. Allora
V. Scavuzzo
Pza. Spasimo
LA KALSA
Corso A. Amedeo
Piazzetta d'Ossuna
V. d'Ossuna
V. M.
Via Beati Paoli
V. del Celso
Vic. Ragusi
V. S. Biagio
San Giuseppe dei Teatini
Pza. Bologni
Piazza Peranni-Papireto
Piazza Settangeli
La Cattedrale
Bonello
Pal. Arcivescovile
Corso Vittorio Emanuele II
V.P. Novelli
SS. Salvatore
V. Raffadali
V. Ponticello
Rua Formaggi
Municipio
Università
Via Maqueda
Chiesa della Martorana & San Cataldo
Pza. d. Rivoluzione
Pal. Aiutamicristo
V. Garibaldi
Pza. Magione
Villa Giulia
Orto Botanico
V. Gaetano Mosca
V. Colonia Rotta
Catacombe dei Cappuccini
Palazzo dei Normanni
Pza. d. Parlamento
Cappella Palatina
Porta Castro
Corso Calatafini
Corso Tukory
Pza. Indipendenza
Villa Bonanno
Pal. Sclafani
Pza. della Vittoria
Pza. S. G. Decollato
V. Biscottai
Mercato del Ballarò
V. Porta di Castro
BALLARÒ
Pza. Manfredi
V. A. Mongitore
V. Alberghia
Pza. S. Chiara
V. Saladino
Pza. Ballarò
V. del Bosco
Pal. Comitini
Pal. Santacroce
Pza. del Carmine
Via Maqueda
V. Divisi
Via Roma
V. Monte Santo
V. Gorizia
V. Rosalia
V. Torino
V. Trieste
Pza. G. Cesare
Porta S. Antonio
Stazione Centrale
V. Milano
Porta Garibaldi
Via Abramo
Porta Castro Filippo
Lincoln
Orto Botanico
V. Balsamo
Corso dei
V. A. di Rudini
V. Cipolla
V. Ranzano
V. Archirafi
V. A. Ugo
a Segno Nazionale
V. Ponte di Mare

Register

Register

Notizen

Notizen

Abbildungsnachweis

AA: Max Jourdan 197 (unten); Anna Mockford & Nick Bonetti 197 (oben und Mitte); Ken Paterson 184; Clive Sawyer 10/11, 13 (oben links), 14, 18 (oben), 78, 81, 85, 102, 106, 134/135, 150, 151, 153 (unten), 158, 160

akg-images/Alfons Rath: 83 (rechts)

Bildagentur Huber: Paolo Giocoso 64, 65, 68/69; Sabine Lubenow 57; Tom Mackie 168; Massimo Ripani 163; A. Saffo 4, 133, 170, 180, 181

Corbis: Grand Tour 21, Guglielmo 27 (links)

DuMont Bildarchiv: Stefan Feldhoff/A. C. Martin: 20; Sabine Lubenow 7, 28, 58, 92, 103 (oben), 107, 115, 157, 169, 179 (oben), 190, 192; A. C. Martin 159, 188, 189

Getty Images: AFP/Romano Osservatore 27 (rechts); Walter Bibikow 125 (oben); DEA Picture Library 25; Krzysztof Dydynski 114; Marco Restivo 83 (links); Wayne Walton 23

GlowImages: 79

laif: Franco Barbagallo 8; hemis.fr/Philippe Renault 22 (unten); Le Figaro Magazine/Stephane Frances 29 (links)

LOOK-foto: age 76/77, 155; Sabine Lubenow 34

mauritius images: CuboImages 29 (rechts), 137, 141; ib/Bahnmüller 22 (oben); United Archives 24, 30, 31

picture-alliance/Vincenzo Lomb: 187

alle weiteren Fotos: AA/Neil Setchfield

Titelbild: Getty Images/AWL Images/Paul Harris

© MAIRDUMONT GmbH & Co. KG
VERLAG KARL BAEDEKER

2. Aufl. 2016

Text: Sally Roy, Dr. Peter Peter
Übersetzung: Anne Pitz
Aktualisierung: Dr. Peter Peter
Redaktion: Baedeker
Projektleitung: Dieter Luippold
Programmleitung: Birgit Borowski
Chefredaktion: Rainer Eisenschmid

Kartografie: © MAIRDUMONT GmbH & Co. KG, Ostfildern
3D-Illustrationen: jangled nerves, Stuttgart

Anzeigenvermarktung:
MAIRDUMONT MEDIA
Tel. 0711/4502 333
media@mairdumont.com
media.mairdumont.com

Printed in China

Trotz aller Sorgfalt von Autoren und Redaktion sind Fehler und
Änderungen nach Drucklegung leider nicht auszuschließen.
Dafür kann der Verlag keine Haftung übernehmen.
Berichtigungen, Kritik und Verbesserungsvorschläge sind uns
jederzeit willkommen, bitte informieren Sie uns unter:

Verlag Karl Baedeker / Redaktion
Postfach 3162
D-73751 Ostfildern
Tel. 0711 4502 262
smart@baedeker.com
www.baedeker.com

10 GRÜNDE
WIEDERZUKOMMEN

1. Die **mediterrane Blütenpracht** ist es wert, sie zu verschiedenen Jahreszeiten zu genießen.

2. Von den opulenten **Antipasti-Buffets** kann man nie genug bekommen.

3. Warum nicht mal etwas anderes wagen: einen Urlaub bei und mit Fischern (»**Pescaturismo**«)?

4. Sie haben die **Liparischen Inseln** und eine Kur in den Schlammthermen von **Vulcano** verpasst.

5. Die *Commissario-Montalbano-Krimis* machen an den Handlungsorten einfach am meisten Spaß.

6. Nach dem anstrengenden Sightseeing wollen Sie einfach mal **faulenzen und baden**.

7. Sie haben noch nicht **Catanias** Nachtleben oder eine Bellini-Oper an Ort und Stelle erlebt.

8. Sie waren nur an der Küste unterwegs, haben aber das **traumhafte Inselinnere** versäumt.

9. Es gibt wenig Orte auf der Welt, wo man **antike Tragödien** in antiken Theatern sehen kann.

10. Schlürfen Sie **Amaro Averna** dort, wo er herkommt: in einer der Bars von Caltanissetta.